뭐라도 합시다

뭐라도

합시다

이철희

RHK
알에이치코리아

세상에 뭐 하나 쉬운 게 있으랴마는 그중에서도 참 쉬이 바뀌지 않는 게 정치다. 누구나 정치 하면 몸싸움에 막말과 고성이 오가는 정치판을 떠올리기 십상이다. 누군가에게 '정치적'이라는 딱지를 붙이면 뭔가 숨기는 게 있거나 진실하지 못하다는 느낌을 주게 된다. 이처럼 정치는 혐오의 대상이 됐다. 이런 꼴의 정치가 매일 펼쳐지는데 그럼에도 정치가 중요하다고 말하려면 용기가 필요하다.

그런데, 부정할 수 없는 사실이 있다. 정치의 질에 따라 사회의 질도 달라진다는 것이다. 살기 좋은 사회일수록 정치의 영역이 넓고, 잘 작동된다. 아무리 다른 이유를 찾아봐도 어떤 나라든 잘 사는 나라가 된 건 좋은 정치 때문이다. 노벨경제학상 수상자인 폴 크루그먼도 "문제는 정치다"라고 말했다. 그에 따르면 불평등과 양극화도 정치에서 비롯된 인위적 현상이다. 스웨덴이나 덴마크, 핀란드, 독일 등의 경우를 보면 정치적 리더십이 지금의 융성과 복지국가를 만들어 냈다는 사실을 금방 알게 된다.

　문제는 정치의 질인데, 현재 우리나라의 정치에는 도무지 기대를 걸기 어렵다. 하는 꼴이 그야말로 가관이다. 미디어에 의해 지나치게 폄훼되고 매도되고 있다지만 실상이나 속살도 비쳐지는 것과 별반 다르지 않다. 이런 정도면 고장 난 텔레비전 버리듯이 정치도 내다버리는 게 낫겠다는 생각이 드는 게 당연하다. 쳐다보면 짜증만 나는데 뭐하러 관심을 가지랴. "당신들끼리 잘 노세요. 난 먹고사느라 바빠서 이만……."

　지랄 같은 사실은 내가 정치를 외면할수록 누군가 이득을 보고 있다는 점이다. 곰곰이 생각해보면, 내가 사회의 결정에 참여할 수 있는 길은 몇 가지 안 된다. 시위에 나서는 직접적 행동도 있고, 단체를 만들어 활동할 수도 있지만 부담이 만만치 않다. 이 중에서 가장 효율적이고 쉬운 길이 투표나 정치참여다. 어차피 내 삶에 영향을 주는 법률은 국회에서 만들어진다. 따라서 그 국회에서 내 입장을 살펴서 법을 만들도록 하는 게 유효한 방법이다. 내가 참여하지 않는다고 해서 사회적 결정이 미뤄지지는 않는다. 많이 가진 이들이 더 열심히 투표하는 현상에서 알 수 있듯이, 불행하게도 정치는 참여하는 이들의 의견만 반영되기 마련이다. 결국 내 삶을 돕겠다고 하는 정당과 후보에게 표를 주고, 지지를 보내는 정치참여야말로 내 삶을 바꾸는 가장 쉽고 가장 효과적인 방안이다. 그래서 싫어도 외면해선 안 되는 것이 정치다.

지랄 같은 사실이 또 있다. 정치는 저절로 좋아지지 않는다는 점이다. 어느 날 갑자기 정치가 달라지기를 기대하는 건 로또 당첨보다 더 비현실적이다. 정치가 달라지면 그때 정치에 관심을 갖겠다는 자세는 쇠붙이가 썩기를 기다리는 것이나 다름없다. 정치를 바꾸려면 보통의 시민이 정치에 적극 참여해야 한다. 그래야 정치가 정치인의 놀이로 왜곡되지 않고 보통사람의 일상이 된다. 다시 말해, 어느 골목의 장삼과 이사가 자신의 문제를 해결하기 위해 늘 고민하고, 수시로 동원하는 수단이 곧 정치여야 한다는 얘기다. 그러려면 정치가 여의도에 갇혀 있지 않고 거리로 풀려나와야 한다.

이 책을 통해 사회경제적 약자나 서민들이 더 좋은 사회를 만들기 위해 정치를 '발견'할 수 있으면 좋겠다. 지금 이 순간 멍하니 있으면 정치는 내 삶의 변화를 가로막는 장애물이 될 뿐이다. 바꾸려면, 우리 뭐라도 하자.

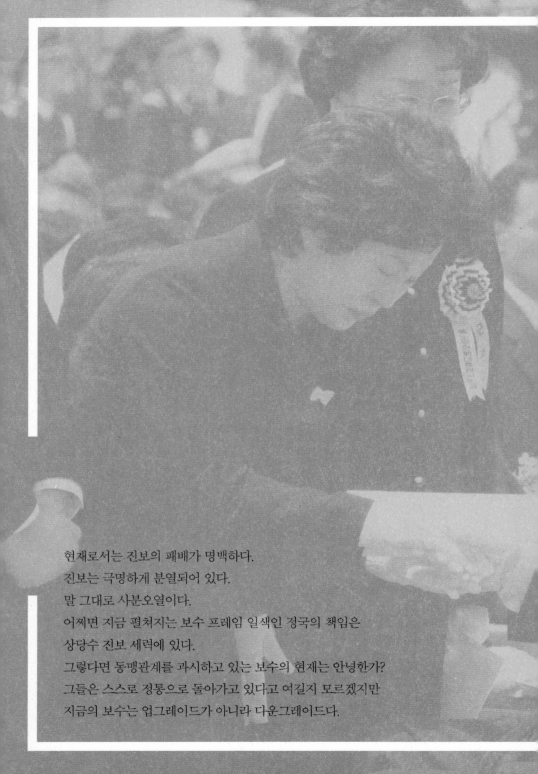

현재로서는 진보의 패배가 명백하다.
진보는 극명하게 분열되어 있다.
말 그대로 사분오열이다.
어쩌면 지금 펼쳐지는 보수 프레임 일색인 정국의 책임은
상당수 진보 세력에 있다.
그렇다면 동맹관계를 과시하고 있는 보수의 현재는 안녕한가?
그들은 스스로 정통으로 돌아가고 있다고 여길지 모르겠지만
지금의 보수는 업그레이드가 아니라 다운그레이드다.

1부　문제는

좌우가 아니야

진보는 시끄러운 깡통

1장

진보는 왜
몰락하고 있는가?

●

진보의 태생적 한계, 분열

　　　　　　'보수는 부패 때문에 망하고 진보는 분열 때문에 망한다'는 말이 있다. 당연한 말이다. 부패는 돈이 있어야 가능하다. 친親기업 쪽, 돈이 도는 동네에는 여유가 있고 그것을 만지다 보면 뭐든 돈으로 해결하려는 타성에 젖어 부패로 가기 쉽다. 반면 없는 쪽, 기업이나 재벌과 거리가 먼 동네에는 부패할 거리조차 없다.

　　그럼 진보는 왜 분열할까? 아직 만들어지지 않은 세계를 만들어 보자는 것이 진보이기 때문이다. 현실에 토대를 둔 보수는 현재 눈에 보이는 길을 가면 그만이지만, 진보는 눈에 보이지 않는 미지의 세계로 나아가자고 외쳐야 한다. 누가 옳은지 어찌 알 수 있겠는가. 정답이 없으니 주장도 제각각이다. 이것이 어쩔 수 없는 진보의 특성이다.

　　그렇다고 진보는 부패하지 않고 보수는 분열하지 않는가 하면 그건 또 아니다. 양쪽 다 분열하고 부패한다. 하지만 이 말을 되새겨

보면 결국 보수는 부패를 경계해야 하고 진보는 분열을 경계해야 한다는 의미로 해석할 수 있다.

그렇다면 오늘날 우리의 보수와 진보는 각자의 약점을 잘 관리하고 있는가. 현재로서는 진보의 패배가 명백하다. 앞으로 어떻게 될지 모르지만 보수는 아직 대형 부패가 전면에 드러나지 않았다. 자기관리를 그런대로 하고 있다는 뜻이다. 그러나 진보는 현재 극명하게 분열되어 있다. 말 그대로 사분오열四分五裂이다. 민주당, 통합진보당에 안철수의 새정치연합과 정의당, 그리고 녹색당 등 여러 그룹으로 조각조각 나뉘어 있다. 진보가 분열을 잘 관리해야 그나마 여권과 붙어볼 기반이 생기는데 지금은 도저히 대결 구도를 만들어낼 수 없는 상황이다. 보수든 진보든 상대는 쪼개고 우리 편은 통합할 때 정권을 잡을 가능성이 커진다. 그런데 현재 진보는 보수의 단단한 결집을 지켜보기만 할 뿐, 자신의 분열에는 손을 놓고 있는 것이다.

보수도 지역주의 때문에 분열했던 과거가 있다. 김종필을 비롯한 충청권은 총선 때엔 보수와 각을 세우고 대선 때 다시 손잡곤 했다. 그런데 그런 충청권이 보수가 아닌 진보와 결합했을 때 정권교체가 이뤄진 역사가 있다. 당시 새정치국민회의 김대중DJ과 자민련 김종필JP의 연합, 즉 'DJP 연합'이 그것이다. 원래 영남권과 정치적 노선을 함께 해오던 충청권이 호남권과 만나면서, 당시 야권이 의석의 다수를 확보해 1997년 대선에서 김대중이 당선되며 정권교체에 성공할 수 있었다. 이 일을 상당한 충격으로 받아들인 보수 연합은 이후 통합에 더욱 박차를 가하게 됐다. 덕분에 보수는 지금껏 분열하는 모습을 별로 보이지 않았다.

그런데 진보는 야권 통합이란 말을 항상 외쳐야 할 정도로 분열에 시달린다. 1956년 대선 때의 일이다. 자유당의 이승만에 맞서기 위해 민주당은 대통령 후보로 신익희를 내세운다. 그런데 진보 진영에서 또 다른 얼굴 조봉암이 등장했다. 신익희와 조봉암은 단일화를 시도했지만 매번 난항을 겪고 있었다. 그런 와중에 호남으로 지방 유세를 가던 신익희가 열차 안에서 급사하는 사건이 발생한다. 과정이야 어쨌든 결과적으로 단일화가 된 것이다. 그런데 이때 민주당이 조봉암 지지를 거부하고 나섰다. 색깔을 문제 삼았다. 결과는 뻔했다. 만약 당시 야권이 분열하지 않고 조봉암으로 연합했더라면 이승만 정권을 교체했을는지도 모를 일이다.

지금의 모습도 크게 다르지 않다. 어느 선거를 막론하고 후보 단일화를 거의 유일한 전략으로 삼고 있지만 제대로 된 단일화가 이뤄지는 경우는 별로 없다. 단일화가 불가피한 정치전략이라 하더라도 너무 빈번하게 사용하는 것은 문제가 있다. 게다가 마치 그것이 정답인 것처럼 생각하는 것은 대단히 큰 착각이다. 후보 단일화 카드는 더 이상 무기가 되지 못한다는 것을 알아야 한다.

●

싸움의 주제 선정에 실패한 진보

의회는 원래 시끄러운 도떼기시장이다. 지역에서 각 세력과 대표들이 와서 자원을 배분받기 위해 법을 만드는 이곳에서는 서로 많이 가져가기 위해 싸울 수밖에 없다. 그러니 '싸우는 국회'는 사실 당연히 그래야 하는 것이다. 비록 많은 사람들로부터 비난을 받더라도 말이다. 싸운다는 것은 노력한다는 뜻이다. 국회에 모인 사람들은 개인이 아니라 대표성을 가진 사람이며, 따라서 누군가의 이익을 지켜줘야 할 의무를 다하기 위해서는 싸워야 한다. 그러나 이와 별개로 싸우는 행태에는 문제가 있다. 해머와 최류탄을 들고 싸우는 것은 제도권 밖에서나 용인되는 것이다. 반대하는 법안의 날치기 통과를 막기 위해 스크럼을 짜는 것까지는 그렇다 치자. 상대가 워낙 폭력적으로 나오니 막는 쪽도 어쩔 수 없는 상황이다. 그런데 절차적 정당성을 갖기 위해 해머를 든다는 것은 분명 잘못됐다. 대중적인 정서에도 부합하지 않는다.

이럴 때일수록 진보는 싸움의 주제에 더 집중해야 한다. 지금처럼 민주주의냐 아니냐는 주제를 가지고 싸우는 것은 불리한 상황을 자초하는 일이다. 이 문제는 타협하기가 쉽지 않다. 민주주의가 50% 후퇴했다는 쪽과 10% 후퇴했다는 쪽이 절충해서 30% 후퇴한 것으로 결론 내리자고 하는 것만큼이나 어리석은 짓이 있겠는가. 정치나 도덕에 관한 이슈는 각자의 입장 차이가 극명한 문제여서 싸움에 참여한 사람들도 극한 대결로 가게 된다.

그러나 먹고사는 문제로 주제가 옮겨가면 얘기는 달라진다. 소득하위 70%에게 지원금을 줄 것인가, 아니면 80%에게 줄 것인가를 두고는 타협할 수 있다. 더구나 사회경제적 이슈는 목소리 크고 몸싸움 잘하는 사람이 이기는 게임이 아니다. 정책의 효용을 조곤조곤 논리적으로 따질 수 있는 사람, 알찬 콘텐트를 갖춘 사람이 주목받는 주제다. 소득하위 70%에게 지원금을 주는 정책이 더 나을지, 80%에게 지원금을 주는 정책이 더 나을지는 근거를 가지고 싸울 수밖에 없는 문제기 때문이다.

이 같은 과정에서 국회의원의 실력이 중요해지고 그러면 싸움의 질도 달라진다. 정치의 주제가 달라지면 국회가 변화하고 동시에 그에 걸맞은 사람들이 국회에 들어온다. 그런데 여권이 짠 프레임 속에서 아직도 민주 대 반민주를 가지고 싸우고 있으니 진보에는 계속 낡은 프레임에 익숙한 정치인이 들어오고 결국 국민들에게 외면받는 것이다.

그러니 진보가 다시 제대로 서려면 싸움의 주제를 적극적으로 바꿔야 한다. 전 세계적으로 보수 세력은 어떻게 해서든 사회경제적인 이슈로 선거를 치르려고 하지 않는다. 언제나 정치 이슈나 도덕적 문제를 전면에 내세운다. 그것이 그들에게 유리하기 때문이다. 미국을 예로 들어보자. 보수가 미국판 복지국가인 뉴딜 체제를 허물 수 있었던 것은 인종갈등을 동원하는 데 성공했기 때문이다. 조지 W. 부시 대통령은 이라크 전쟁과 동성결혼 반대를 이슈로 선거를 치렀고 로널드 레이건도 문화전쟁culture war으로 판을 짜곤 했다. 유럽과 미국의 보수들은 주로 인종문제를 꺼낸다. 이런 식으로 어떻게든 사회경제적인 이슈가 전면에 나서는 것을 막으려고 한다. 그러니 진보세력은 어떻게 해서든 먹고사는 문제로 선거를 치르려고 노력해야 한다. 그래야 진보를 지지할 사람들을 더 많이 확보할 수 있기 때문이다.

지금 대한민국 보수는 정확하게 어떻게 해야 자신들에게 유리한지 알고 있다. 문제는 진보다. 무엇이 자신에게 유리한지 모른다. 민간인 불법사찰, 국정원 개혁 문제가 중요하다는 것은 누구나 안다. 보수가 잘못하고 있다는 것도 안다. 하지만 그것은 당장 내게 닥친 문제는 아니라고 생각한다. 당장 먹고살기 힘든 사람들에게 사회정의가 바로 서는 것은 차후의 문제일 뿐이다. 진보가 그들의 삶에 득이 되는 문제를 가지고 싸워줘야 '저들이 내 편을 들어주는구나' 하고 힘을 보태게 되는 것이다. 어쩌면 지금 정국이 보수가 짜놓은 틀대로 흘러가는 데에는 진보 세력에게도 상당 부분 책임이 있다.

●
왜 단일화를 했는데도 실패했는가?

　　　　　　진보가 버려야 하는 또 다른 하나는 선거를 옳고 그름을 판단하는 심판의 장으로 삼는 버릇이다. 유권자들은 선거를 통해 그저 자기에게 와닿는 사람을 선택할 뿐이다. 그러나 선거를 통해 시비를 재단하게 되면 상대를 부정해야 한다. 이는 곧 타협을 불가능하게 만들고 정치를 사라지게 만든다. 미국의 정치학자 E. E. 샤츠슈나이더E. E. Shattschneider는 "민주주의란 스스로 옳다고 확신하지 못하는 사람들을 위한 정치체제"라고 말했다. 정치는 내가 아닌 다른 사람이 옳을 수도 있다는 것을 전제로 이뤄지는 것이다.

　그런데 진보는 자신이 옳다는 생각이 너무 강해서 타협을 싫어한다. 만약 나만 옳다고 확신한다면 민주주의는 필요 없다. 마르크스주의에서도 중요한 이론적 근거로 '프롤레타리아 독재'를 내세운다. 무산 계급의 정당이 권력을 독점해야 한다는 것이다. 내가 옳다고 생각하는데 이에 반대하는 상대를 끌고 가려면 독재밖에 방법이 없다. 북한 주체사상의 핵심도 '수령론'이다. 다른 것은 껍데기일 뿐이고 오로지 수령만 따르면 된다는 논리다. 그러나 이것은 정치의 방식이 아니다. 정치는 내가 옳더라도 상대방 역시 옳을 수 있다는 전제 하에 타협하고 공존하는 것이다.

　진보는 자신이 옳은 쪽, 선한 쪽이라는 믿음이 교조로 굳어진 것은 아닌지 생각해봐야 한다. 지난 대선 과정에서 이러한 사고방식이 진보 진영에 팽배했었다는 사실을 부정할 수 없다. 선거 때마다 '어떻게 박근혜에게 표를 줄 수 있느냐'는 식의 얘기를 꺼내든 것이다. 그러나 대다수 유권자에게 투표는 가치의 문제가 아니었다. 누가 선이고 악이냐를 따지는 관점이 아닌 누가 현실적인 문제를 잘 해결할 수 있을까를 가리는 관점에서 '왜 박근혜를 좋아할까'라는 질문을 던져야 했다. 박근혜는 독재자의 딸이라고 얕보고 그를 대통령으로 만든 대중을 욕할 게 아니다. 오히려 스스로를 탓해야 한다. 독재자의 딸에게 표를 던질 정도로 진보가 못났다는 것을 인정해야 한다.

대중의 무지함을 원망하는 것은 쉽다. 그러나 민주주의의 본질은 유권자들이 각성해서 자신의 자질을 향상시키는 데 있지 않다. 미국 정치사회학자 시모어 마틴 립셋Seymour M. Lipset이 한 말처럼 바람직한 민주주의는 '유권자 앞에 정당이라는 대안이 존재'할 때 이뤄지는 것이다.

국정원 개혁은 중요한 사안이다. 그러나 이 문제에 접근할 때 단죄하는 방식이 아니라 '그것보다 중요한 것은 바로 이것이다'라고 핵심을 짚어주는 것이 더 효율적이다. 틀렸다, 나쁘다고 지적하는 것은 어찌됐든 상대방이 설정한 주제에 대해 말하는 것이다. 여권이 왜 빈번히 안보 문제를 가지고 국정을 주도하겠는가. 더 중요한 주제가 등장하는 것을 막기 위해서다. 수많은 이슈에 대해서 침묵하던 청와대도 기초연금 공약 폐지에 대해서는 발 빠르게 대응했다. 대중을 움직이는 핵심 이슈가 무엇인지 아는 것이다. 그런데 현재 진보는 핵심도 파악하지 못하고 그것을 밀어붙일 힘도 부족하다. 보수에 완전히 말려 있는 것이다.

그래도 진보가 어떻게 해서든 늪에서 벗어나 이런 보수 일색의 구조를 바꿔줘야 한다. 바로 '갈등의 치환'이다. 예컨대, 박근혜 대통령이 '통일이 대박이다'라고 하면 대박이다 아니다를 놓고 다투기보다, '복지가 대박이다'라는 프레임으로 맞서야 한다. 길거리 싸움에서도 이기는 쪽은 구경꾼이 많은 것이 싫다. 이미 이긴 싸움이니 말이다. 그렇다면 약자는 더 많은 구경꾼을 끌어들이기 위해 노력해야 한다. 조금이라도 더 지지자를 얻으려면 지나가는 행인들이 관심을 가질 만한 얘기를 해야 한다. 그래야 자기 편을 더 만들 수 있다. NLL과 국정원 문제만 파고든다면 생계에 바쁜 사람들은 그들의 이야기에 귀를 기울이지 않는다. 먹고사는 문제를 중심으로 누가 더 복지를 잘 실현할 수 있느냐에 초점을 맞춰 대결 구도를 형성해야 한다.

●

사회적 자산이 부족한 진보

보수는 자본주의 사회의 주역인 자본가와 기업을 지키자는 쪽이다. 우선적으로 기업의 손을 들어주는 것이 보수의 의무다. 프로비즈니스probusiness, 즉 친親 재계 편에서는 끊임없이 번듯한 사람이 나온다. 사회가 인정하는 이력을 만들어낼 수 있기 때문이다. 성공한 CEO는 그 자체만으로 사회적 위치를 설명해준다. 변호사도 대학 교수도 마찬가지다. 기업을 상대하는 사람들이 더 많은 사회적 신뢰를 얻고 자산도 만들어낼 수 있다.

반면에 진보는 약자들과 손을 잡고 자본가의 반대편인 노동자들과 연대한다. 또한 현실을 개선하려는 사람들이기 때문에 자본가와 기업에게 까칠하다. 그렇다 보니 자본가의 반대편에서 사회적으로 신뢰받는 경력을 쌓기란 쉽지 않다. 이런 이유로 그동안 진보는 학생운동권과 시민활동가들 가운데서 인적 충원을 해왔다. 그런데 민주화 시대 이후로는 충원할 곳이 사라지고 말았다. 집단으로 충원할 수 있는 토대도 없고 개별적으로 진보정당에 들어오는 것도 기대하기 힘들어진 것이다.

여기서 흔히 말하는 '풀뿌리 민주주의', 즉 사회적 결사체의 중요성이 강조된다. 사회적 결사체란 바로 조기 축구회, 학교 동문회, 산악회 등 주변에서 흔히 볼 수 있는 모임을 말한다. 그런데 요즘 각 결사체들의 성향을 들여다보면

> 정치를 보통사람의 것으로 찾아오지 않는 이상, 저들만의 정치로 남겨둔다면 삶의 개선에는 한계가 있다.

현실의 문제를 지적하고 개선하자는 쪽보다는 질서를 유지하려는 결사체, 친자본의 결사체가 훨씬 많아지고 있다. 진보가 아닌 보수적 성향의 결사체가 늘어나는 것이다. 반면 진보적 성향의 결사체는 생활 속에서 확장되지도 못한 상태인데 진보가 내세울 수 있는 가장 강력한 결사체인 노동조합과 정당마저 위태로운 지경이다. 특히 우리 사회는 노동조합 가입률이 10%도 채 되지 못할 정도로 저조한 수준이어서 노동조합과 노동자 파업을 적극 지지하는 사회적 분위기도 조성되지 못했다. 이는 사회경제적 약자들이 파편화되어 있다는 것을 의미한다. 여기에 지역주의와 반공 정서까지 작동한다. 노동자라면 사회경제적 조건을 고려해 진보를 지지하는 것이 합리적인데 북한과 지역주의라는 변수 때문에 반대 진영에 투표를 하는 것이다. 그러니 '기울어진 운동장'이 되는 것은 당연한 결과가 아니겠는가.

상황이 이러하니 결국엔 진보 정치인들이 '잘하는' 수밖에 뾰족한 방법이 없다. 보수와 진보의 자산 차이에서 오는 간극을 극복하는 방법은 개인의 역량뿐이라는 것이다. 그러나 불행하게도, 극단적으로 얘기해 현재 진보 진영의 정치인들은 무능하기 짝이 없다. 어쨌거나 국회의원이라는 자신들의 기득권을 유지할 힘은 있지만, 자신의 이해관계를 지켜줄 것이라 믿고 있는 유권자들을 대변할 실력이나 의지는 없는 것이다. 그 바람에 다수의 약자들은 지금과 같은 무방비 상태에 놓이고 말았다.

●

미래의 청사진이 없는 진보

진보의 위기를 가늠할 수 있는 또 다른 요인은 민주화 이후에 대한 그림을 가지고 있지 않다는 점이다. 과거에는 민주 대 반 민주 구도 속에서 민주 진영도 보수적 성향의 인물을 품을 수 있었다. 그러던 것이 민주 세력이 본격적으로 집권하면서 사회경제적 성향에 따라 진보 진영을 이탈하는 사람들이 생겼다. 반면 보수를 지지하지만 잠재적으로는 진보적 성향을 가진 유권자들을 끌어들이는 데는 실패하고 말았다. 저소득층마저 진보를 외면하고 잠재적인 지지자를 이끌어내는 데도 실패하면서 진보는 소수가 되어버렸다. 민주화 이후 보수는 '산업화'에 이은 다음 과제로 '선진화'라는 화두를 제시했는데 진보는 그나마도 내놓지 못했다. 사람들이 공감하는 시대 담론을 만드는 데 부지런하지 못했던 것이다.

앞서 언급했듯 보수가 제시한 화두도 그리 유효한 것은 아니었다.

그러나 양쪽 다 제대로 된 화두를 제시하지 못한 상황이라면 진보 쪽의 타격이 더 크다고 말할 수 있다. 좌표도 제시하지 않으면서 지금의 현실은 잘못됐다, 새로운 세상으로 가자고 구호를 외쳤던 것이다. 대중적 설득력이 떨어지긴 했지만 어쨌든 유권자들은 진보에 10년간 정권을 안겨줬다. 그런데 그전의 상황과 현실과 그리 다르지 않았다.

게다가 우리는 복지를 제대로 완성하지 못한 상황에서 선진국에서 보이는 진보의 위기 양상이 나타나기까지 했다. 사회경제적 약자의 삶을 개선하는 방식으로 분배의 문제를 다루는 것이 복지인데, 이 문제가 어느 정도 해결되고 삶의 기본권이 보장되고 나니 이제부터는 어떻게 살까라는 고민이 커진 것이다. 이것을 '포스트 모더니즘Postmodernism', 탈 물질주의라고 부른다. 절대 가난이 극복되고 물질적 욕구가 충족되고 나니 사람들의 욕구가 문화 쪽으로 방향을 바꿨다. 그런데 문화적 욕구는 너무 다양해 정당이 하나의 정책으로 묶어내기가 쉽지 않은 문제다. 사회적 성숙이 진보의 위기를 부른 것이다. 다른 한편으로는 복지가 완성되지 않은 까닭에 양극화가 심해졌다.

이럴 때일수록 진보가 사회경제적 이슈로 사람들을 결집해내야 하는데 오히려 분열을 계속해왔다. 정당이 유권자의 욕구를 담아내는 기능을 제대로 못한 것이다. 만약 민주당이 사회경제적 약자의 삶에 대안을 제시하는 프레임을 계속해서 만들어냈다면 새로운 전선이 등장했을 것이다. 그런데 지금도 민주당은 과거에서 빠져나오지 못하고 있다. 민주당은 사회경제적 진보를 외치고 있지만 실제 행동은 비사회경제적인 프레임을 유지하고 있는 것이다. 말과 행동 사이에 괴리가 생기고 이것이 유권자에게 더욱 부정적인 메시지를 준다. 진보의 위기가 깊어지는 이유다.

이것이 현재 진보정당이 처한 현실이다. 지난 대선에서 진보가 왜 졌는지 묻는다면 후보 역량은 둘째 치고 정당의 역량에서 진 것이라고밖에 말할 수 없다. 정당은 표를 담는 그릇인데, 보수는 모두를 끌어모아 40톤짜리 그릇을 보여준 반면 민주당은 원래부터 20톤짜리 그릇임을 확인하는 차원에 머물렀다. 그릇 차이가 극명하게 나타난 것이다. 그 속에서 활동하는 사람들은 조건의 차이를 더욱 절감할 수밖에 없었다.

현재 민주당, 안철수 신당, 정의당 등 범 진보 진영들이 강한 정당으로 탈바꿈을 시도하고 있기는 하다. 그러나 여전히 부족해 보인다. 민주당이 제대로 된 대안을 보여주지 않아 안철수에게 기대를 해 보았지만 그마저도 명확한 대안을 제시하지 못한 채 엉거주춤한 상태다. 대부분의 진보정당이 모두 자신들의 지지자를 대변하는 데 둔감하거나 무능하다. 제대로 된 정당, 대표성 있는 정당 구축이 절실하다. 기존 정당이 혁신하는 모습을 보여주지 않으면 되살아나기 쉽지 않다. 무엇으로 재집권할 것인지 지금으로서는 막막할 뿐이다. 진보의 위기가 장기화될 가능성이 크다.

●

진보가 사는 길

그렇다면 진보는 어떻게 다시 일어설 것인가. 답은 뻔하다. 앞서 말했듯 사회경제적 프레임을 중심으로 구도를 재편하고 그 속에서 집권한 뒤 가치의 다양화를 내걸고 다시 분화해야 한다. 복지가 어느 정도 완성된 이후에는 비례대표제로 선거제도만 바뀌면 작은 이해관계에 따라 나뉠 수 있다. 그러나 지금으로서는 다당제로 가는 것에 대해 회의적이다. 우선은 민주당이 정치 도덕적인 프레임에서 벗어나 사회경제적 문제의 대안을 제시하고 먹고사는 문제를 중심으로 보수와 경쟁에 나서야 한다. 대중에게 쉽고 간명한 주제를 만들어 보여주고 그들로 하여금 사회경제적인 정책을 기준으로 투표하도록 만들어야 한다. 그래야 보수 진영도 개혁적 보수가 득세하고 진보 역시 발전할 수 있다.

조직이 약한 정당에서 내세울 수 있는 것은 인물과 정책이다. 이 둘은 쉽게 말하면 이수일과 김중배 같은 것이다. 이수일처럼 사람이 좋으면 조건을 내세우지 않아도 되지만 김중배처럼 사람에 대한 경쟁력이 없을 때는 조건을 내세울 수밖에 없다. 마찬가지로 정당 간에 정책적 차이가 선명할 때 인물의 중요성은 떨어진다. 반면 정책적 차이가 별로 없다면 유권자는 사람을 보고 찍게 되는 것이다. 지금처럼 민주당이 조직도 인물도 빈약할 수밖에 없는 상황이라면 정책을 더욱 고민해야 하는 것이다.

인물에 대한 경쟁력이 떨어질수록 정책적 차이를 분명하게 내세워야 한다는 것은 정치학에도 등장하는 유명한 전략 중 하나다. 이 전략을 잘 사용한 예는 영국의 1945년 총선이다. 영국 보수당의 윈스턴 처칠Winston Churchill과 노동당 당수 클레멘트 애틀리Clement Attlee가 1945년 제2차 세계대전 후 처음 실시한 총선거에서 맞붙었다. 당시 애틀리는 전쟁영웅이었던 처칠의 경쟁 상대가 되지 못했다. 그래서 노동당은 복지정책을 전면에 내세운다. 보수당은 처칠이라는 인물을, 노동당은 정책을 내건 것이다. 결과는 노동당의 압승이었다. 모두의 예상을 뒤엎은 결과였다.

　미국의 버락 오바마Barack Obama 대통령도 이와 같은 전략으로 성공했다. 우리는 흔히 미국 최초의 흑인 대통령이라며 오바마가 인물 경쟁에서 승리한 것으로 생각하지만 그렇지 않다. 미국은 대체로 공화당과 민주당 간에 정책적으로 별다른 차이가 없어 인물 중심의 선거를 치르곤 했던 것이 사실이다. 그런데 2008년 민주당 후보로 등장한 오바마는 인물 경쟁력이 별로 없었다. 상원의원 임기를 한 번도 채운 적이 없었고 흑인인데다 그의 아버지는 케냐 출신으로 엄밀히 말하면 오바마는 정통 미국인이 아니었다. 그래서 그가 선택한 전략은 철저하게 노선 차이를 드러내는 것이었다. 공화당은 전쟁을 지지하는 당, 민주당은 전쟁을 반대하는 당이라는 반전反戰 구도를 만들어낸 것이다. 이 전략은 유효했고 오바마는 승기를 잡을 수 있었다.

　진보가 살 길도 여기에 있다. 새누리당과의 정책적 차별성을 선명하게 보여줘야 한다. 무상급식을 화두로 삼은 2011년 서울시장 재보궐 선거를 돌아보자. 새누리당과 민주당 간에 무상급식 찬반구도가 형성되어 오랜만에 야당이 해볼 만한 분위기가 조성됐다. 안철수의 지지선언과 더불어 민주당을 등에 업은 박원순이 당선할 수 있었다. 그런데 왜 이 흐름이 총선과 대선까지 이어지지 못했을까? 박근혜가 이렇게 선명했던 여야의 대결 구도를 없애버렸기 때문이다. 새누리당도 무상급식을 지지한다, 경제민주화와 복지정책을 펴겠다고 나서자 정책적 차별성이 흐려지고 인물 선거로 돌아서고 말았다. 결과적으로 대선에서는 문재인보다 박근혜가 더 강력한 인물이었던 셈이다. 만약 당시 민주당이 자신들이 집권하면 보통사람의 삶이 어떻게 달라지리라는 것을 선명하게 제시했더라면 어땠을까? 2012년 대선이 100만 표 차이의 박빙의 선거 구도였는데, 이런 구도로 선거가 치러졌다면 다른 결과가 나왔을 것이다.

한편 인물 선거에 성공한 사람으로 영국의 토니 블레어 Tony Blair 전 총리를 꼽을 수 있다. 그는 18년 동안 보수당에 정권을 내주고 야당으로 살아온 노동당에 다시 정권을 안겨준 장본인이다. 그런데 당시 보수당과 노동당 사이에는 별다른 노선 차이가 보이지 않았다. 장기 집권하고 있는 보수당의 노선인 '대처주의'(마거릿 대처 전 총리가 추진한 사회경제 정책을 총칭)를 노동당도 점차 받아들이기 시작했기 때문이다. 이것이 바로 '블레어주의', 곧 '신新 노동당 노선'이다. 상황이 이렇다 보니 '어떤 당이 더 좋은 정책을 제시하는가'보다는 '누가 더 매력적인 인물인가'가 선거의 쟁점이 됐다. 당시 총리였던 보수당 후보 존 메이저 John Major 대 토니 블레어의 인물 선거가 펼쳐졌고 1997년 총선에서 토니 블레어가 승리한다. 1943년생 존 메이저보다 열 살이나 젊고 활력 있는 토니 블레어가 유권자에게 더 큰 매력을 보여준 것이다.

그런데 토니 블레어처럼 인물 선거를 전략으로 삼는다 할지라도 정책적 차별성을 잘 드러낼 수 있는 사람이어야 더 큰 시너지 효과를 볼 수 있는 법이다. 노무현이 바로 그러했다. 2002년 대선에 등장한 노무현은 정치를 시작한 10년 동안 줄기차게 지역주의 극복과 지역 통합을 외쳐왔다. 공약으로 내세운 '신新 행정수도 건설'도 이러한 맥락에서 나온 정책이었다. 정책과 결합된 인물이 갖는 상징성은 강렬했다. 나는 노무현이 이제껏 야권이 배출한 후보 중 단연 최고였다고 단언한다.

반면 2012년 진보 진영의 대선 후보들은 이러한 상징성을 갖는

데 실패했다. 진보 진영의 두 거물이었던 문재인과 안철수는 '착한' 후보였을지 모르지만 '좋은' 후보는 아니었다. 이들에게 경제민주화와 복지는 노무현의 지역주의 해소, 지역주의 발전에 버금갈 만한 자기 어젠다가 아니었다. 노무현이 외치는 지역 균형 발전은 신뢰하고 싶은 반면, 이회창이 내세우는 지역주의 극복에는 선뜻 마음을 줄 수 없는 것과 같은 이치다. 오히려 박근혜가 먼저 복지를 들고 나섰다. 게다가 그의 옆에 경제민주화의 상징인 김종인까지 포진하니 진보의 입지가 더 좁아질 수밖에 없었다. 문재인의 복지정책이 선거용으로 급조됐다는 인상마저 주었다. 결과적으로 2012년 대선의 어젠다였던 경제민주화와 복지는 그 누구의 것도 아니게 된 것이다. 어젠다와 연동되지 않으니 인물도 힘을 얻지 못했다. 외모나 인간적인 매력 같은 단순한 것이 아니라 차별화된 정책과 시대 흐름을 반영하는 상징성이 진정한 인물 경쟁력이라고 한다면 진보 진영은 이 부분에서도 큰 점수를 얻지 못한 셈이다.

●

아직, 희망은 있다

진보 진영이 위기를 극복할 수 있는 해답은 명쾌하다. 진보는 보수와 다른 해법이 무엇인지 구체적으로 보여줘야 한다. 정책집을 두껍게 만든다고 되는 것이 아니라 쉽고 간명한 정책적 쟁점을 만들어내야 하는 것이다. 2010년 지방선거, 2011년 서울시장 재보궐 선거에서 유권자들이 민주당 박원순 후보를 선택한 것은 수많은 복지정책 중에서 무상급식 단 하나를 보고 투표했기 때

문제는 좌우가 아니야

문이다. 진보는 친親 복지고 보수는
반反 복지라는 평범한 구도가 만들어졌
고 다수의 유권자들이 이해하기도 쉬워
졌다. 선명한 정책적 차별점을 제시했
다면 그다음으로 이에 걸맞은 인물을
길러내야 한다. 인물이란 어느 날 갑자
기 나타난 백마 탄 왕자가 아니다. 당내
경쟁을 통해 성장하고 이러저러한 선거

깡진보는 자신만이 옳다
고 고집하고, 그걸 실현할
수단과 과정에 대한 고민
이 전혀 없는 것이다. 하
나의 교조에 얽매여 변화
를 거부한다면 진보라고
말할 수 없다.

에서 경험을 쌓으면서 그 속에서 자기 어젠다를 제시할 수 있어야 한
다. 그런 시스템이 갖춰져야 인물이 길러지는 것이다. 지금까지의 민
주당처럼 집단 지도체제를 통한 일종의 나눠먹기 구도로는 안 된다.
당내 경쟁에서 이긴 사람이 일할 수 있고 책임지게 하는 시스템을 작
동시켜 지도자를 만들어내야 한다. 그래야 민주당에서도 좋은 정치
인이 나온다.

또한 진보 내 교조주의자들의 목소리를 제어하는 것도 중요하
다. 보수는 어쨌든 자기 진영의 다른 목소리를 정리했다. 진보의 성
향 자체가 각자의 주장을 존중하자는 것이지만 정치적 맥락에서 보
면 다양성이 능사가 아니다. 통합진보당이 당 해체 위기를 맞이한 데
는 진보 진영 전체의 책임이 크다. 소위 '꼴보수'와 '깡진보'가 적대적
공존을 하는 것을 방관하고, 내부의 극단적인 목소리를 걸러내려는
노력을 하지 않아 벌어진 일이다. 보수의 극우적 목소리를 비판하고
자 한다면 자기 내부의 극좌적 목소리도 걸러내야 한다. 옳고 그름을
무시하고 자기 편을 감싸는 진영논리로 이들을 보호하는 것은 정치
를 무시하고 심지어는 해치는 행동이다. 이런 위험한 태도로 다수를

설득하고 자기 편으로 만들 수 있을까? 보수는 그럴 수 있다. 나눠줄 것이 많은 강자이기 때문이다. 그러나 진보는 이렇게 해서는 안 된다. 대중의 눈높이로 돌아가서 대중의 삶 속에서 다시 시작해야 한다.

2012년 대선에서 박근혜와 문재인의 표 차이는 고작 100만 표 정도였다. 그만큼 유권자들 사이에 정권 교체에 대한 열망이 존재했다는 의미다. 그러나 지난 10년간의 민주정부에서 보았듯이 정권을 바꾸는 것이 끝이 아니라는 것을 기억해야 한다. 대통령은 자신이 원하는 정책을 추진할 수 있는 많은 법적 권한을 가졌지만, 그것은 무소불위의 권력이 아니다. 하물며 조선시대의 왕도 신하들이 지부상소持斧上疏('받아들이지 않으려면 머리를 쳐달라'는 뜻으로 도끼를 지니고 올리는 상소)를 올리면 마음대로 하지 못했다. 선의를 갖고 몸부림을 치겠지만 거기까지일 뿐, 그것으로 세상을 바꿀 수 있는 것은 아니다. 게다가 이명박, 박근혜 정부가 이미 만들어낸 정책과 법안을 고쳐야 한다면 일은 더욱 어려워진다. 또 아무리 좋은 법안을 내놓아도 힘의 논리에 의해 의미가 전도되는 경우도 왕왕 있어왔다. 종합부동산세가 대표적인데, 만 명 정도밖에 되지 않는 대상자에게 매기는 세금에 '세금 폭탄' 논리를 붙인 보수에 밀려 실패하고 만 것이다. 진보는 말도 안 되는 논리라고 하겠지만 그런 것에도 밀리는 것이 지금까지의 현실이었다.

또한 김대중, 노무현 정부 당시 보수 언론이 보여준 대통령 탓하기나 흠집내기가 다시 시작된다면 어떻게 할 것인가. 대통령이 바뀌었는데도 보수 진영에서 그를 대통령 취급하지 않는다면 어떻게 할 것인가를 생각해야 한다.

정권이 바뀌더라도 싸움은 계속되는 것이다. 입법부에서 다수당을 만들어내는 것도 쉬운 일은 아니다. 잘못하면 미국처럼 셧다운, 즉 정부의 일시 폐쇄 조치가 발효될 가능성도 커진다. 노무현 정권 때처럼 대통령 탄핵까지 가지 않을지는 몰라도 의회 다수 의석이 확보되지 않는다면 대통령이 제대로 된 정책을 실현시키기 매우 어렵다. 즉 대선에서 이기는 게 중요한 것이 아니라 총선에서도 이길 수 있는 전략을 만들고 집권 이후의 구체적인 계획까지 제시해야 한다. 국민들도 이제는 진보 진영이 무조건 잘하겠다는 말만 믿고 정권을 맡겨주지 않는다. 그들이 제시하는 전략과 계획들이 설득력을 얻을 때 민주당이 다시 집권할 수 있는 기회를 갖게 될 것이다. 이러한 모든 과정 상의 치밀한 준비가 없다면 운좋게 정권을 교체한다고 한들 5년 동안 아무것도 하지 못하는 '식물정부'가 될 가능성이 크다.

김대중에게
배워야 할 것,
버려야 할 것

●

김대중의 바닥 전략을 연구하라

한국 현대사를 통틀어 가장 대표적인 인물을 꼽으라면 나는 김대중[DJ]과 박정희를 꼽을 것이다. 이 두 사람은 민주화와 산업화의 상징과도 같다. 산업화는 누가 뭐래도 박정희 시대의 산물이다. 모든 것이 박정희의 공은 아니겠지만 최장집 교수도 인정했다시피 모든 독재자가 성공하는 것도 아니다. 또 다른 독재자 이승만과 수평적으로 비교하기는 어렵지만, 어쨌든 합법적으로 집권한 이승만에 비교하더라도 박정희의 성과가 크다는 사실은 부정하기 힘들다. 민주주의를 탄압한 것은 사실이지만 외국의 사례처럼 국민 대학살을 벌인 것도 아니다. 그래서 마냥 독재자로만 규정하기 어려운 점이 있다.

'18년 장기집권이 아니었다면 가능했을까, 어지간한 사람이라도 만약 18년 동안 집권한다면 그 정도 못했겠나'라는 질문이 나오는 것도 당연하다. 이는 본인이 억지로 만들어낸 18년간의 장기집권이 성공의 원인일 수 있다는 얘기다. 하지만 그 정도나 그 이상 오래 집권한 그 어떤 독재자도 박정희만큼의 성과를 낸 경우가 거의 없다. 정권 말기의 유신체제(1972년 10월 17일 박정희가 '통일주체국민회의'라는 단체를 만들어 전국에 비상계엄령을 선포한 4공화국)는 영락없는 독재였지만 인류역사상 유례없을 정도로 극단적이었다고 보기는 힘들다. 한국 현대사를 굴절시킨 것은 분명하더라도 박정희가 산업화의 주역이란 사실만은 부정할 수 없다는 얘기다. 한국의 산업화는 박정희를 빼놓고 설명할 수 없고 지금의 보수를 말할 때도 마찬가지다. 대한민국 보수는 박정희의 성공신화가 있었기에 존재할 수 있다.

한편 김대중은 정확히 박정희의 반대편에 선 인물이다. 그는 대한민국 민주화의 주역이다. 크게 보면 김대중과 김영삼이 민주화의 주역이지만 김대중이 더 큰 상징성을 담고 있다. 김영삼은 결국 3당합당으로 산업화 세력과 손을 잡아 반독재 민주화의 상징성이나 이미지가 약해졌기 때문이다. 산업화와 민주화의 대립이 의도적으로 영남과 호남의 대립으로 변질됐다. 그런 영남의 얼굴이 박정희라면 호남의 얼굴은 김대중이다. 이러한 여러 의미에서 김대중이 민주화의 상징으로 자리잡은 것이다.

두 사람이 한국 현대사에서 필생의 라이벌이 된 것은 1971년 대선 때부터였다. 김대중은 1960년 정치에 입문해 1970년 40대의 나이에 야당인 신민당의 대통령 후보가 되어 처음으로 대선에 도전하게 된다. 1987년 6월항쟁 이후의 시대를 민주화의 시작으로 본다면, 이 시기 이전에 40대 정치인이 유력 정당의 대선 후보로 나서 박정희를 상대한다는 것은 놀라운 사건이었다. 사실 민주당의 전신인 신민당에서 '40대 기수론'을 먼저 들고 나온 것은 김영삼^{YS}이었다. 여기서 40대 기수론은 생물학적 나이를 40대로 지칭한 것일 뿐, 박정희와의 대결에서 타협적 노선을 찾고자 한 신민당 당수였던 유진산 중심의 낡은 체제를 극복하겠다는 의미가 컸다. 당을 이끌어가는 사람을 참신한 젊은이로 바꾸자는 연령적 세대교체보다는 야당의 선명한 기치를 내걸자는 이념적 세대교체를 강조한 것이었다.

당시 이러한 바람을 타고 대선 후보로 나선 인물들로는 유진산계의 중도 타협론을 들고 나온 이철승과 40대 기수론을 내건 김영삼, 그리고 김대중 세 사람이었다. 1차 경선에서 선두를 달리던 김영삼은 김대중과 맞선 대선 후보 경선에서 국회의원들을 중심으로 대세론을 형성하는 전략을 구축했다. 그 자신이 신민당의 주류였기 때문에 유진산의 영향권 아래 있는 사람들까지 다 끌어모을 수 있다는 판단에서였다. 반대로 김대중은 그럴 기반이 없는 사람이었기 때문에 가장 낮은 곳, 당원들 속으로 들어갔다. 10개월 가까이 당원들과 동고동락하면서 바닥을 훑기 시작한다. 김영삼의 대세 전략과 정반대인 바닥 전략이었다. 결과는 바닥 전략인 김대중의 승리였다. 40대 기수론의 주창자인 김영삼을 꺾고 비주류 김대중이 후보 자격을 따낸 드라마틱한 반전이 일어났다.

최근 민주당의 리더십이 붕괴하는 모습을 지켜보면서 당시 김대중의 전략이 갖는 함의를 곱씹게 된다. 당이 새로운 리더십을 배출할 때 국회의원들 사이에서 동의를 얻어 지도자가 되고 당대표가 되는 게 무슨 의미가 있을까 하는 회의가 드는 것이다. 결국 김대중과 같이 바닥으로 들어가서 당원들과 대중을 만나고 그들에게서 지도자로 승인과 검증을 받는 것이 중요하다는 의미다. 그런데 지금의 민주당은 그렇게 하지 못하고 있다. 그만큼 당과 당원들의 사이가 멀어져 있기 때문이다. 왜일까? 이것은 과거 거구 단위로 존재하던 지구당이 사라지면서 생긴 폐해이기도 하다. 지구당을 없앤 것은 정치개혁의 차원에서 추진한 일이었지만 막상 없애고 보니 정당이 풀뿌리 조직을 잃게 됐다. 풀뿌리 조직이 있어야 그 속에서 경쟁을 통해 새로운 지도자가 배출되는데 민주당에서는 지금 그런 선순환 구조가 깨지고 말았다. 그러다 보니 리더십에 공백이 생기고 좋은 인재가 등장하지 않는다. 계속해서 바깥의 새로운 인물을 끌어오려는 것도 그 이후로 극심해진 현상이다. 민주당이 주도한 지구당 개혁이 결국 자기 발등을 찍은 셈이다. 그렇다면 이제라도 40대 기수론에서 김대중이 김영삼을 이긴 과정을 연구해야 하지 않을까. 민주당이 찾는 답은 바로 그 속에 있으리라.

●

양김의 분열에서 교훈을 찾아라

김대중이 남긴 유명한 말이 있다. "정치인은 서생적 문제의식과 상인적 현실감각을 가져야 한다." 두고두고 생각할수록 좋은 말이다. 사회를 깊이 연구하는 학자처럼 날카로운 문제의식을 갖되 수지타산을 생각하는 상인처럼 결과를 만들어내야 한다는 것인데, 서생적 문제의식과 상인적 현실감각이 절묘하게 조화를 이뤄야 일이 된다는 뜻이기도 하다. 나는 이 말이 그의 삶을 규정하고 있다고 본다.

1971년 7대 대선 당시 대통령 후보로 나선 박정희와 김대중은 그야말로 총력전을 벌였다. 3선 개헌 이후 처음으로 선거에서 맞붙은 것이었기 때문이다. 박정희가 "이번이 마지막이다. 다시는 국민에게 표를 달라고 하지 않겠다"고 호소했고, 이미 사회적으로도 박정희 체제가 확고하게 뿌리내린 상황이었다. 그런데 이때 김대중이 선택한 카드는 박정희의 체제를 수용하면서 산업화를 더 잘 수행하겠다는 것이 아니었다. 박정희 정권의 권위주의를 비판하고 분단체제 아래서 예비군 체제를 폐지하겠다는 식의 상당히 파격적인 도전을 펼쳤다. 영남은 발전하고 호남은 쇠퇴하는 불균등한 지역발전에 대해서도 목소리를 높였다. 그는 소수가 아니라 대중이 경제적 이익을 누려야 한다는 '대중경제 체제론'을 내걸고 심지어 부유세를 도입하자는 제안까지 한다. 이는 그동안 언급하기 꺼려했던 매우 과감한 사회경제적 이슈를 던진 것이었다. 결국 권위주의에 도전하는 동시에 새로운 비전을 제시하는 김대중의 방법, 정책대결 노선은 통했다. 박정희와의 정면 충돌에서 근소한 차이로 패배한 것이다. 7대 대선은 지역주의 선거라 말하기 어려울 정도로 박빙이었고 대체로 김대중이 이긴 선거라고 보는 시각이 강하다. 유례없이 무효표가 나왔으니 부정선거가 비일비재하고 관권선거가 팽배해 있던 당시 상황을 고려한다면 김대중이 이긴 선거라고 말할 수 있었다.

1971년 대선은 이후 한국 현대사에 막대하고 심각한 영향을 끼쳤다. 김대중은 박정희의 필생의 라이벌이 되었고, 이에 정치적 위협을 느낀 박정희가 유신체제를 구축한 것이다. 여러 가지 명분을 내세우긴 했지만 속내는 이대로는 대통령직을 유지하지 못하겠다는 위기의식의 발로였다. 이 때문에 대통령 선출 방식을 국민 전체가 선거에 참여하는 직선제에서 국민이 중간 선거인을 대표로 뽑아 그들이 대통령을 뽑도록 하는 간선제로 바꾸게 된다. 1972년 유신 쿠데타는 권력자가 자기 안에 있는 반대세력을 없애기 위해 저지른 친위 쿠데타였다. 단순화시켜 보면 1971년 선거 결과에 놀라, 또는 김대중의 존재가 무서워서 유신체제를 선언한 셈이다. 그 유명한 '김대중 납치 사건'이 보여주듯이 일본에서 납치해 현해탄에서 죽이려고까지 했으니 그만큼 두 사람은 서로에게 양립 불가능한 존재가 되어버렸다.

박정희는 유신을 통해 종신 집권 체제를 만들었다. 본인이 그만두겠다고 선언하거나 죽지 않는 이상 물러날 수 없는 체제를 만들어 권력의 순환을 없애버린 것이다. 그런데 이에 도전한 인물이 바로 김대중이었다. 그는 유신 이후 해외로 망명해 유신을 비판하고 미국에서 활동을 재개했다. 둘 사이는 점점 제로섬의 라이벌이 돼갔다. 그러던 중 1979년 10월 26일, 박정희가 스스로 임명한 정보부장의 손에 죽임을 당한다. 정보기관에 의존하는 강압적 통치는 결국 폭력적으로 깨지게 마련이다. 새로운 세력이 등장해 물리적으로 제압되거나, 내부 균열이 일어나는 것이다. 박정희의 유신은 결국 내부 균열에 의한 비극적인 방식으로 깨지고 말았다. 1974년에는 육영수 여사가 문세광이란 간첩에 의해 죽임을 당함으로써 비극의 전조를 보이기도 했다. 이런 비극적 드라마가 오늘날 박근혜를 만드는 데 기여한 것도 사실이다. 흔히 우리 사회는 자연스럽게 독재주의가 해소되었다고 보는데, 사실 그 과정은 이렇게 거칠고 험난하게 진행되었던 것이다.

사람들의 마음속에는 누구든지 양심이 있습니다. 그것이 옳은 일인 줄을 알면서도 행동하면 무서우니까, 시끄러우니까, 손해 보니까 회피하는 일도 많습니다. 그런 국민의 태도 때문에 의롭게 싸운 사람들이 죄 없이 세상을 뜨고 여러 가지 수난을 받아야 합니다. 그러면서 의롭게 싸운 사람들이 이룩한 민주주의를 우리는 누리고 있습니다. 이것이 과연 우리 양심에 합당한 일입니까.

(…) 나는 이기는 길이 무엇인지, 또 지는 길이 무엇인지 분명히 말할 수 있습니다. 이기는 길은 모든 사람이 공개적으로 정부에 옳은 소리로 비판해야 하겠지만, 그렇게 못하는 사람은 투표를 해서 나쁜 정당에 투표 안 하면 됩니다. 나쁜 신문을 보지 않고, 집회에 나가면 힘이 커집니다. 작게는 인터넷에 글을 올리면 됩니다. 하려고 하면 너무도 많습니다. 하다못해 담벼락을 쳐다보고 욕을 할 수도 있습니다. 지는 길도 있습니다. 탄압을 해도 무섭다, 귀찮다, 내 일이 아니다라고 생각해 행동하지 않으면 틀림없이 지고 맙니다. 보고만 있고, 눈치만 살피면 악이 승리합니다. 투쟁에는 많은 사람들을 동원해야 하기 때문에 비폭력 투쟁을 해야 합니다, 많은 국민들을 동원하되 다치지 않도록 해야 합니다.

—— 6·15 남북 공동선언 9주년 기념행사 김대중 대통령 말 중에서

●

80년의 봄

어쨌든 강압적 통치가 무너지는 전형적인
방식인 10·26 사태를 거쳐 이른바 '80년의 봄'이라 불리는 짧은 봄이
찾아왔다. 그런데 80년의 봄이 다시 전두환에게 짓밟혀 미처 꽃을 피
우지도 못한다. 5월 광주항쟁과 삼청교육대 사건이 그 대표적 예다.
이런 일이 왜 벌어졌을까? 박정희 사후 이른바 '삼김시대三金時代'가
열린 데서 그 원인을 찾을 수 있다. 당시 박정희의 후계자를 자임한
김종필^{JP}, 야권의 김대중과 김영삼을 지칭하는 삼김이 정국을 주도
했다. 사실 삼김정치란 말에는 어폐가 있긴 하다. 김영삼과 김대중은
오랫동안 민주화 운동을 하고 야당의 길을 걸었던 사람이다. 그러나
김종필은 그렇지 않다. 박정희와 함께 쿠데타를 이끌었고 총리를 두
번이나 역임했으며 정보부장까지 지낸 인물이다. 여당의 2인자 역할
도 오랫동안 해왔다. 그런 세 사람을 하나의 그룹으로 묶는 것은 논
리적 모순이다. 그런데 이렇게 억지로 묶은 삼김이란 단어에는 애초
부터 의도된 부정적 함의가 있었다. 삼김정치는 낡은 정치, 구태정치
의 다른 말이었으며 삼김이 각자의 지역을 봉건영주처럼 다스리는
지역 할거 정치, 1인 보스 정치라는 의미가 담겨 있다.

그런데 바로 이 삼김정치 때문에 80년의 봄이 허무하게 깨지고
말았다. 유신체제를 극복하고 새로운 체제로 넘어가는 일에 함께 협
력하고 고민해야 하는 시기에 김영삼과 김대중이 섣부른 경쟁을 벌
이고 만 것이다. 권력을 차지한 것처럼 생각한 두 사람이 분열하자
이 틈을 타 전두환의 신군부가 등장했다. 그러다 보니 사실상 유신이

문제는 좌우가 아니야

해체되지 못했다. 유신체제가 5공화국이라는 이름으로 새로운 군부의 손에 고스란히 넘어간 것이다. 군부 출신 대통령을 간선제로 뽑고 그런 대통령이 전지적 권력을 행사하는 등 별로 달라진 것이 없었다.

물론 삼김정치라는 단어 속에 부정적인 의도가 있는 것은 사실이지만 결과적으로 80년의 봄을 삼김정치가 망쳐버린 꼴이다. 이런 면에서 김대중에게 어느 정도 책임이 있다고 생각한다. 만약 그 당시 야권이 결집해서 기성 체제를 무너뜨리는 데 온힘을 쏟고, 그것이 정리된 다음 본격적인 경쟁을 벌였더라면 어땠을까. 그러나 양김의 분열은 기존 체제를 유지하려는 세력에게 역전의 기회를 주고 말았다.

이후 두 사람은 협력 반 경쟁 반의 구도를 통해 기나긴 민주화 투쟁을 이어간다. 이들의 민주화 운동은 직선제 개헌 투쟁인 1987년 6월 항쟁으로 이어졌다. 그런데 6월 항쟁에선 김대중보다 김영삼의 역할이 더 컸다. 김대중은 내란음모사건으로 사형선고를 받고 주로 해외에서 활동을 벌이고 있었기 때문이다. 대신 국내에 남았던 김영삼이 목숨을 건 단식 투쟁을 통해 6월 항쟁의 물꼬를 텄다. 그렇게 다시 직선제 개헌을 쟁취했다.

그런데 이때 80년 봄에서 보였던 삼김의 분열이 1987년에 그대로 재현된다. 1987년 대선에 김대중, 김영삼, 김종필과 노태우가 모두 출마하는 4파전이 벌어졌다. 대선에 나선 이들은 모두 승리를 확신했다. 노태우는 대구·경북, 김영삼은 부산·경남을 텃밭으로 삼고 있었고 김대중은 호남, 김종필은 충청권을 가지고 있었다. 결국 수도권을 누가 장악하느냐의 싸움으로 좁혀졌다. 사실 텃밭의 크기로만 따지면 김영삼이 유력했다. 부산·경남의 인구수가 많았기 때문이다. 그런데 김대중과의 단일화에 실패하고 다시 분열됐다. 결국 각자 출마하게 됐고 노태우가 당선됐다. 분열 때문에 또 진 것이다.

오늘날 야권이 왜 주야장천 단일화를 외치는가. 바로 이러한 역사적 트라우마가 있기 때문이다. 1980년에는 선거까지 가보지도 못했기 때문에 눈에 보이는 분열은 아니었을지 몰라도 너무 성급하게 경쟁 체제로 들어가는 바람에 실패했다. 1987년에는 그야말로 극명하게 분열되어 김대중과 김영삼이 독자 출마를 하는 바람에 4파전에서 깨지고 말았다. 이것이 분열에 대한 트라우마가 되어 지금 민주화세력의 오래된 악습 중 하나인 '닥치고 단일화'로 나타나는 것이다.

●

김대중의 부활이 가르쳐주는 것

13대 대선의 패배 이후 김대중은 새롭게 평화민주당을 만들어 독자적인 노선을 걷는다. 그리고 1990년, 김영삼은 노태우, 김종필과 3당 합당을 결행한다. 이 역시 한국 현대사에서 매우 중요한 사건이다. 김대중, 김영삼은 그동안 산업화 세력과 대척점에 서 있었다. 김종필은 산업화 세력과 같은 편이었지만 떨어져나왔다. 이러한 삼김의 경쟁 구도가 3당 합당으로 완전히 재편된 것이다. 특히 민주화 세력의 한 축인 김영삼이 산업화 세력과 손을 잡아버리면서 민주화 세력이 둘로 쪼개졌다. 그러니 당시 야권의 힘이 현저히 약화되는 것이 당연했다. 이전에는 부산을 '야도부산', 즉 야성이 강한 도시라고 부르기도 했다. 그만큼 경상도가 대구·경북TK과 부산·경남PK으로 성향이 나뉘어 있었는데 3당 합당을 계기로 하나가 된 것이다. 이 바람에 호남을 포위하는 구도가 다시 형성됐다.

김대중은 난감한 상황에 빠졌다. 1988년 총선에서 여소야대가 만들어졌고 김대중의 평화민주당이 제2당으로서 사실상 캐스팅보트를 가지고 국회를 좌지우지했다.

이러한 정국 구도에 대한 불만이 김영삼을 돌아서게 만들었다. 13대 총선에서 전체 득표수는 더 많았지만 의석수만 따지면 김영삼의 통일민주당은 제3당이었다. 이대로는 대통령이 될 수 없으리라는 판단에서 그 돌파구로 꺼내든 카드가 3당 합당이었던 것이다. 그런데 노태우 정권의 2인자였던 박철언의 회고에 따르면 당시 여당이었던 민정당이 김대중에게도 합당을 제안했다고 한다. 그러나 김대중은 고사했고 김영삼은 받아들였다.

이런 상황에서 1992년 제14대 대선을 치르게 된다. 아니나 다를까 호남을 제외한 모든 지역이 연합하는 구도 속에서 김대중이 이기기란 불가능했다. 수도권에서 당시 야권이 강세를 보이긴 했지만 김영삼이 군 출신도 아니고 아예 인기가 없는 정치인도 아니었다. 오히려 무리한 정권교체로 가기보다는 여권 내부의 산업화 출신 대신에 민주화 출신으로 바꿔보자는 분위기가 만들어졌다. 결국 42% 대 33.8%로 패한 김대중은 영국으로 쓸쓸히 떠난다. 사실상 정치적 생명이 끝난 셈이었다. 한번 더 도전하기엔 나이도 많았다. 그때 영국으로 떠나는 김대중의 모습에서 차기 대통령의 그림자를 발견한 사람은 단언컨대 아무도 없었을 것이다. 호남 지역에서 국회의원이 되려면 김대중의 도움이 필요하다는 말이 있을 정도의 영향력은 있었을지 몰라도 그가 대통령이 될 수 있으리라고는 생각하지 못했을 것이다. 어쨌든 그렇게 떠났다 돌아온 김대중은 새정치국민회의(이후 당을 확대 개편해 새천년민주당으로 창당하였으며, 2005년 민주당으로 당명을 변경)라는 독자 정당을 만들어 대선에 다시 도전한다. 정계 복귀를 선언한 당시 김대중을 향한 비난의 강도는 엄청났다. 내 기억에 한 정치인이 그토록 엄청난 비난을 받은 사례는 없었다. 거의 맹폭을 가하는 분위기였는데, 그래도 호남이란 지역기반을 바탕으로 이겨냈다.

1971년 대선에 처음 도전한 이후, 김대중은 줄곧 호남이란 지역주의의 덫과 '빨갱이'라는 반공주의의 덫에 걸려 있었다. 보수는 김대중을 호남에 빨갱이라는 원죄를 가진 정치인으로 만들었다. 다수의 표를 얻는 데 걸림돌이 되는 이런 덫을 벗어나기 위해 김대중은 '뉴 DJ 플랜'을 내걸었다. 호남 출신이란 것은 주지의 사실이니 벗어날 수 없지만 대신 탈脫 호남인들을 불러모았다. 그리고 이념적으로는 빨갱이가 아니라는 것을 보여주기 위해 우右클릭을 시도했다. 1971년 대선에서 박정희와 맞붙으며 취했던 노선에 비하면 1997년 대선에서 김대중의 노선은 상당히 보수적인 것이었다. 그러나 이것만으로는 여전히 부족했다.

당시 유시민은 『97대선 게임의 법칙』이란 책을 통해 상황을 이렇게 분석했다. '김영삼의 실패 덕분에 야권이 이긴다. 단, 김대중만 아니면 이긴다. 김대중은 호남에 빨갱이 이미지가 너무 강해 표의 확장력이 없다. 그러니 다른 사람이 나가면 된다.' 이는 상당히 설득력 있는 논리였다.

그런데 이처럼 불리한 상황을 극복하고 김대중이 대선에서 승리할 수 있었던 결정적인 이유는 여권의 분열이었다. 3당 합당으로 덩치가 커진 여권에서 먼저 이인제가 떨어져나갔다. 대선 후보로 나선 이회창은 총리직을 수행하면서 현직 대통령인 김영삼과 각을 세워 김영삼 계도 역시 멀어지기 시작했다. 그러다 보니 김영삼의 지지기

문제는 좌우가 아니야

반인 부산·경남의 민심이 흩어졌다. 이회창은 3당 합당 구도를 온전히 유지하지 못했다. 이렇게 여권의 표는 갈기갈기 나뉘었고 덕분에 김대중이 이길 수 있었다. 불가능할 것 같은 악조건들을 이겨내고 천우신조로 당선된 것이다. 1971년부터 대선에 도전한 이후 26년 만에 거둔 승리였다. 이런 도전은 세계사에서도 보기 드물 것이다. 미국의 리처드 닉슨^{Richard Nixon}도 첫 도전에서 케네디에게 패해 다시 도전하긴 했지만 승리까지 그리 오래 걸리지는 않았다.

김대중이 집권하게 된 계기는 사상 초유의 국란인 IMF 때문이기도 했다. 이는 결국 산업화 세력의 한계를 보여주었고 사람들이 이제는 민주화 세력에 정권을 이임할 때가 왔다고 판단한 것이었다. 그 열망이 김대중에게로 흘렀다. 또한 당시 김대중은 지역기반을 재편하는 데에도 성공했다. 상대편에서 이인제가 떨어져나간 상황에서 김종필을 끌어다 자기 표에 붙였다. 호남과 충청의 연합으로 3당 합당 구도를 깼다. 이인제와 충청이 빠져나와 여권의 몸집이 줄어든 상황이 조성되었다. 일반적으로 이 정도 상황이라면 김대중이 500만 표 이상 앞선 완승이어야 옳았다. 그럼에도 불구하고 결과는 39만 표 차이의 박빙이었다. 그만큼 대한민국 보수는 막강하다. 억지로 이긴 것이나 마찬가지다. 김대중은 그렇게 대통령이 되었다.

●

김대중, 다시 한 번 대중 속으로

김대중은 대통령이 된 이후 1971년에 내걸었던 자신의 어젠다를 추구하지 않았다. 사회경제적 프레임을 가동하지 않은 대신 주로 남북관계, 즉 햇볕정책에 집중했다. 햇볕정책은 분단 체제를 허무는 작업이다. 그러나 이는 단순한 민족정책이 아니었다. 남북이 대립하고 있다는 것은 그동안 보수가 반칙을 유지하는 명분으로 작용했다. 그런데 햇볕정책에 의해 분단체제가 해체되면서 지역주의와 반공주의가 줄어들고 사회경제적 각성도 일어나게 된 것이다. 김대중은 이러한 의도로 햇볕정책을 추진하고 IMF를 극복했다.

> 김대중처럼 대중 속으로 들어가야 한다. 김대중과 김영삼의 성패는 누가 대중의 갈망에 충실히 반응하고 소구했는지의 차원에서 갈렸다.

햇볕정책을 통해 한반도 평화를 추구하고, 급격히 민주화된 사회 분위기 속에서 김대중은 이회창에 의해 밀려난 김영삼과 달리 스스로 만든 정당의 총재직을 내려놓고 탈당함으로써 당에게 길을 열어줬다. 자신의 손을 떠나 자유롭게 당의 길을 개척해보라는 의미였다. 이를 통해 만들어진 것이 국민경선제였고, 이는 노무현으로 이어지는 정권 재창출에 크게 기여한다.

김영삼은 구룡九龍, 즉 이회창·이인제·이한동·이수성·김덕룡·최병렬·최형우·이홍구·박찬종 등 아홉 마리 용이 각축하는 가운데 한 명을 뽑는 방식의 정권 재창출 프로젝트를 추진했다. 반면 김대중은 당에서 손을 떼고 간섭하지 않는 것이 돕는 것이라며 국민경선제(정당이 후보 선출 과정에서 당원이 아닌 유권자의 의사를 반영하는 제도), 즉 오픈 프라이머리Open primary를 만들었다. 이렇게 김영삼과 김대중이 선택한 방식의 차이는 1970년 경선에서 40대 기수론을 내걸며 취했던 방식과 유사한 양상을 보였다. 40대 기수론에서 김영삼이 내세운 대세론은 구룡으로 이어지고, 김대중은 다시 한 번 대중 속으로 들어가는 것에서 답을 찾았다. 김대중은 또다시 바닥 전략을 선택한 셈이다.

김대중은 정당연합을 시도해 어느 정도 성과를 거뒀다. 김대중은 DJP 연합을 통해 집권에 성공했는데 표면적으로는 김종필과 김대중 개인 간의 연합이었지만 실제로는 새정치국민회의와 자민련이란 정당이 연대한 것이었다. 두 정당은 공동으로 정권을 운영했다. 대통령제에서 보기 힘든, 특히 한국 역사상 거의 유일한 연립정부 사례다. 이러한 DJP 연합이 성공인가 실패인가 라는 질문에는 이견이 있을 수 있다. 그러나 나는 반드시 실패한 것은 아니라고 생각한다. IMF 극복이라는 성과를 이뤄냈기 때문이다. 물론 임기 내내 열정이 유지되지 않았으니 반쪽짜리이긴 하다.

어느 정도 성과를 내고 난 뒤에야 다시 김종필이 떨어져나갔다. 정권 말기 악재가 계속되면서 김대중은 원래의 지지연합을 유지하는 데 어려움을 겪었다. 그러나 완전히 해체시킨 것도 아니었다. 정치인이 해선 안 될 가장 나쁜 일 중 하나가 지지연합을 해체하는 것이다. 그리고 그 참혹한 결과를 노무현이 보여줬다. 반면 김대중은 대중적인 인기가 떨어졌을지는 몰라도 자신의 지지연합을 스스로 해체하는 과오를 저지르지 않았다. 그 덕분에 노무현은 김대중의 지지기반에 플러스 알파를 더해 정권을 잡을 수 있었다. 이것이야말로 김대중의 중요한 업적 중 하나라고 생각한다. 노무현을 낙점해 대통령으로 만들어낸 것은 아니었지만 김대중이 정권 재창출에 기여한 바는 대단히 컸다.

떠나도
떠나지 않은 사람,
노무현

●

노무현만이 갖고 있던 장점

국민경선제는 오픈 프라이머리다. 완벽하게 동일하진 않지만 비슷한 룰을 가지고 있다. 이전에는 정당의 당원들이 대의원을 뽑고, 그 대의원들이 모여 대통령 후보를 선출하는 전당대회 방식이었다. 반면 국민경선제는 일반 유권자도 참여할 수 있게 벽을 허물어버린 것이다. 100% 온전한 미국식 오픈 프라이머리는 아니었지만 비슷한 방식으로 만들어졌다.

국민경선제가 도입되기 직전, 야권에서 대세를 이어가던 사람은 이인제다. 새천년민주당에 입당한 이인제는 동교동 세력과 손잡고 선두를 달렸다. 그런데 2002년 국민경선제가 도입된다. 전당대회와 국민경선제는 확연히 달랐다. 전당대회가 대의원들의 참여 속에 단 하루만에 끝나는 데 반해, 국민경선제는 일반 국민들의 참여가 가능하고 전국을 순회한다. 따라서 국민경선제의 순회방식은 아무리 지지기반이 약한 사람도 해볼 만한 싸움이 된다는 특징이 있다. 전당대회의 경우 100개의 자원을 가진 사람은 50개의 자원을 가진 사람보다 무조건 앞서게 되어 있다. 하지만 순회방식은 전국 16개 지역에 골고루 역량을 배치하지 않아도 되기 때문에 50개의 자원을 가진 사람도 특정 지역에서 앞설 수 있다.

미국에서 지미 카터^{Jimmy Carter}나 버락 오바마 등 무명인사가 당의 대통령 후보직을 차지할 수 있었던 이유도 바로 오픈 프라이머리의 순회방식 덕분이었다. 말하자면 초반 3~4개 지역에 총력을 기울이는 것이다. 자신의 정치적 자산을 모두 쏟아부어 초반 3~4개 지역에서 이기면 이른바 모멘텀^{Momentum}, 즉 추진력이 생긴다. 그 이유는 간단하다. 언론은 새로운 얼굴에 환호한다. 여기에는 강자를 꺾은 다크호스가 출연했다는 반전의 재미까지 더해진다. 역전극만큼 재미있는 것이 또 어디 있겠는가. 그러니 사람들의 관심이 몰리게 되고 결국 승리하는 것이다. 이것이 오픈 프라이머리의 제도적 특성이다. 이렇게 초반에 선전해 강력한 동력을 만들어내는 것을 한 정치학자는 '빅 모멘텀^{Big Momentum}이라는 뜻의 '빅모'라는 이름을 붙이기도 했다. 만약 당내 경선을 한날한시에 했더라면 2008년 오바마는 힐러리 클린턴^{Hillary Clinton}에게 절대 이길 수 없었을 것이다.

그런데 2002년 새천년민주당 경선에서 이인제는 대세론만 믿고 국민경선제의 논리가 뭔지, 어떤 제도인지를 제대로 연구하지 않았다. 반면 노무현은 정확히 파악했다. 노무현은 권력 자원이 적으니 초반 3연전, 제주·울산·광주에 모든 것을 쏟아부었다. 첫 번째 격전장 제주에서는 한화갑이 1등을 달렸다. 그 뒤 울산은 워낙 지역이 작아 별다른 의미가 없었다. 그런데 광주에서 노무현 바람이 불었다.

1990년 3당 합당 당시 의원총회에서
"이의 있습니다"를 외치며 당 해체를 요구하던 노무현의 모습은
여러 가지로 그의 상징성을 잘 드러낸다.

ⓒ 김종구

지미 카터와 버락 오바마가 부상한 것과 유사한 방식으로 초반에 새로운 돌풍을 일으켜 관심을 모으고 대세가 된 것이다. 나는 당시 이인제보다 노무현이 전략적으로 훨씬 뛰어났다고 본다. 이인제는 대세론을 믿고 방심하다가 깨지고 만 것이다. 반면 김대중처럼 대중 속으로 들어간 노무현이 이겼다.

분명 노무현에게 인간적인 매력이 있는 것은 사실이다. 그렇다고 이인제가 후보가 됐더라면 대선에서 졌을까? 나는 그렇게 보지 않는다. 이인제는 젊은 정치인으로서 드물게 충청권 기반이 단단했고 호남 출신이 아니라는 강점도 가지고 있었다. 부산·경남에서의 안정적인 득표율도 보여줬다. 그런데 게임의 룰에 대해 제대로 숙지하지 못하고 전략적 오판을 하는 바람에 졌다는 것이 나의 분석이다. 어찌됐든 전략적 측면에서 실패한 이인제를 딛고 노무현이 새천년민주당의 대선 후보가 된다.

노무현은 강한 후보였다. 일관된 길을, 그것도 상당히 열심히 걸어왔다. 지역균형 발전, 지역주의 해소에 모든 것을 쏟아부었고 그 원칙에 맞게 자신의 공약을 배치했다. '왜 정치하느냐'는 국민들의 질문에 '난 이것 때문에 정치합니다'라고 분명하게 대답할 수 있는 사람이었다.

한나라당의 이회창 후보는 괜찮은 사람인 것 같긴 하지만 왜 굳이 정치를 하려는지 이해가 되지 않는 사람이었다. 한국 최고의 엘리트에 대쪽 법관의 이미지도 있었지만 자기 정치의 명분과 상징성이 떨어지는 인물이었다. 1997년 대선에서 김대중에게 패하고 난 이후의 모습은 더욱 큰 약점이 됐다. 이회창은 미래를 상징한다기보다 기껏해야 현재를 상징하는 사람이었다. 반면 노무현은 미래를 얘기하

문제는 좌우가 아니야

는 사람이었다. 그 둘이 붙었으니 답은 뻔한 것이었다. 게다가 노무현은 부산·경남 출신이다. 김대중이 호남을 바탕으로 경상도의 일부 표를 분산시키고 충청 표를 얻는 방식이었다면 이번에는 민주당이 아예 부산·경남 출신을 내세워 경상도 표를 가르겠다는 전략을 펼쳤다. 여기에 충청은 지역주의 발전 공약인 신 행정수도 프로젝트를 통해 설득했다. 이렇게 해서 노무현은 대선에서 승리했다. 반 김대중 정서로 인해 상당한 약점을 가진 상황에서 오히려 김대중보다 더 많은 표 차이로 이긴 것이다. 그만큼 노무현이 후보로서 갖는 강점은 분명했다.

●

당을 외면한 노무현의 오판

노무현은 2002년 대선에서 국민통합21의 정몽준 대표와 단일화에 성공해 더욱 세를 확대한다. 그런데 김대중의 DJP 연합이 국민회의와 자민련의 정당연합이었던 반면, 노무현과 정몽준의 단일화는 정당연합이 아닌 개인들 간의 연합이었다. 여기에 노무현이 애초 후보가 된 국민경선제도 정당의 울타리를 넘어선다는 의미였기 때문에 두 번의 고비를 넘어오는 동안 노무현이 보여준 것은 정당이 아닌 대중과 함께 간다는 메시지였다. 이것을 정치학적인 개념으로 말하면 '정당정치'가 아니라 후보 중심의 '운동정치'다.

이렇게 집권한 노무현은 자연스럽게 당정 분리를 선언하게 된다. 명분은 당무에 관여하지 않겠다는 것이었지만 속내는 당에 신세를 진 것이 없으니 당을 배제하고 정당보다는 운동정치로 가겠다는 것이었다. 그런데 이 결정이 엄청난 패착이었다. 선거는 운동방식으로 치렀더라도 집권은 운동방식으로 되지 않는다. 오히려 반대로 정당을 강화시키는 방식으로 가야 했다.

　루스벨트가 그렇게 했다. 1929년 대공황을 부른 공화당은 정권을 내줄 수밖에 없는 상황이었다. 덕분에 1932년 대선에서 민주당의 루스벨트는 어부지리로 선거에서 이길 수 있었던 것이다. 그런데 당시 민주당은 집권당으로서 전혀 준비가 되지 않은 지역 정당이었다. 그래도 루스벨트는 집권과 함께 민주당과 함께 움직였다. 이것이 노무현과 다른 점이다. 루스벨트의 대표적인 업적인 뉴딜정책은 1932년 생겨난 '뉴딜 코얼리션New Deal Coalition', 즉 뉴딜연합의 지지를 통해 전개된다. 이 지지연합을 바탕으로 루스벨트는 1936년 재선 때 대승을 거둘 수 있었다.

　여기서 그 뉴딜연합을 조직하는 것이 바로 정당이었다. 세력을 담는 그릇은 정당이라는 얘기다. 루스벨트는 미국의 민주당에게 세력을 담는 그릇으로서의 역할을 허락한 것이고 노무현은 한국의 민주당에게 그 역할을 허용하지 않은 것이다. 노무현은 당정을 분리시키고 당을 약화시켰다. 당이 약화되면 운동정치의 방식으로 국가를 운영할 수밖에 없다. 그러려면 여러 사람이 동의할 수 있는, 인기 있는 정책을 추진해야 한다. 그런데 노무현은 그렇게 하지도 않았다. 오히려 국가보안법, 사립학교법, 과거진상규명법, 언론관계법의 4대 개혁법을 내걸었다. 지지자는 결속이 안 되고 있는 상황에서 4대 개혁법으로 자극받은 반대파는 결속하기 시작했다. 본인이 운동정치로 대통령에 당선됐고 운동정치로 통치를 해야 하는데, 실제 선택한 수단이 어긋나면서 비극이 시작된 것이다. 이 미스매치mis match 때문에 노무현은 처참하게 무너졌다.

　김대중은 어쨌든 지지연합을 유지시켰고 노무현은 완전히 깨버렸다. 57만 표란 차이까지 만들어낸 야권의 지지기반이 다 무너지니 그다음 대선인 2007년에는 민주당 대선 후보인 정동영이 고작 26.1%밖에 표를 얻지 못했다. 지지세력을 반 토막 내고 600만 표를 허공에 날려버린 셈이다. 모두 노무현의 책임이라고 단언할 수는 없지만 그가 제대로 관리하지 못한 것만은 사실이다.

●

새로운 지지연합을 만들어내지 못한 노무현

　　　　　　　선거연합과 정치연합이란 개념이 있다. 선거 때 후보를 중심으로 뭉치는 지지자 무리를 선거연합이라 하고, 일상적인 지지자들의 무리를 정치연합이라고 한다. 노무현의 선거연합은 세대와 지역을 중심으로 결합된 것이었다. 2030세대의 지지, 호남과 부산·경남, 신 행정수도를 내걸어 만든 충청권의 지지 등 세대 전략과 지역 전략이 절묘하게 결합되어 있다.

　그런데 이것이 얼마나 안정성이 있는가를 따져보면 안심하기 힘들다. 부산·경남이 대선에 나온 노무현을 지지하기는 했지만 막상 민주당 국회의원들이 의석을 차지하고 있는 것은 아니었다. 다수당이 아닌 만큼 의회 권력도 약했다. 그렇다면 정치연합의 내용을 바꿔야 한다. 지역과 세대 연합을 세대와 계층 연합으로 바꿔냈어야 했는데 그것을 하지 못했다. 즉, 민주연합에서 복지연합으로 재편해내지 못한 것이다. 물론 이러한 시도를 아예 안 한 것은 아니다. 2006년 참여정부는 '비전 2030'을 내걸며 성장과 복지의 동반성장을 꾀했지만 열린우리당이 제대로 뒷받침하지 못해 실패하고 말았다. 지지연합을 바꾸려는 시도가 깨진 것이다. 그러니 부산·경남은 다시 여권의 품으로 돌아가게 되고 충청도도 위태로워졌다. 충청도를 움직인 신 행정수도는 집권 후 이미 해결된 이슈가 됐고 2007년 대선에서 힘을 발휘하기엔 역부족이었다. 그러다 보니 노무현이 만들어낸 지역과 세대 연합이 해체된 것이다. 남은 것은 호남뿐이었는데 그곳마저도 반 노무현 정서가 흘렀다.

선거연합은 최대치를 모아야 하는 것이다. 그러나 여기서 성공했다 하더라도 이것이 고스란히 정치연합으로 이동하지 않는다. 그래서 이를 재편하는 과정이 중요하다. 미국의 빌 클린턴은 이 문제를 잘 풀어냈다. 1992년 무명인사였던 클린턴이 대통령이 됐다. 클린턴과 조지 H. 부시(조지 W. 부시의 아버지), 그리고 공화당 성향의 무당파 로스 페로Ross Perot가 삼파전을 벌인 덕분이다. 로스 페로가 부시의 표를 나눠먹은 것이 승리의 결정적인 요인이었다. 클린턴이 대통령이 되고 난 후 그에게 맡겨진 가장 중요한 과제는 로스 페로의 지지자를 흡수하는 것이었다. 그런데 클린턴은 버리는 쪽을 선택했고 1994년 중간선거에서 그의 인기는 바닥으로 곤두박질쳤다. 1996년 재선에서 클린턴은 기존의 노선을 수정해 로스 페로를 지지했던 19.9%의 표를 흡수하는 전략으로 전환해 다시 한 번 승리한다. 선거연합에서 소수파였던 것을 정치연합에서 다수파로 개편한 것이다.

또한 선거연합이 다수파였다면 정치연합에서는 그 세력을 어떻게 유지할 것인가를 고민해야 한다. 그런데 노무현은 안정적인 다수연합을 만들어내지 못했다. 이 부분에서 정권이 힘을 많이 잃었고 본인도 많은 것을 잃었다. 시간이 갈수록 지지율이 급락했다. 게다가 당이 활력을 가지고 자기 역할을 할 수 있도록 만들지도 못했기 때문에 결국 열린우리당과 잔류 민주당의 갈등 속에서 열린우리당이 사라지는 운명까지 맞이했다. 2004년 총선에서 과반 이상을 획득해 상당히 많은 것을 할 수 있는 의회권력을 확보했는데도 원하는 정책을 제대로 추진하지 못했고 결국 정권을 내주는 상황으로까지 내몰렸다. 열린우리당을 통한 노무현의 정치적 실험이 깨진 것이다.

●

민생 없이 개혁 없다

우리의 역사 속 인물 중에 조광조라는 개혁가가 있다. 조선 중종 때 사림의 지지를 얻고 등장해 불꽃처럼 살다 사라진 인물이다. 나는 조광조란 인물이 개인적으로는 매력적일지 몰라도 개혁 모델로서는 실패했다고 본다. 율곡 이이도 그에 대해 "작사무점 직전태예作事無漸 直前太銳(일을 점진적으로 추진하지 않고, 너무 날카롭게 앞으로만 나아간다)를 하면 곤란하다"고 평가했다. 여기서 작사무점이란 일을 차근차근 하라는 것이 아니라 순서를 잘못 정했다는 뜻이다. 조광조는 도교의 제사를 전담하던 곳인 소격서를 없애고 불교와 도교의 행사까지 없애자는 등 종교계와 성급하게 마찰을 빚었다. 또한 중종 반정의 공신이 너무 많고 부당하게 녹을 먹는 자가 있으니 공신록을 수정하자고 제안해 공신들에게도 싸움을 걸었다. 권력 기반이 약한 중종에게 그것을 만들어준 사람들을 내치자고 했으니 얼마나 무리한 주장인가.

더구나 조광조 개혁의 핵심은 민생개혁이 아니라 정치개혁이었다. 민생개혁을 통해 백성의 마음을 얻고 선비들의 상당수가 조광조를 따르게 만들어서 세력을 안착시킨 다음 정치개혁으로 발전했어야될 싸움인데 순서를 거꾸로 한 것이다. 조광조의 실패는 결국 사림이집권 세력으로 등장하는 것을 50년 늦추는 원인이 된다.

그런데 조광조의 개혁 모델에서 발견되는 전략적 무리함과 성급함이 노무현에게도 발견된다. 노무현은 2004년 총선에서 여대야소를 만들어낸 다음 더욱 신속한 개혁을 원했다. 사실 2004년 총선도어부지리나 마찬가지였다. 2002년 대선에서 패배한 보수는 노무현의 존재를 도저히 용납하지 못하고 열린우리당과 어긋한 잔류 민주당의 표를 얻어 탄핵을 감행한다. 이런 것이 대선불복이다. 결과적으로 국민의 반대에 부딪히는 역풍을 맞아 열린우리당은 총선에서 대승을 거둔다. 이는 열린우리당 스스로, 순수한 실력을 가지고 과반이된 것이 아니었다.

그렇다면 노무현은 현실적인 힘의 관계를 냉정하게 타산해서 무리한 싸움에 나서지 말아야 했다. 그런데 총선 이후 바로 국가보안법, 사립학교법, 과거사진상규명법, 언론관계법을 내세운 4대 개혁법을 내걸었다. 이는 보수를 만만하게 본 전략이었다. 아무리 불리한조건에서도 호락호락하지 않는 것이 대한민국의 보수다. 오죽하면'기울어진 운동장'이란 말이 있을까. 생각보다 엄청난 덩치를 자랑하는 보수는 진보보다 훨씬 세다. 그런데 노무현은 조광조처럼 민생개혁보다는 이념개혁을 들고 나와 싸움을 건 것이다. 이는 상대방을 분산시키기는커녕 더 결속하게 만들었다.

또한 조광조의 실패가 시사하는 것처럼 어떤 개혁 조치든 민생

개혁을 먼저 하지 않고는 성공하기 어렵다. 먹고사는 삶에 변화가 생겨야 사람들이 박수를 쳐주고 그래야 권력이 안정되는 것이다. 비로소 자신의 체제가 자리를 잡았을 때 이념적인 투쟁으로 가야 한다.

중국의 덩샤오핑鄧小平(등소평)이 정권을 잡자마자 마오쩌둥毛澤東(모택동) 격하格下 운동을 시작한 게 아니다. 구 소련의 니키타 흐루시초프Khrushchyov도 이오시프 스탈린Iosif Stalin을 처음부터 비판하지 않았다. 최소한 2~3년 내에는 원래의 기성체제에 뿌리내린 사람들에게 싸움을 걸면 불리해진다. 그런데 덩샤오핑과 흐루시초프도 처음부터 시도하지 않았던 싸움을 노무현은 너무 일찍 시작해버린 것이다. 노무현의 이런 태도는 탄핵 이전에도 있었다. 선거법으로 시비가 있는데도 강공법으로 돌파한 것이다. 게다가 총선에서 이겼으니 더욱 거세게 밀어 부쳤다. 이는 보수가 결속할 수 있는 충분한 명분을 계속 제공했고, 일치단결한 보수가 밀고 들어오니 어쩔 도리 없이 깨진 것이다.

만약 노무현이 성공적인 개혁으로 꼽히는 뉴딜정책처럼 했다면 어땠을까. 1932년 대통령 선거에서 루스벨트가 뉴딜을 들고 나오자 기업들은 일제히 결사반대를 외쳤다. 그런데 루스벨트가 대통령에 당선되니 어느 시점에 이르자 기업들이 분열되기 시작했다. 친 뉴딜과 반 뉴딜로 나눠진 것이다. 뉴딜을 찬성하는 기업들이 뉴딜정책 속에서 생존해야 한다는 쪽으로 돌아서자 반 뉴딜의 힘은 현저히 떨어졌다. 이처럼 노무현이 햇볕정책을 계승해 개성공단 등 대북 사업

개혁에는 방향과 속도가 중요하다. 조광조가 제기한 문제들은 백성의 먹고사는 문제와는 상관없었다. 민생보다는 정치개혁에 해당하는 사안들을 밀어붙인 셈이다.

에 현대그룹 중 일부가 참여한 DJ 시대를 넘어, 삼성, LG, SK, 롯데 등 여러 대기업을 참여시켰다면 뉴딜과 비슷한 상황이 벌어졌을 것이다. 지금처럼 갑자기 남북사업이 중단되거나 경색되지도 않았을 것이다. 친 햇볕정책과 반 햇볕정책으로 기업이 나뉘었더라면 노무현도 어느 정도는 지지세력을 유지할 수 있었을 것이다. 그러나 열린우리당이 추진한 성급한 개혁은 기업들이 보수와 손잡는 그림을 연출하고 말았다. 여기에 사립학교법 개혁을 선언하니 보수와 기독교를 중심으로 한 종교계가 연합했다. 전략적으로 굉장히 위험한 싸움을 한 것이다.

앞으로도 진보 진영에서 누군가 집권한다면, 무조건적인 선명성 기치만으로 감당할 수 없는 개혁조치를 약속하는 것은 매우 위험하다는 사실을 직시해야 한다. 어떤 현실이든 그곳에는 변화를 열망하는 사람이 있는가 하면 그 현실에 뿌리내린 사람도 있다. 그들을 무시하고 힘으로 밀고 나갈 수 있다는 것은 대단한 착각이다. 게다가 대통령의 권한이 아무리 많다 하더라도 결국엔 여론과 민심을 등에 업지 않은 권한은 무용지물이다.

다수가 움직이게 하는 방법은 먹고사는 문제에서 성과를 내는 것뿐이다. 어떤 지도자를 통해 내 삶이 나아졌다고 생각하면 고마운 마음에서라도 지지하게 된다. 또 다른 개혁을 내걸어도 웬만하면 박수를 쳐준다. 박정희 모델이 그래서 강력한 것이다. 배고픈 것만큼 큰 설움이 없는 국민에게 보릿고개를 없애줬으니 다른 것도 좋게 보아주는 것이다.

그렇다면 우리가 노무현 모델에서 배울 점은 분명하다. 개혁의 전략, 그것도 이기는 전략이 무엇인지를 타산지석으로 삼아야 하는 것이다. 그것을 배우지 못한다면 앞으로 누가 되더라도 힘든 싸움이 계속될 수밖에 없다. 보수와 진보가 맞서는 지형에서 힘의 논리는 아직도 바뀐 것이 없다. 그 점을 명심하고 노무현 시대를 다시 읽어야 한다.

박원순은 진보의
새 희망이 될까?

●

야권에서 박원순이 뜬 이유

현재 야권의 유력주자는 박원순, 안철수, 문재인이다. 이 가운데 박원순은 2012년 대선에서 유일하게 후보군에서 제외된 인물이다. 그런데도 현재 박원순의 상황은 이들 중 가장 앞서 있다. 상대적으로 안철수와 문재인이 대선 이후의 1년을 제대로 활용하지 못했던 이유도 있다. 지지율이 더 늘어난 것도 아니고 과거의 친노 세력처럼 '친안'이나 '친문'이라 불리는 세력이 넓게 형성된 것 같지도 않다. 무언가 세력화되는 기미도 있지만 그리 두드러지지 않는다. 이에 비해 박원순은 현재까지 상당히 안정적인 그림을 보여주고 있다.

박원순은 2011년 11월 서울시장 보궐 선거를 통해 정치계에 등장했다. 그의 등장에는 여러 가지 사회적 요인이 작용했다. 가장 큰 요인이자 밑바탕이 되었던 것은 기존 정당 대 시민의 구도였다. 박원순은 오랫동안 시민운동가로 활동해온 인물로서 시민의 에너지를 대변한다는 상징을 십분 활용해 기성 정당을 제압하고 후보 지위까지 올라갔다. 민주당이 박원순에게 후보직을 양보하고 지지를 선언했음에도 정당 대 시민이라는 선거의 기본 콘셉트가 유지됐다. 박원순은 기존 정당의 후보가 아니었기 때문에 신선함을 유지할 수 있었고, 박원순 본인도 그 점을 잘 부각시켰다.

선거의 구도가 이러했다면 박원순이 시장으로 당선되기까지 실질적으로 도움을 준 인물은 바로 안철수다. 정치계가 안철수를 주목한 것은 2011년 9월 1일, 진보 언론 「오마이뉴스」의 보도 때문이었다. 안철수가 서울시장 출마를 고려하고 있다는 보도였다. 이 보도를 계기로 안철수 태풍이 불기 시작했다. 안철수 본인이 직접 출마를 언급하지 않았는데도 그의 지지율은 급상승하기 시작했다. 실제로 안철수가 출마한다면 그 누구도 꺾기 힘든 형세가 되리라는 것은 불보듯 뻔했다. 그런데 먼저 출마를 선언한 박원순과 만나 담판 끝에 양보를 선언했다. '50%가 5%에게 양보했다'는 말이 나올 정도로 안철수의 통 큰 양보는 엄청난 호응을 얻었다. 안철수의 지지는 박원순에게 고스란히 옮겨갔다. 100%의 이동은 아니었을지 모르지만 기존 정당 사람이 아니라는 점, 시민사회의 열망과 요구를 대변하는 인물이라는 점 등에서 안철수와 박원순은 비슷한 이미지를 가지고 있었다. 그 두 사람이 하나가 되었기에 시너지는 더해졌다. 요약하면 박원순은 정당 대 시민이라는 대립구도 속에서 안철수의 도움으로 시장에 당선됐다고 볼 수 있다.

박원순은 시장에 당선된 이후 민주통합당 출범을 계기로 당적을 가졌다. 그런데도 박원순이 내세우는 콘셉트는 정당인보다는 시민운동가의 그것이었다. 대표적인 것이 서울시장을 하면서 내건 '내 삶을 바꾸는 첫 번째 시장'이라는 슬로건이다. 시민의 삶을 바꾸는 일은 세금을 거둬들일 수 있는 국가권력인 조세권을 바탕으로 재정을 배분하는 것을 통해 이뤄진다. 그런데 아무리 큰 광역단체장이라 할지라도 재량권이 그렇게 많지 않다. 서울시장이라는 자리가 시민의 삶을 근본적으로 바꾸는 데에는 영향을 미치지 못한다는 뜻이다. 그럼에도 불구하고 박원순은 조금씩 바꾸어내고 있다. 구 서울시청을 도서관으로 바꾸어 시민에게 개방한 것이나 지난 여름 한강둔치에 캠프장을 만들어 시민에게 휴식 공간을 제공한 것 등은 작지만 시민 생활에 도움이 되는 정책을 펼친 것이다. 그런 맥락에서 보면 박원순의 행정은 분명히 성공적이다.

참여연대나 아름다운 가게를 이끌어온 모습을 볼 때 박원순은 끊임없이 일을 벌리는 스타일이다. 그런 작은 일을 계속 펼치는 게 나라에 도움이 된다.

그동안의 행정은 예를 들면 혁신도시나 한강 르네상스와 같은 대형 프로젝트를 통한 보여주기식 사업이 대부분이었다. 그러나 그것으로 시민의 삶이 바뀌는 것은 아니다. 지금은 개발과 건설의 반대말인 사람이 우선인 세상, 사람이 사는 세상을 만들어야 한다는 생각이 기저에 깔려 있다. 사람에 돈을 들여야지 건물을 짓고 땅을 넓히는 데 투자하는 것은 바람직하지 않다는 것이 우리 사회의 대체적인 합의라고 생각한다. 그러다 보니 복지 예산을 늘려야 한다는 주장이 강하게 대두되는 것이다. 작지만 서민 생활의 개선점들을 찾아내 바꾸는 박원순의 방식 역시 요즘 시대에 맞는 행정 패러다임이다.

박원순의 방식이 갖는 힘은 의외로 강하다. 1990년대 말 미국의 클린턴 대통령이 성추문 사건으로 탄핵 위기까지 갔을 때, 여론의 방향은 예상 밖으로 탄핵 반대로 흘러갔다. 도덕적으로 심각한 흠집이 발견됐는데 왜였을까? 클린턴이 재임 기간 동안 경제를 살리고 전후 최장기 호황을 일궈냈기 때문이었다. 거기다 클린턴 정부 정책의 핵심은 생활상의 요구들을 해결해주자는 것이었다. 이를 루스벨트 대통령의 뉴딜에 빗대어 '스몰딜Small Deal'이라 불렀다. 작지만 유용한 정책을 잘해냈기에 탄핵의 위기도 넘길 수 있었던 것이다.

시민이 원하는 것은 이런 것이다. 우리나라도 마찬가지다. 이미 소득 2만불 시대에 접어들었는데 대형 프로젝트로 들쑤셔서 세상이 바뀌고, 내 삶이 달라지는 것처럼 호도하는 전략은 이제 불가능해졌다. 오히려 이러한 '거대 강박'이나 시도가 시민의 불신을 사기도 한다. 이런 맥락을 고려하면 박원순의 콘셉트는 바람직하다. 박원순은 한마디로 표현하자면 실사구시實事求是(실제 사실에서 진리를 구한다)형 리더다. 끊임없이 현장을 다니며 아이디어를 쏟아내는 스타일이지 거창한 프레임이나 이념의 틀을 내걸고 거기에 맞춰 시민을 끌고 가는 사람은 아니다.

기존의 정치인들이 말을 앞세우고 작은 성과를 과대포장하며 전시 행정만 일삼았다면 박원순은 기존 정치인과 차별화된 플랜을 만들어내고 대중의 삶 속으로 바로 들어감으로써 점수를 얻었다. 또한 본인이 열심히 현장을 쫓아다니면서 답을 찾는다. '우리들의 문제는 현장에서 답을 찾자'는 '우문현답'이란 슬로건을 내세우며 현장의 중요성을 강조한다. 현장에서의 작은 요구들을 그때그때 잘 풀어주는, 한국판 스몰딜의 행정을 하고 있는 것이다. 여기에 예산편성 과정에 주민을 직접 참여시키는 제도인 주민참여예산제를 신설해 시민의 요구에 기초해 행정을 하겠다는 전략을 내세움으로써 신뢰를 구축하고 있다. 본인이 가지고 있는 시민활동가로서의 콘셉트와도 잘 부합하는 몇몇 사례들이 모여 행정가로서도 성공을 이뤄내고 있는 것이다.

게다가 행정가로서 성공하고 있는 박원순은 정치적으로도 꽤 많은 기대를 모으고 있다. 정치인이 아닌 시민행정가의 콘셉트는 민주당에 대한 부정적인 이미지로부터 자유롭되 기존 민주당 지지층은 고스란히 가져올 수 있다는 장점이 있다. 정치인은 행정가로서 잘하는 것만으로 평가받을 수 없다. 광역단체장이라 할지라도 정치적 역할을 피하기 힘들다. 그래도 박원순은 그동안 정치적 활동을 자제하고 거의 발언을 하지 않는 편이었다.

한편 진보 진영에서는 대선 패배 이후의 열패감과 허탈감이 깊게 자리잡고 있었다. 그 허탈감은 시간이 지나야 극복된다. 시간이 흐른 뒤 이제 누구에게 의지할 것인지를 곰곰이 생각하게 된다. 누군가에게 마음을 주고 싶으면서도 다른 한편으로는 이긴 사람에 대한 불만들이 여러 가설을 만들어낸다. 박원순도 그렇게 떠오른 인물 중 하나였다. 그런 와중에 2013년 9월에 무상보육 파동이 벌어진 것이다.

무상보육 파동은 박근혜가 대통령 후보 시절부터 약속한 것으로 무상보육 재정을 중앙정부가 책임지겠다는 구상에서 나온 것이었다. 따라서 무상보육 파동은 그 공약이 어그러져 일어난 것이다. 당선자 시절에도 각 광역단체장들과 만나 한 약속과 달리 새 정부가 재정지원을 번복한 데 대해 서울시는 "무상보육 쭉 이어갈 수 있도록 대통령님 약속을 지켜주십시오. 하늘이 두 쪽 나도 무상보육은 계속돼야 합니다"라는 버스광고와 현수막을 내걸었다. 한마디로 아주 잘 기획된 광고였다. 이에 대해 여당과 정부는 서울시의 높은 재정자립도를 거론하며 서울시의 공동부담을 요구했다. 그러나 서울시는 시민 수가 워낙 많아 1인당 예산액으로 따지면 꼴찌 수준이라고 반박하며 공방을 이어갔다. 지금도 영유아보육법 개정안은 국회 법제사법위원회에 계류되어 있다. 보건복지위원회에서 여야 합의로 통과시켰는데도 아직 제자리걸음인 것이다.

박원순은 법안을 빨리 통과시켜달라고 대통령을 물고 늘어졌다. 이렇게 해서 싸움 자체가 커졌다. 마침 진보 진영이 열패감에 시달리던 차에 누군가 등장해서 지금의 야권을 꺾어버린 인물과 각을 세우고 싸움에 나선 것이다. 이 얼마나 기특하고 고맙겠는가. 아무도 대통령에게 직언 한마디 던지지 못하는 상황에서 박원순이 서민의 삶과 직결된 문제를 가지고 담대하게 덤벼드니 진보 진영은 박수를 칠 수밖에 없었다.

사실 이것은 리더의 몫이다. 상대편의 주장에 맞서 싸움에 나서는 사람이 바로 리더다. 그런데 그 싸움을 박원순이 잘 기획하고 실행했다. 정치적으로 의도했든 안 했든 말이다. 결과도 좋았다. 선거관리위원회가 서울시의 광고가 선거법 위반이 아니라는 판정을 내렸다. 싸움에서 완승한 것이다. 이 사건을 계기로 박원순은 본인의 정치적 위상도 끌어올릴 수 있었다. 실익이 많았고 의미도 있었던 싸움이었다.

이런 과정을 살펴보면 박원순이 야권의 선두주자가 된 까닭은 서울시라는 권력자원 덕분이다. 30조 원 안팎의 서울시 예산을 가진데다 서울시 산하의 방대한 기구와 조직들이 있다. 단체장이 갖는 또다른 이점은 현실 정치의 예민한 이슈에서 어느 정도 떨어져 있으면서도 자신만의 어젠다를 선택할 수 있다는 점이다. 예산이 뒷받침된 사업계획들을 직접 보여줌으로써 자기 어젠다를 구체적으로 그려낼 수 있는 것이다. 정치인의 약속은 말이지만 행정 실무자의 약속은 실천이 뒤따르니 말이다. 그런 맥락에서 안철수, 문재인과의 경쟁구도에서 제일 앞서나가는 것이 당연하다. 또한 이명박이 앞서 서울시장 자리는 대통령 후보는 물론 대통령에 당선될 수도 있다는 전례를 만든 터였다. 이런 상황에서 만약 2014년 지방선거를 통해 박원순이 서울시장 재선에 성공한다면 더 유리한 자리까지 올라갈 수 있게 된다. 선거가 2014년 6월에 있고 임기가 2018년 6월까지이니 2017년 12월 대통령 선거에 출마하는 일정도 순탄한 편이다. 서울시장 임기를 마치지 못하기는 하겠지만 어쨌든 두 번째이기 때문에 어느 정도 시민들의 이해를 얻을 수 있을 것이다. 2014년 6월 4일 지방선거를 거치고 나면 박원순이 야권에서 선두주자의 위상을 가질 것이라고 본다.

●

작은 행정 펼치는 박원순의 강점과 약점

　　　　　　　　　박원순이 가진 강점은 시민사회에서 만들어진 강력한 네트워크다. 오랫동안 시민활동가로 살아오면서 만들어진 이 네트워크가 정치인 박원순을 떠받치고 있다. 안철수만 하더라도 지금은 한 사람의 국회의원일 뿐이다. 대선 때 조직이 형성되긴 했지만 기본적으로 정치 지망생과 현실 정치와 관련되고자 하는 사람들을 중심으로 묶여 있었고 단단히 결합하지도 못했다. 반면 박원순은 현실 정치, 제도 정치와 거리를 두되 시민활동을 해왔던 사람들과 일을 하면서 오랫동안 형성된 끈끈한 네트워크가 있다. 세월과 정情으로 단단하게 묶인 이들의 네트워크는 상대적으로 강할 수밖에 없다.

또 다른 이점은 현재 새누리당에 유력한 라이벌이 없다는 것이다. 지금 서울시장 후보로 여러 사람이 거론되고는 있지만 다들 흠이 있다. 기존 새누리당의 정체성에 부합하는 사람은 대중성이 떨어지고, 부합하지 않는 사람은 당내 세력이 없다. 정몽준 의원, 김황식 전 총리 등이 거론되지만 박원순을 이길 새누리당의 강력한 대항마가 없으니 상대적으로 그는 안정적이라는 이점을 누리고 있는 것이다. 변수가 있다면 야권, 즉 안철수 신당이 제기될 수 있다. 실제로 유력한 후보를 내세우기는 쉽지 않아 보이지만 만약 안철수 신당에서 10% 내외의 득표력을 가진 후보를 낸다면 상당히 위험한 상황이 연출될 수 있다.

물론 박원순에게는 단점도 있다. 행정가가 실천한 정책이 쌓이고 쌓이다 보면 반대하는 사람도 생기기 마련이다. 정책의 가짓수가 늘어날수록 반대하는 사람의 수도 늘어난다. 대통령의 지지율이 후반기로 갈수록 하락하는 이유도 이와 같다. 학자들은 이런 현상을 '세속화secularization'라는 단어로 설명한다. 처음 새로운 지도자에 대해 대중은 잔뜩 기대를 품는다. 그런 만큼 지지율도 높게 나타난다. 그런데 차츰 시일이 지나면서 대중이 원하는 정책을 펼치지 않는 것이 보이고 이에 실망한 사람들도 늘어난다. 따라서 지지율도 떨어진다. 이렇게 기대를 품었다가 점차 현실을 깨달아간다는 의미에서 세속화라 부르는 것이다. 대통령이 그렇다면 행정을 맡은 서울시장도 그럴 수 있다. 마찬가지로 박원순의 행정 결과도 쌓이다 보면 반대자

개청 1주년을 맞아 시민에게 모든 공간을 개방한 서울시청.

박원순 시장 집무실 벽쪽으로는

시민들이 쓴 포스트잇 메모지가 붙어 있다.

소통이란 게 꼭 거창한 것을 바라는 건 아니리라.

들이 생기고 이들로 인해 지지율이 하락할 가능성도 있다. 그런 점에서 안철수, 문재인보다 반대 진영의 공격거리도 많아질 수 있다.

다행인 점은 박원순의 정책들이 전임자들처럼 대형 프로젝트가 아니라는 것이다. 토목, 건설과 관련된 대형 프로젝트는 시민의 의견을 찬반으로 극명하게 나눌 여지도 많다. 그러나 지금처럼 작지만 효용성 있는 행정에 대해서는 과격하게 공격하기 쉽지 않다. 그래서 서울시 의회에서만큼은 야당인 새누리당 소속 시의원들이 다리 공사나 배수지 안전공사와 같은 안전사고를 가지고 계속 시비를 거는 것이다. 또는 무상보육 홍보가 선거법 위반이라는 식의 공격도 이런 맥락에서 나오는 것이다. 결국 나중에 가면 박원순이 서울시장으로서 한 일이 없다는 공격이 나올 것이다.

박원순은 대놓고 자신은 아무것도 하지 않는 시장이 되고 싶다고 말했다. 그것은 그냥 손을 놓고 놀겠다는 뜻이 아니라 전시행정을 하지 않겠다는 의미다. 그러나 몇몇 사람들은 이명박이 서울시장 자리에 있을 때 진행한 청계천 복원사업과 같은 대표사업이 눈에 띄지 않는다고 박원순을 비판할 가능성이 있다. TV 프로그램 〈썰전〉에서 강용석이 박원순을 공격하는 포인트 역시 성과가 없다는 것이다. 이런 논리가 어느 정도 설득력을 가질 개연성이 분명 있다.

하지만 또 다른 시각에서 보면 분명 박원순의 시정을 통해 도움을 받은 사람이 있다. 한강 둔치에서 여름밤을 즐겼던 사람들이 그러할 것이고 박원순이 실생활의 요구를 해결해줘 도움을 받은 사람도 있을 것이다. 그래서 아직까지는 성과 없다는 논리가 유의미하게 작용하지 않는다. 여당이 공세를 벌이기도 애매하고 박원순을 어려운 상황으로 몰아가기도 쉽지 않은 상황이다.

시대의 흐름이 박원순을 호출할 것인가?

　　　　　　그렇다면 박원순은 이명박의 경우처럼 서
울시장을 지낸 뒤 대통령에 당선될 가능성이 얼마나 될까? 노무현
정권 말기에는 보수 진영에서 누가 나와도 이긴다는 분위기가 있었
다. 다만 정통성 있는 적자냐, 아니냐의 문제만 있었을 뿐이다. 그런
데 당시만 하더라도 보수도 새로운 보수로 나가야 한다는 정서가 있
었다. 그런 흐름 속에서 이명박이 대선에 성공할 수 있었던 것이다.

　　그런데 2017년 대선의 구도는 어떻게 될지 아직 점칠 수 없다.
그때처럼 박근혜의 지지율이 바닥을 달리고 야권에서 누가 나와도
이긴다는 분위기가 흐른다면 야권에서는 편하게 박원순을 선택할 수
있을 것이다. 그러나 만약 야권과 여권이 박빙의 상황을 연출한다면?
주변을 돌아볼 여지 없이 당 중심의 인물을 물색할 것이고 바깥에서
데려오기보다는 어쨌든 내부 사람을 통해 게임을 해보려고 할 것이
다. 그것이 박원순의 미래를 결정할 중요한 포인트가 될지 모른다.
선거판의 전체적 환경이 어떻게 전개되느냐에 따라 박원순이 가장
유리할 수도 있고 그 반대일 수도 있다.

　　야권이 박원순을 선뜻 선택하지 못하는 것은 제도권 내부의 정
치세력이 아직 탄탄하지 못하기 때문이다. 시민사회의 네트워크가
넓고 탄탄할지 몰라도 정치세력권 안에서 박원순을 따르는 사람은
많지 않다. 반면 문재인에게는 친노를 바탕으로 조직된 친문이란 집
단이 있다. 안철수도 당을 만들어가는 중이고 어느 정도 규합하게 될
것이다. 그렇다면 박원순은 이런 세력을 어떻게 만들어갈 것인가. 지

방선거와 총선을 거치면서 형성될 수는 있겠지만 어떻게 만들 것인지가 딜레마다. 현재 박원순은 기성 정치와 약간의 거리를 두고 있다는 게 강점인 인물인데 만약 정치적 그룹을 이끌어가는 리더가 되어야 한다면 기성 정치에 깊이 발을 담가야 한다. 그러나 시민을 대변하는 사람으로서의 위상이 있기 때문에 100% 현실 정치화되지 않는 균형점을 찾아야 하는 것이다.

현실 정치의 지지그룹이 만들어지지 않으면 대선 후보가 되기는 힘들다. 서울시는 민주당이 양보해도 그만이다. 그러나 메이저 정당이 대통령 선거에 후보를 내지 못한다는 것은 심각한 상황이기 때문에 민주당은 결사적일 수밖에 없다. 물론 그 역시 민주당 소속이므로 민주당이 그를 선택할 가능성도 있지만 정통 민주당이 아니라는 부담은 여전하다. 이러한 딜레마를 박원순이 어떻게 극복하느냐가 그의 미래 행보에 중요한 부분으로 작용할 것이다.

또한 박원순 하면 떠오르는 어젠다나 지향점이 분명해야 대권에 도전할 가능성이 생긴다. 큰 정책을 내세우지 않고 서민 생활의 작은 요구를 들어주는 것은 행정의 스타일일 뿐이다. 그것은 대통령 리더십과는 차원이 다르다. 이 부분에서 박원순을 쉽게 판단하기 어려워진다. 대통령은 조세징수권을 가지고 경찰과 검찰, 군대를 움직이는 사람이다. 이것은 광역단체장이 가질 수 없는 권한이다. 그야말로 나라의 운명을 좌우하는 권한이다. 그러니 대통령 후보의 반열에 오르려면 본인이 생각하는 시대과제를 어떻게 의제화시켜서 그것을 우리 사회의 주요 안건으로 만들어나가느냐, 스스로가 시대흐름을 상징하는 인물로 발전할 수 있느냐를 보여줘야 한다. 시대과제를 잘 포착해 자기 것으로 만드는 노력을 기울여야 한다. 그러나 아직까지는 박원순의 어젠다가 무엇인지를 보여주는 데 부족한 면이 보인다. 한 나라를 다스리는 대통령과 시장은 각각에게 요구되는 리더십이 다르다는 것을 염두에 두어야 한다.

박원순의 또 한가지 약점은 그가 여의도로 상징되는 정치권 경험이 없다는 점이다. 경험적으로 정치적 리더십이 없는 사람이 대통령이 되기는 어렵다. 대통령이 된다 할지라도 의회를 무시하고 정치를 할 수는 없는 것이다. 그런데 박원순은 이러한 의회 경험이 전무하다. 그렇다면 박원순은 앞으로 정치권과 의회를 어떻게 다룰 것인가. 분명 정치적 리더십과 정치적 역량에 부족한 부분이 있을 텐데 이것을 어떻게 채워나갈 것인지도 숙제다.

어쨌든 첫 번째 고비는 재선 도전 여부가 될 것이다. 변수는 안철수의 새정치연합이 후보를 내느냐 마느냐. 또 지방선거의 메인 인물이 누구인지도 중요하다. 만약 안철수가 지방선거에 전력하겠다면 그 선거의 메인 인물은 안철수가 될 것이다. 박원순의 경우 재선 여부와 득표율이 포컬 포인트focul point가 될 것이다. 누가 선거의 상징이 되고 주제가 되느냐에 따라서 정치적 영향력이 달라지기 때문에 안철수 신당의 서울시장 선거 출마 여부는 박원순에게 굉장히 중요한 변수다. 새누리당 후보는 어차피 나올 것이고 나머지 반 새누리당 표를 안철수 신당 후보와 박원순이 나눌 것인가, 아니면 혼자 장악할 것인가는 결과에 상당한 영향을 줄 수 있다.

그러나 박원순이 두 번째 선거인 2014년 6월 지방선거에서도 안철수의 도움으로 당선됐다는 평가를 받게 되면 재선 성공의 의미도 상당히 퇴색할 것이다. 첫 번째 선거도 안철수 덕분에 당선됐고, 두 번째도 자력으로 당선된 게 아니라 안철수 도움 덕분이었다면, 대권주자로서 점수를 잃게 된다.

　박원순의 재선이 의미를 가지려면 자력으로 승리할 수 있는 구도를 만들어내야 한다. 2011년 보궐 선거 때 안철수가 박원순을 당선시켜준 것과 같은 모양새가 이상적이다. 이상적인 그림은 안철수가 신당을 만들어 후보를 내더라도 연합공천으로 공동의 후보를 내고 민주당과 안철수 신당 양쪽이 지지해서 넉넉하게 이기는 것이다. 2011년 선거보다 많은 표차로 이긴다면 조금 더 탄탄대로로 갈 수 있다.

　그러나 만약 자력으로는 어렵고 지지율 측면에서도 안철수의 힘이 여전히 크다는 것이 데이터로 검증되면 박원순은 독자성과 득표력에 상당히 큰 타격을 입게 될 것이다. 대중성을 갖춘 전국적 인물로 성장하는 데 힘들어질 수도 있다. 그러면 대선가도로 가는 데도 큰 걸림돌이 될 것이다. 사실 안철수도 박원순에 대해 어느 정도 책임이 있기 때문에 이제 와서 독자후보를 내겠다는 것은 자기 부정이 된다. 그래서 어쩌면 안철수 신당에서 후보를 내기 어려울지 모른다. 그러나 정치는 현실이기에 안철수 측에서 어떻게 반응할지는 아직 알 수 없다.

　지금까지 박원순은 잘해왔다. 이 시기까지를 1단계 안착기, 소프트랜딩soft landing라면 지금부터 지방선거까지는 2단계 이륙기, 테이크오프take-off해야 하는 단계다. 서울시장 재선에 성공한다면 그 이후부터는 자유롭게 비행을 할 수 있게 된다. 그러니 지금 이륙을 준비하는 입장에서는 자기 힘으로 자신의 어젠다를 통해 넉넉한 표차로 이긴다는 과제를 어떻게 풀어야 할지 고민해야 한다. 그 과정에서 자칫 잘못하면 원하는 만큼의 속도로 성장하기 어려울 것이고 대권주자의 반열에 오르더라도 확실한 선두주자가 되기 힘들어진다. 또한 예상치 못한 돌발변수를 조심해야 한다. 서울 시정과 관련해 잡음이 생기지 않도록 위기관리를 잘해야 한다는 얘기다. 그저 가능성이기는 하지만 우연한 기회에 박원순의 위기관리 능력을 판단할 수 있는 시기가 올지 모른다.

위기관리 능력은 리더십에서 중요한 대목이다. 사람들이 리더에 대해 평가할 때 천재지변이나 우연에 의한 돌발상황에 어떻게 대처하느냐에 대해서도 점수를 매긴다는 점을 명심해야 한다. 지금처럼 현장을 훑고다니는 시민운동가적 행정은 당장 눈에 보이고 열심히 소통하는 모습을 보여주어 박원순만의 모델을 만들어가는 데 기여하고 있다. 하지만 아무리 시대의 화두이지만 과연 그것이 대통령으로서의 롤모델에도 부합하는가에 대해서는 좀 더 생각해봐야 할 여지가 있다.

안철수,
모범생 말고
모험생이 되어라

●

아이젠하워를 통해 본 안철수

　　　　　　　　　안철수는 한국정치사에서 보기 드문 인물
이다. 그가 대권에 도전한 2012년, 나는 1950년대 미국을 들끓게 했
던 '시민 후보' 드와이트 아이젠하워 Dwight Eisenhower를 떠올렸다. 민주
당 출신인 프랭클린 루스벨트에 정권을 내준 공화당은 제2차 세계대
전 이후 국민영웅으로 떠오른 아이젠하워에 주목하기 시작했다.
1948년 대선부터는 본격적으로 그를 당에 영입하려는 노력을 기울
였다. 그런데 아이젠하워는 공화당의 입맛대로 쉽게 움직여주지 않
았다. 이 와중에 미국 정치사에 중요한 사건이 일어난다. 루스벨트가
4선 임기를 시작함과 동시에 갑자기 사망하고 만 것이다. 곧 부통령
인 해리 S. 트루먼 Harry S. Truman이 그 자리를 계승하였고 불안한 정세
는 공화당에게 더욱 불리하게 작용했다.
　1952년 대선 레이스가 시작되자 공화당의 고민도 더욱 깊어졌

다. 1944년과 1948년 공화당 대선 후보는 당내의 좌파 진영에서 선출되었고, 1952년 대선 후보는 공화당 내 우파 진영에서 낼 차례였다. 당내 좌파들은 위기의식을 가질 수밖에 없었다. 이대로는 안 된다, 변화를 시도해야 한다는 바람이 불며 공화당 좌파는 제3의 후보를 물색하게 되고 결국 다시 아이젠하워라는 대안으로 모아진다. 공화당의 파격적인 선택에 힘입어 시민사회에서도 '드래프트 아이젠하워Draft Eisenhower 운동'이 등장한다. 국민영웅 아이젠하워를 대통령으로 만들자는 '시티즌 프레지던트Citizen President', 바로 '시민 대통령 만들기 운동'이 그것이다. 세상의 공기와 공화당 내부의 사정이 아이젠하워라는 인물을 통해 폭발하기 시작한 순간이다.

국회의원은 '여의도'에 모이고 안철수의 사람들은 '아직도'에 모인다. 안철수 신당의 이데올로기는 '기다리즘'이다.

공화당 내 오픈 프라이머리에 가장 늦게 참여한 정치 새내기 아이젠하워는 신선한 돌풍을 일으키며 대선 후보의 티켓을 거머쥔다. 이어서 민주당 A. E. 스티븐슨A. E. Stephenson과의 선거에서 승리해 공화당에게 정권을 안겨주었다. 이렇게 해서 그는 미국 역사상 유일한 시민 대통령의 자리에 오른다. 아이젠하워가 미국의 제34대 대통령 선거에서 후보로 추대되어 대권을 얻기까지, 그 뒤에는 결국 조직된 시민의 힘과 정치권의 호응이 존재했던 것이다.

이는 지난 2012년 대선에 등장했던 '안철수 현상'과 비슷하다. 권력에 대한 욕망과 그 과정에 수반되는 치열한 아귀다툼, 정치에 모든 부정적인 이미지로부터 멀찍이 벗어나 있는 초인적 인물이 말 그대로 어느 날 갑자기 대권주자로 급부상한 것이다.

'안철수 현상'이 처음부터 '대권주자' 안철수에 대한 지지로 나타
난 것은 아니었다. 기성 정치에 대한 반발과 새로운 인물에 대한 열
망이 응축되어 이대로는 안 된다는 국민의 열망이 조금씩 커져가고
있던 와중에, 아이젠하워처럼 마침내 안철수라는 실체와 만나 불이
붙은 격이다. 방향을 잡지 못하던 정치적 에너지가 비로소 생명력을
가지게 된 것이다. 즉, '안철수 현상'은 기성 정치에 대한 반발이었다.
하지만 결과적으로 그는 한국의 아이젠하워가 되지 못했다. 현상이
상징이 되고 그것이 실질적인 결과물, 즉 대통령 당선으로 연결되어
야 하는데, 그 과정에서 무언가가 부족했다는 것이다. 과연 그것은
무엇이었을까?

●

안철수에게 부족했던 것

　　　　　　　　　첫째, 안철수는 풀뿌리 조직과 만나지 못했
다. 소규모의 지역단위 포럼이 존재하긴 했지만, 시민이 자발적으로
나서 시민후보를 만들어보자는 '시빌 무브먼트Civil Movement'로 발전하
는 데 실패했다. 2011년 서울시장 재선거에서 박원순 후보를 적극
지지했던 시민단체들의 풀뿌리 네트워크와 같은 것이 안철수에게는
없었다. 이런 측면에서 보면 안철수에게 시민사회를 조직화하거나
대중적 에너지를 결집하는 보다 강력한 흡입력이 부족했다고 유추할
수 있다. 그 배경에는 영웅적 이미지가 부족했다는 것도 한몫한다.
제2차 세계대전을 승리로 이끌고 전쟁의 위기와 공포에서 자신들을
구해낸 영웅 아이젠하워의 이미지에 비해 성공한 의사, 성공한 CEO,

성공한 멘토 안철수의 이미지가 상대적으로 약했기 때문이다. 강력한 여권 후보와 제대로 맞붙을 후보조차 없었던 민주당 내 어느 그룹이나 정파도 안철수와 선뜻 손을 잡지 못했던 것을 돌이켜보자. 당시 친노親盧와 비노非盧의 구도로 갈라진 민주당 내에서 비노는 사실상 안철수와 제휴할 수 있는 유일한 세력이었다. 그러나 비노는 체계적으로 조직화되지 못했고 안철수 역시 그들과 적절한 제휴를 이끌어 내지 못했다.

이후 2012년 4월 제19대 총선 패배 이후 열린 민주당 전당대회에서 친노가 다시 세력을 잡은 것은 안철수에게 결정적인 악영향을 미쳤다. 친노의 대표인사 이해찬 대표 체제는 외부인물을 영입하기보다는 자체적인 후보를 내겠다는 강경한 뜻을 드러냈고 그 결과가 바로 문재인 후보였다. 비노가 당을 깨고 나오지 않는 이상 안철수와 연대할 가능성마저 사라져버린 것이다. 야권연대에 대한 국민의 기대에 떠밀려 결국 손을 맞잡긴 했지만, 안철수는 단기필마單騎匹馬(홀로 말을 타고 적진에 뛰어듦)로 버티다 결국 형식적인 양보, 자발적인 사퇴를 선언을 하는 것으로 대권 앞에 좌절했다. 사실상 안철수의 실패였다.

둘째, 양당 체제의 정치 시스템이 그를 도와주지 않았다. 민주주의의 역사가 200년이 넘는 미국에서도 아이젠하워와 같은 방식의 대권 쟁취는 만만치 않은 일이다. 오죽하면 그가 미국 정치사상 유일한 시민 대통령으로 남아 있을까. 게다가 그 역시 공화당을 통해서야 비로소 대선 후보가 될 수 있었다. 시민의 지지와 호응이 제아무리 매섭다 하더라도 당적 없이 대통령 후보가 되기는 불가능했던 것이다. 이유는 결국 시스템에서 찾을 수밖에 없다. 양당제 때문이다. 미

국과 마찬가지로 우리나라도 양당제가 깊이 뿌리내리고 있다. 제19
대 총선 결과를 보면 새누리당과 민주당이 차지한 의석이 전체의
93%다. 이러한 상황에서 제3의 후보가 단기필마로 도전해 이겨보겠
다는 것은 사실상 불가능한 그림이었던 것이다.

　　또한 안철수는 민주당 입당을 끝까지 거부했다. 당시 정치 현실
을 두루 고려해보면 쉽지 않은 선택이었을 것이다. 하지만 마지막 후
보단일화를 통해 민주당을 자기기반으로 만들어낼 기회가 주어졌는
데도 놓치고 말았다. 이는 2002년 대선에서 그려진 그림과 비슷하
다. 당시 단일화 협상을 벌이던 국민통합 21의 정몽준 후보와 민주
당 노무현 후보 중에서 우세가 점쳐지고 있던 쪽은 정몽준이었다. 이
번 단일화에서도 안철수가 이길 수 있었던 그림이었다. 그러나 안철
수는 졌다. 그 어떤 이유를 설명한다 하더라도 진 건 진 거다. 1952
년 미국 대선에서 성공한 아이젠하워, 2002년 단일화에서 좌절한 정
몽준. 만약 안철수가 2017년의 대통령을 꿈꾸고 있다면, 이 두 가지
사례를 예의주시해야 할 것이다.

●

『삼국지』에서 찾은 안철수의 미래

　　　　　　　정치인 안철수는 신당 창당을 선택했다. 새
누리당이나 민주당과 끝까지 다른 길을 걷겠다는 제3의 길. 바로 새
정치연합을 만드는 것이다. 그는 앞으로 새로운 당명을 걸고 지방선
거를 치르면서 독자적인 길을 개척해나가야 한다. 지방선거를 독자
적으로 치른다고 해서 총선과 대선도 그렇게 할지는 미지수다. 민주

당과 연대 또는 통합할 수도 있다. 연대는 후보 단일화의 형태이고, 통합은 하나로 합치는 것이다. 아예 민주당과 안철수 신당이 연합해 새로운 통합정당을 만들어내는 방식이다.

안철수가 독자 정당을 만든다는 것은 『삼국지』에 대입하면 제갈량의 '천하삼분지계天下三分之計'와 같다. 유비가 삼고초려 끝에 제갈량을 얻게 되자 제갈량이 가장 먼저 내놓은 계책이다. 당시 조조는 중원을 중심으로 막강한 세를 떨치고 있었고, 그나마 비옥한 중국의 강남江南은 오吳나라 손권이 차지하고 있었다. 제갈량은 이런 양강 구도에서 유비가 독자적인 자기 기반을 만들어내려면 변방에서 토대를 구축한 뒤 조조와 손권을 극복해야 한다고 제언했다. 새누리당과 민주당이 아닌 제3의 정당을 만들자는 안철수의 독자노선이 이와 같다.

2014년판 천하삼분지계는 모양이 그럴싸하다. 하지만 현실적으로는 쉽지 않은 방법이다. 아예 불가능하다고는 말할 수 없어도 세계 정치사에 비추어봤을 때 천하삼분지계가 현실화된 사례는 극히 드물다. 그 방법도 쉽지 않다. 제갈량은 가장 강력한 권력을 가진 조조와의 정면승부를 고집했다. 손권과 동맹해 불가능해 보이던 적벽대전赤壁大戰을 승리로 이끌었고 유비가 죽은 뒤에도 위나라 정벌을 꾸준히 시도했다. 이에 빗대어보면 안철수가 새누리당과 정면승부를 벌이는 그림이다.

그러나 결과적으로 제갈량의 계획은 실패하고 만다. 적벽대전 승리 이후 손권과 연대를 강화하고, 그 안에서 주도권을 장악한 뒤 조조와 대결하는 것이 합리적인 방법이었을 것이다. 그러나 제갈량은 합리적인 선택을 하지 않았다. 결국 제갈량의 천하삼분지계도 꿈에 그치고 말았다.

왜 독자노선은 성공하기 어렵나?

안철수가 독자 정당을 만들 것이라는 추측의 근거는 바로 호남의 뜨거운 지지율이었다. 그러나 문제는 호남 민심이 워낙 변수가 많다는 것이다. 2003년 열린우리당은 민주당에서 떨어져나와 마이너 정당에서 메이저 정당이 된다. 당시 노무현 대통령의 탄핵이 열린우리당 성공의 결정적인 계기가 되었는데, 국민 스스로 뽑은 대통령을 국회의원들이 탄핵시켰다는 사실에 대해 전국민적인 공분이 퍼졌다. 호남 역시 이에 크게 자극받아 탄핵에 가담했던 민주당을 외면하고 열린우리당에 힘을 실어줬다. 그러나 얼마 가지 않아 죽어가던 구舊 민주당이 다시 호남을 통해 부활한다. 2006년 지방선거에서 열린우리당이 아닌 구 민주당에 표를 던진 것이다.

나는 이것이 바로 안철수 지지세력의 핵심인 호남 민심의 특징이라고 생각한다. 호남 민심은 어떤 변수나 계기를 통해 움직일 가능성이 높다. 장기간 호남 권력을 독점해온 민주당에 대한 불만과 반발심이 안철수에 대한 기대로 반짝 나타난 것은 아니었을까. 만약 민주당이 달라지는 모습을 보인다면 어떻게 될 것인가. 그래도 호남의 모든 에너지가 안철수에게로만 향할 것이라 자신할 수 있을까. 게다가 당장 지방선거에서 승부를 본다 할지라도 호남이 아닌 다른 지역에서 유의미한 성과를 만들어내기는 힘들 것이다. 선전한다면 호남의 주인을 바꾸는 정도의 성과를 얻을 수도 있다. 그러나 그런 결과라면 다시 태풍이 되기는 어렵다. 안철수 신당이 지역 정당으로 전락하는 것이기 때문이다.

안철수의 독자노선이 나름의 의미를 가질 수는 있다. '대통령은 하지 않고 그저 좋은 정치인으로 남겠다, 대한민국 정치발전을 위해서 양당제를 허물겠다'라는 구상이라면 말이다. 그러나 양당제적 성향이 강한 우리나라 정치 지형에서는 그런 의미조차 만들어내기 어렵다.

우리나라 선거제도는 지역구-단순 다수제다. 지역구를 246개로 쪼갠 뒤 다수제를 통해 대표자를 뽑는 방식인데, 한 표라도 많으면 무조건 당선이 되는 시스템이다. 이러한 방식은 대개 어느 나라든 양당제의 형태를 띠게 된다. 아무리 다양한 정당도 거대 양당의 틈새에 파묻히고 만다. 이는 프랑스의 정치학자 모리스 뒤베르제^{Maurice Duverger}가 『정당론』에서 "단순 다수대표제가 양당제를 가져오고", "비례대표제가 다당제를 가져온다"라고 주장한 '뒤베르제의 법칙'이기도 하다.

우리나라 정치사에서 제3당의 역사를 보자. 대권에 도전했던 고故 정주영 씨의 실패, 김종필을 중심으로 구성된 자유민주연합(자민련)과 이인제의 국민신당도 결국 해체되었다. 그나마 큰 틀에서 제3정당이 유지되었던 것은 1988년 제13대 총선에서 4당 체제가 이뤄진 일이다. 대구·경북의 민주정의당과 호남의 평화민주당, 그리고 부산·경남의 통일민주당, 충청의 신민주공화당이라는 4개 정당이 대두됐는데, 이는 정치가 지역주의를 기반으로 이뤄지던 시절에나 가능했던 일이다. 이런 구도 속에서는 제3정당이 아무리 노력해도 선거제도를 바꾸지 않는 한 세력화하기가 어렵다. 우리 정치가 롤모델로 삼는 미국도 공화당과 민주당으로 이뤄진 양당 중심체제가 군건하다. 미국에서 제3정당 운동을 했던 이들의 회고록을 보면, 선거제도를 바꾸지 않고서는 제3당의 성장은 불가능하다고들 말한다. 현재의 선거제도를 통해서 득을 보고 있는 거대 양당이 선거제도를 바꿀 리 없다. 제3정당에게는 양당제를 바꿀 만한 정치적 세력이 없다. 여론에 의지해야 하는데 여론을 동원할 만한 세력도 없다. 그러니 제3정당의 성공은 낙타가 바늘구멍 통과하기나 마찬가지가 되는 것이다.

●
이제, 민주당과 연대를 고민할 때

　　　　　　　다시 『삼국지』로 돌아가보자. 이번에는 조조와 그의 참모 순욱荀彧의 이야기다. 후한의 황실을 쥐락펴락하던 동탁董卓이 죽고 이어 정권을 장악한 이각李催, 곽사郭氾 연합정권은 수도를 옮겨가면서 헌제獻帝를 손아귀에 쥐고 있었다. 황제를 인질삼아 정권을 유지한 셈이다. 과연 헌제가 도망치자마자 그들은 곧 무너지고 만다. 헌제는 동탁 토벌군의 주축이던 원소袁紹와 조조에게 도움을 요청한다. 그런데 도망친 황제를 어떻게 할 것인가를 두고 각각의 진영에서는 뜨거운 논쟁이 벌어진다. 무능한 황제를 받아들여 무엇하겠느냐고 결론 내린 원소는 헌제를 외면한다. 그러나 조조는 어쨌든 헌제는 황제로서의 정통성을 가지고 있으니 명분을 살리기 위해서라도 그를 받아들여야 한다는 쪽의 손을 들어줬다. 바로 순욱의 '황제옹위론'이었다. 조조는 곧 헌제를 모시고 승상의 자리에 오른다. 황실의 실권과 명분을 모두 차지한 조조는 중원을 중심으로 천하의 패권을 장악한다. 순욱의 책략은 사실상 실리를 취하는 것이었다.
　　순욱의 전략을 안철수에게 대입해보면 이렇다. 안철수가 민주당으로 들어가는 방법을 생각해볼 수 있다. 민주당의 역사와 정통성을 명분으로 삼고 그 안에서 실권을 취해 새누리당과 2자 구도를 만드는 방법이다. 2012년 대선 전 새누리당과 선진통일당이 이렇게 합당했다. 민주당은 이미 국회 126석을 쥐고 있는 거대 정당이다. 이런 민주당을 외면하고 독자 정당의 길을 걷는 것은 명분도 실리도 취하기 어렵다. 그보다는 민주당을 자기 정당으로 만드는 노력을 기울이는 게 훨씬 실질적인 방법이 아닐까. 하지만 이 방법에는 결정적인 걸림돌이 있다. 그게 과연 '새 정치'인가 하는 것이다. 새 정치를 표방해 바람을 일으킨 안철수가 자신의 캐치프레이즈에 정면으로 위배되는 선택을 한다면? 지지자들은 물론 여론도 부정적일 것이다. 한마디로 설득력이 없다.

이제 마지막 방법이다. 가장 현실적인 방법이기도 하다. 통합진보당을 제외한 범 진보세력을 묶어 통합정당을 만들어내는 것이다. 민주당과 안철수, 또 그 밖의 진보 진영이 세력을 합쳐 단일한 진보당을 만들어낸다면? 그리고 그 안에서 안철수가 혁신과 통합의 기반을 구축해내고 구시대적 인물들을 합리적이고 새로운 인물로 교체시킨다면? 민주당의 낡은 정치를 극복하면서 정통성을 지켜갈 수 있다면? 이것이 바로 명분을 유지하면서도 실리를 취하는 새 정치가 아닐까.

●

문제는 리더십이다

안철수라는 정치인이 범 야권의 재편을 이뤄낼 수 있을까? 열쇠는 안철수의 리더십에 달려 있다. 리더십이란 명백한 정답이나 해결책을 제시하는 것이 아니다. 서로의 차이점 속에서 결과를 만들어내는 능력이다.

『삼국지』의 원소는 좋은 집안에서 태어나 기라성 같은 참모들을 거느렸다. 그런데 왜 조조에게 패했을까. 자신의 조직을 제대로 관리하지 못해 자중지란自中之亂(같은 편 내에서 벌어진 싸움)을 초래했기 때문이다. 그중에 순욱도 있었다. 원소에게서 떠난 순욱이 조조에게로 가 세상을 바꿨다. 반면 유비는 어떤가. 별 볼일 없는 돗자리 장수다. 그런데 그가 동네 건달 관우와 장비를 모아놓고 도원결의桃園結義를 했다. 일개 돗자리 장수가 천하통일의 꿈을 품은 것이다. 허황된 얘기다. 하지만 유비에게는 인간적인 매력이 있었다. 관우, 장비 두 사람은 끝까지 유비에게 충성한다. 제갈공명 같은 뛰어난 인물도 유비의 곁을 떠나지 않았다.

리더십의 핵심은 포용력이다. 사람과 사람의 관계는 단순히 계약으로 유지되지 않는 법이다. 마음이 맞아야 한다. 사람들이 모여 한마음으로 움직일 때, 그 조직이 선거에서 이기는 것이고 성공한 정치를 만들어내는 것이다. 그렇다면 안철수와 도원결의한 사람은 누구일까? 정치인 안철수의 편에 서서 죽기살기로 덤벼들 수 있는 사람을 살펴보지 않을 수 없다. 최장집 교수와 윤여준 전 장관이 그의 곁을 떠난 것은 안철수에게 치명적인 사건이었다. 두 사람은 세상을 바꿀 수 있는 기반을 갖춘 인물들이다. 그런데 머물지 못하고 떠났다. 그 이유를 들여다보면 파트너십을 가지고 사람을 활용하는 데까지 가지 못하고 좋은 인재를 발탁하는 것에 그쳤기 때문이라는 인상을 지울 수 없다. 대중적 이미지 면에서도 사람을 모으고 품을 줄 아는 아량을 보여주는 데 실패했다. 이런 지적을 안철수는 심각하게 받아들여야 한다. 윤 전 장관이 다시 합류한 지금에도 이 명제는 여전히 유효하다.

안철수 리더십은 예상을 뒤엎는 창조적인 방식도 보여주지 못했다. 머릿속으로 끊임없이 생각하고 정답을 제시한다면 모일 사람은 모일 것이라는 지금의 사고방식은 순진하기 이를 데 없다.

박근혜 대통령이 대권을 쟁취한 과정은 굉장히 험난했다. 박근혜는 매번 현직 대통령과 전면전을 벌여왔다. 민주 정부와의 갈등은 어쩌면 당연한 일이었지만 이명박과도 대립했다. 일례로 청와대가 내놓은 세종시 수정안을 강력하게 반대한 것이다. 사실 그 모양새는 이상했다. 여론에서도 수정안이 약간 우세했고 국회 내에서도 친이계 의원이 많았다. 수정안 반대는 우기기 그 이상도 이하도 아닌 상황이었다. 그런 박근혜에게 유일한 원군은 야당, 바로 민주당이었다. 민주당은 세종시를 처음 입안했기 때문에 원안을 지키려는 세력이다. 청와대의 수정안을 반대할 수밖에 없는 위치였다. 그러니 박근혜가 수정안 반대를 선언한 것은 암묵적으로 민주당과 연대한다는 의미가 된 것이다. 여당의 대표가 대통령의 뜻을 거슬러 야당과 손을 잡는다는 것은 누가 봐도 고개를 갸우뚱거릴 사안이었다. 그러나 그렇게까지 해서라도 이 싸움에서 이겨야겠다는 의지를 박근혜는 보여줬고 리더로서 강한 인상을 남겼다. 그리고 이겼다.

김대중 대통령은 1992년 대선에서 패하자 정계은퇴를 선언하고 영국으로 떠났다. 그러나 곧 돌아와 다시 재창당을 하게 되는데 이는 결코 대중에게 환영받을 만한 선택이 아니었다. 당연히 많은 사람들이 '과연 저렇게 해서 대통령이 될 수 있을까' 하는 우려의 시선을 보냈다. 그러나 돌아온 김대중은 결국 대통령의 자리에 올랐다. 결과를 만들어낸 것이다.

리더십은 창조적인 것이다. 이순신 장군은 임진왜란 때 고작 배 12척을 가지고 전장에 섰다. 왜군의 병력에 비하면 말도 안 되는 수준이었다. 하지만 이순신은 리더십으로 돌파했다. 그게 안철수에게 요구되는 리더십의 이미지다.

안철수 의원이 하지 말아야 할 말 세. 가지가 있다. 첫 번째는 '아니다', 두 번째는 '모르겠다', 세 번째는 '생각해본 바 없다'이다.

예상을 깨는 창조적이고도 과감한 결단 말이다. 세상일은 흐름이란 게 있어서 사람들은 안 될 것 같다고 판단되면 썰물처럼 빠져나가는 게 순리다. 대선이 끝난 지금, 새누리당과 민주당 양당 간의 대결은 격화되고 그럴수록 제3세력의 운신의 폭은 줄어들 수밖에 없다. 안철수 역시 과거보다 존재감이 약해지고 위축되는 형세다. 이를 돌파하는 방법은 하나다. 판을 뒤집어야 한다. 안철수는 지금 무엇보다도 과감한 도전, 무모할 정도의 창조적 리더십을 보여줘야 할 때다. 창당은 시작일 뿐이다.

정치인의 경력이란 기업을 경영하듯 올해는 100억 순익을 내고 내년에는 200억 순익을 내는 식으로 차곡차곡 쌓아올라가는 것이 아니다. 정치는 오히려 대단히 비합리적인 성질을 가지고 있다. 정치는 선거를 통해 이뤄진다. 후보에게 한 표를 주는 사람은 나름의 이유를 가지고 투표권을 행사하지만 이것이 반드시 경제적 합리성에 부합하느냐는 다른 문제다. 여기 한 명의 유권자가 있다. 그는 경제적 약자이고 일용직 노동자다. 하지만 그는 보편적 복지를 표방하는 진보정당에게 표를 던지지 않을 수도 있다. 고향 사람을 찍어줘야 한다거나 후보가 잘생기고 키가 크다는 이유로 상대 정당에 표를 던질 수도 있다. 전혀 합리적이지 않은 선택이다. 그러나 이런 맹점에도 불구하고 전세계 모든 선진국의 최고 권력자는 선거를 통해 뽑힌다. 인류가 만들어낸 그 무엇보다도 나은 방식이라는 전제 때문이다. 이 방법을 고수한 결과가 어떠한가. 과연 세계 각지의 뛰어난 인물들이 정치판에 모여 국민들을 대표하는가. 결코 그렇지 않다. 이토록 민주주의란 비합리적인 면이 있다. 정치인은 정치의 그런 비합리성을 이해해야만 하는 것이다.

안철수도 그렇게 도전해야 한다. 모든 상황을 계산하고 양비론, 양시론의 관점에서 정치를 바라보면서 존재감을 키워내기란 어려운 일이다. 특히나 후발주자로 등장해 1등이 되기 위한 방법이라면 더욱 적절치 못하다. 그것이 자신의 정치라고 주장한다면 정치문법에 맞지 않는다. 지금과 같은 스타일을 고수한다면 참신한 국회의원으로서는 성공할지 몰라도 한 나라의 5년을 감당하는 대통령이 되기에는 무리다.

●

정치 새내기 안철수, 어떤 성장 그래프를 보여줄 것인가

그러나 희망을 버리기는 이르다. 안철수는 아직 성장이 끝난 정치인이 아니다. 대선을 시작점으로 친다면 이제 1년여, 총선으로 친다면 국회의원 경력이 고작 10개월 정도 되었으니 벌써부터 완성된 정치인을 기대하기는 이르다. 민심에서도 불씨는 살아 있다. 우리 정치판이 워낙 한심한 처지에 있다 보니, 새로운 사람이 나서줬으면 하는 대중의 바람은 여전히 존재한다. 변화를 향한 대중의 에너지와 본인의 성장 가능성이 여전하다고 보면, 안철수의 미래를 부정만 할 일은 아니다. 그렇다면 성장 가능성은 얼마나 될까. 성장의 그래프는 상승세를 그릴 것인가, 최소 수평을 유지할 것인가, 아니면 하락할 것인가.

현재까지는 정치문법에서 여전히 미숙하고 지난 대선과 총선 때 내놓은 공약을 보아도 아직은 아마추어에 머물러 있다. 많은 사람이 조금 더 지켜봐야겠다고 말한다. 그러나 그 조금이 얼마나 될 것인지는 아무도 모른다. 대중이 허락한 시간은 하루가 될 수도 있고 1~2년이 될 수도 있다. 방향보다는 속도가 중요하다. 그래프가 올라가든 내려가든 진화하는 모습을 보여줘야 살아남는다. 지금까지의 속도는 더디었다. 좀 더 채찍질을 해야 한다. 창당을 선언한 이상 당을 만들고 나면 많이 달라질 수밖에 없으리라. 정치인들 중에 극히 소수만이 성공한 일이 바로 정당을 이끌어가는 것이기 때문이다.

또 하나의 과제는 새 정치에서 큰 정치로 나아가는 것이다. 새 정치에 큰 정치를 더했을 때 성장 가능성은 큰 폭으로 상승한다. 정치인으로 환골탈태換骨奪胎하는 기세를 스스로 만들어내야 한다. "새는 알을 깨고 나온다. 태어나려는 자는 하나의 세계를 파괴하지 않으면 안 된다"는 헤르만 헤세의 말처럼 '알을 깨는 아픔'을 겪어야 한다. 한 나라의 대통령이 되기 위한 자기극복의 과정이 필요한 것이다. 그러나 무엇보다도 이런 약점들을 스스로 대오각성大悟覺醒하는 것에서부터 새로운 동력이 만들어진다는 사실을 기억해야 한다.

문재인,
정치는 착한 사람이
이기지 않는다

●

2012년 대선, '어게인 2002'가 되지 못한 이유

문재인에게 지난 2012년 대선은 아쉬움이 크게 남는 패배였다. 당시 상황은 유례없을 정도로 야권에 유리한 판도였다. 정권 교체에 대한 국민적 열망, 야권의 자발적 단일화, 이명박 대통령의 실정에 따른 여당의 지지율 하락까지 여건이 이보다 더 좋을 수는 없었다. 때문에 문재인에게 표를 던진 48%의 좌절은 꽤 오래갔다. 하지만 이제 돌이켜봐야 한다. 지난 대선에서 무엇이 잘못되었는지 문재인을 통해 들여다보자.

2012년 대선은 여러모로 2002년을 떠올리게 했다. 각자 여러 가지 변수가 있었지만 가장 눈에 띄는 것은 야권의 후보 단일화와 세대간 대결 구도였다. 두 선거 모두에서 세대 간 대결구도는 생각보다 쉽게 이루어졌다. 20대, 30대, 40대를 아우르는 미래세대와 50대, 60대가 힘을 모은 과거세대가 극명하게 갈라졌다. 2002년 민주당 후보 노무현은 그의 정체성으로 시대를 강렬하게 상징하고 있었다. 이회창과 노무현을 나란히 두고 보면 과거 대 미래라는 구도가 선명해졌다. 우리 정치가 어디로 가야 할 것인가. 우리 사회는 어디로 향해야 할 것인가. 그에 대한 상징성과 정치성이 분명했다. 2012년 대통령 선거 역시 분명하게 과거와 미래를 보여주는 선거였다. 문재인과 박근혜, 민주화를 이뤄낸 대한민국 현재와 산업화 및 독재의 과거를 상징하는 두 사람의 대비가 확연했다. 비록 과정상의 삐걱거림은 있었지만 유력한 야권 후보들이 단일화를 이루어냈다는 점도 같다.

더 좋은 조건도 있었다. 2002년은 민주당이 여당이었고 당시 김대중 대통령의 인기는 바닥을 치고 있었다. 노무현 후보는 그 부담을 고스란히 안고 가야 했다. 반면 2012년 선거는 이명박 대통령의 인기가 바닥을 치던 상황이었다. 민주당과 문재인 후보에게는 현직 대통령의 지지율 하락이라는 호재가 기다리고 있었다. 민주당에게는 2002년보다 더 쉬운 선거가 될 수도 있었다. 그런데도 두 선거의 결과는 달랐다. 2012년의 선거는 패했다. 나는 그 이유를 민주당의 게으른 전략과 후보 문재인의 역량에서 찾으려 한다.

●

민주당의 게으른 단일화 전략

2012년 대선은 2002년 대선을 답습한 것이었다. 민주당의 대선 전략은 2002년의 것을 그대로 베꼈다. 우선 세대간 대결을 부추겼다. 후보 단일화도 했다. 2002년 당시 노무현이 후보 단일화를 이뤄내며 멋있게 소주를 마시던 그 장면이 다시 벌

민주당의 게으른 단일화 전략은
감동적인 드라마가 아닌 패권적 방식이었기에
안철수 지지자의 상당수가
박근혜 쪽으로 돌아섰다.

어지리라 기대했다. 여론 지지율에서 지고 있어도 먼저 단일화하자고 손을 내밀면 상대가 기쁘게 받으며 결국 민주당이 승리할 것이라 자신했다.

그런데 2012년의 단일화는 삐걱거리기만 했다. 문재인은 정당이란 무기를 가지고도 단기필마로 나온 무소속 안철수 후보를 압박하는 모양새를 보여줬다. 단일화 협상 초기에는 자신이 민주당에서 자유로운 사람이라고 했다가 정작 단일 후보가 되니까 민주당 소속임을 내세웠다. 명백한 자기모순이었다. 논리적으로 맞지 않는 엇박자 단일화가 연출됐다. 그것은 감동적인 드라마가 아니라 패권적인 방식으로밖에 보이지 않았다. 안철수의 지지자를 100% 끌어모으지 못하는 게 당연했다. 물론 2002년에도 국민통합 21의 정몽준 후보 지지세력 100%가 노무현 쪽으로 옮겨가진 않았을 것이다. 그러나 그때와 비교하더라도 민심의 이동은 상당히 적었다. 오히려 안철수 지지자의 상당수가 박근혜 후보로 돌아섰다.

단일화 자체도 식상한 전략이었다. 노무현의 단일화가 흥행에 성공한 본편이라면 문재인의 것은 본편을 그대로 베낀 속편에 불과했다. 본편보다 감동이 덜한 것이 당연하다. 그래도 단일화만이 유일한 방법이라는 국민적 명령이 있어 우여곡절 끝에 하기는 했다. 그런데 아름다운 단일화도 되지 못했고 멋있는 화합도 없었다. 양측 지지자들에게 단일화의 좋은 점들을 보여주는 연출에 실패한 것이다. 솔직히 선거 때마다 별다른 전략 없이 단일화를 들고나오는 민주당의 게으른 태도에 대중들도 식상해질 만했다.

또 하나의 패착은 2002년과 인구구성이 달라져 있다는 것을 간과했던 것이다. 2002년에는 2030의 인구비율이 워낙 컸다. 5060을 압도하는 수준이었다. 지금은 인구구성이 달라졌다. 2030 세대가 크지 않다. 세대 대결만으로 이길 수 없는 인구구성이다. 2002년 모델을 가지고 오더라도 2012년의 사정에 맞춰 창조적으로 적용했어야 했는데 그러지 못했다. 2002년의 승리요인들을 그대로 답습한 채 전략을 수정하지도 않았고 제대로 이뤄내지도 못했다. 2002년 성공의 핵심적 요인은 노무현이라는 시대흐름을 상징하는 강력한 후보가 있었기 때문이다. 노무현이라는 상징성이 대중에게 공감을 일으킨 것이다. 그러나 노무현에 비하면 문재인 후보는 그런 상징성이 부족했고 따라서 후보로서의 매력도 덜할 수밖에 없었다.

●

문재인은 노무현이 아니다

2002년 당시 민주당 대선 후보 경선에 출마한 노무현은 어느 날 갑자기 등장한 낯선 얼굴이었다. 하지만 후보 선출 과정에서 대중에게 숨겨진 면면이 보이기 시작했다. 처음 국회의원이 된 후 그 유명한 '5공 비리 청문회' 등을 거치며 자기만의 캐릭터를 강하게 어필했다. 그는 자신의 지향점을 국민들에게 끊임없이 표현했다. 몇 번의 낙선과 십수 년에 걸친 도전, 그 과정들을 통해 노무현이 생각하는 세상이 무엇인지 대중들에게 쉽게 이해시킬 수 있었다. 노무현이 추구했던 주된 어젠다는 '지역 균형 발전'으로 그것은 그가 정치 초년생 시절부터 시작해 10년 이상 펼쳐온 것이었다. 때로는 '반미면 어때?'라며 과감한 반미정서도 표출했다. 전세계가 미국의 눈치를 보고 있는 상황임에도 '미국에 이 정도는 요구해야 하지 않겠냐'는 국민의 정서를 대변해 공감대를 만들어냈다.

그런데 2012년의 문재인은 자신만의 어젠다를 분명히 보여주지 못했다. 정치를 시작한 지 1년밖에 되지 않았으니 당연한 일이다. 그런 문재인이 총선에 처음 등장했을 때 지역주의 해소를 위해 노력하겠다고 말했다. 자신이 말할 수 있는 유일한 자기 가치였다. 그런데 2012년 4월 총선에 출마해 '낙동강 벨트'를 전략으로 내세웠다. 바보 같은 선택이었다. 낙동강은 낙동강에 인접해 있는 부산의 일부를 말한다. 서면과 같은 부산의 본토를 공략하는 것이 아니라 부산의 변방, 그중에서도 가장 쉬운 선거구에 안착하고서 그것을 '낙동강 벨트'라고 규정했다. 그리고 이것을 지역주의에 대한 도전이라고 주장했다. 노무현의 가치인 지역주의 해소를 계승하겠다고 했지만, 보여지는 행동은 노무현의 것에 훨씬 못 미치는 수준이었다. 감동이 덜한 게 당연했다.

결과적으로 문재인의 '낙동강 벨트'는 부산 시민에게 아무런 충격을 주지 못했다. 오히려 노무현과 비교당하며 정치인으로서의 매력이 떨어진다는 판단 근거만 제공한 셈이 됐다. 만약 노무현의 지역주의 해소가 문재인의 것이기도 했다면, 그 이유로 정치판에 나오겠다고 한 것이라면 더욱 강력한 행동을 보여줬어야 했다. 과연 그가 대선에 왜 뛰어든 것인지 확실한 메시지를 줘야 했다. 그런데 애매모호한 문재인의 태도는 강력한 메시지로도 행동으로도 드러나지 않았다. 그저 '노무현 정부 2라운드를 하자는 것인가'라고 몇몇 대중들이 의문을 제기하기 시작했다. 아무리 태평성대였다고 할지라도 그 시대를 그대로 재현하겠다는 사람이 나오면 선뜻 지지하지 못하는 게 대중이다. 총선의 결과 역시 뻔했다. 죽은 노무현만 살고 다 죽었다고들 했다.

우리나라 사람들은 노무현에 대해 이중적이고 양가적인 정서를 가지고 있다. 그를 인간적으로 좋아하는 마음을 가지고 있으면서도 한편으로는 노무현 시대가 그렇게 성공적이었다고는 보지 않는다. 이 부분을 새누리당은 예리하게 파고들었다. 대선 당시, 노무현 정부의 실정에 대해 거론하며 문재인 책임론을 들고나온 것이다. 노무현이 못다 이룬 세상을 만들어보겠다고 말하는 문재인에게는 피할 수 없는 늪이었다. 야권의 대통령 후보가 된 뒤 주장한 경제민주화와 복지에서도 자기만의 어젠다를 세우는 데 실패했다. 그것은 시대의 과제이지 문재인의 것이 아니었다. 국민의 요구와 열망이 담긴 두 가지 흐름 속에서 그는 자기만의 그림을 보여주지 못했다.

●

문재인은 진짜 리더가 될 자격이 있는가?

사람이 좋고 나쁘고를 떠나서 문재인은 노무현에 비해 후보로서의 능력과 자질이 떨어지는 것이 사실이다. 그런데도 문재인은 무려 48%의 득표율를 얻어내는 선전을 보여줬다. 그 많은 표가 단지 문재인을 지지한다는 의미만은 아니었을 것이다. 여당과 이명박 정부에 실망한 나머지 정권을 바꿔보고 싶은 열망이 더해져서 그 정도 득표율이 나왔으리라. 이런 상황을 제대로 분석하고 문재인이 조금만 더 겸허하게 선거에 임했다면 어땠을까. 문재인이 이기는 선거가 아니라 박근혜를 패퇴시키는 선거, 양극화를 끝내는 선거로 만들겠다고 생각했다면 더 많은 기득권을 포기했어야 했다. 예를 들면 새누리당이 노무현 정부의 실정을 들고 나오면서 친노 책임론을 제기했을 때 그 정도는 기꺼이 자신이 감수했어야 했다. '친노가 잘해서 권력을 잡겠다는 게 아니라, 친노를 싫어하는 사람에게 자신을 지지해달라'고 말하고 싶었다면 그들에게 동기부여를 해줬어야 했다. 그런데 그것도 하지 못했다. 본인이 친노 세력의 리더가 되겠다면서도 리더로서 세력을 끌고 가는 힘을 보여주지 못했다. 문재인은 친노의 대표선수일 뿐 리더 같진 않았다.

반면 박근혜는 후보시절 친박 세력의 리더였다. 박근혜라는 정치인이 존재하고 그를 중심으로 세력이 만들어졌다. 친노 세력은 문재인을 후보로 만들어냈다. 문재인을 중심으로 만들어진 세력이 아니라 세력이 문재인을 만들어낸 것이다. 문재인의 경우 박근혜와 앞뒤가 바뀌었던 것이다. 그러니 더욱 자신이 리더임을 증명해야만 했다. 작은 세력조차도 자기 마음대로 못하는 사람에게 대중이 대통령이라는 큰 권력을 줄 리 만무하다. 어느 누구한테 휘둘릴지도 모르니 말이다. 특정 정파나 세력으로부터 자유로운 자신이 대통령이 될 적임자라는 걸 확실히 보여줬어야 했는데 그렇게 하지 못했다. 마지막 여론조사 공표 금지기간 6일 전에 지지율이 상승해 박 후보와 근소한 차이를 보였지만 막판 뒷심이 부족했다. 내부적으로 경고도 많이 했다. 과감한 결단, 희생이 필요하다고 했다. 그러나 결국 하지 않고 졌다.

한 정당의 대통령 후보라는 것은 잠시 맡고 있다가 안 되면 집에

문제는 좌우가 아니야

가는 자리가 아니다. 한 세력의 대표, 리더가 되어야 한다. 그에 걸맞은 리더십과 결단을 보여주지 못하면 지는 도리밖에 없다.

●

대선 이후 드러나는 문재인의 문제

그렇다면 이제 지난 대선은 잊고 그 이후를 생각해보자. 문재인은 지금 어디서 무엇을 하고 있으며 누구와 함께 있는가? 지난 대선에서 윤여준 전 장관은 안철수와 문재인을 차례로 경험한 뒤 결국 문재인의 손을 들어줬다. 대표적인 보수 인사가 진보 진영을 선택하고, 그중에서도 문재인을 지지한 것이다. 나는 그가 장관이나 총리 같은 어떤 감투에 연연해서 문재인을 지지했다고 생각하지 않는다. 윤여준 전 장관은 70세까지 합리적 보수의 대명사로 불린 인물이다. 그런 사람이 야권 인사를 지지했을 때 얼마나 많은 비난이 있었겠는가. 그것은 인생을 건 결단이었다. 지금 시대에 나라를 운영할 사람으로는 문재인이 낫겠다는 선택이었을 것이다.

그리고 대선은 끝났다. 지금 문재인 곁에는 윤여준 전 장관이 남아 있지 않다. 안철수를 다시 선택했다. 대선 이후 문재인 곁에 남아 있지 않다는 것은 결국 문재인에게는 아쉽게도 윤여준 전 장관을 붙잡아둘 힘이 부족하다고밖에 볼 수 없다. 윤여준 전 장관이 시대의 흐름 속에서 개인 문재인이 아니라 문재인이라는 브랜드로 대표되는 일군의 세력에게 힘을 실어주기로 선택했다면, 그리고 그게 여전히 상징성을 가지고 있다면 문재인 곁을 떠날 이유는 없었을 것이다. 대선의 결과와 상관없이 계속 머물렀을 것이다. 그가 떠난 것은 문재인에게 사람을 끌어안는 매력과 포용력이 부족했던 탓이다.

　NLL(북방한계선) 사태와 관련한 문재인의 행동에도 아쉬움이 남는다. 처음 국정원이 대화록 사본 발췌록을 들고 나와서 '노무현 대통령이 NLL을 팔아먹었다'고 주장했다. 언론에 떠도는 발췌본을 읽어보니 새누리당의 주장은 엉터리였다. 정확히 말하면 노무현 전 대통령은 NLL 포기 발언을 직접적으로 한 적이 없다. 여론조사를 해보니 더블스코어로 국정원의 주장이 사실이 아니라고 생각한다는 쪽이 많았다. 그런데 국정원은 오히려 자살골을 넣어놓고는 스스로 연장전을 하자고 주장하고 나섰다.

　그런 상황에서 문재인은 정상회담 대화록 원본을 공개하자고 했다. 정상회담록을 공개하는 것은 전세계에 유례가 없는 일이다. 여당이 아무리 말도 안 되는 정치적 공세를 계속 펼친다고 해도 "이건 아니다, 모든 비판은 내가 받겠다, 내가 책임지겠다"고 했다면 멋있는 지도자가 됐을 것이다. 적어도 자기 원칙을 가지고 있는 사람이라는 인상을 남겼을 것이다. 그러나 그러지 못했다. '저 사람이 한 나라의 대통령이 된다면 과연 잘할 수 있을까?'라는 의구심만 심어주게 된 것이다. 더 결정적인 건 대화록 원본이 국가 기록원에 있다고 주장했는데, 찾아보니 없더라는 사실이다.

　당시 비서실장을 지냈던 문재인이 기록물을 국가기록보관소로 넘겼다고 주장했지만 그곳에는 존재하지 않았다. 문재인은 당시 무엇을 했느냐는 질타가 나올 수밖에 없다. 물론 노무현 대통령이 문재인에게 말하지 않았을 수도 있다. 그렇다면 이 사건이 불거졌을 때 좀 더 신중하게 대처해야 하지 않았을까. 문재인은 당시 사람들을 불러모아 전후 사실관계를 따져봤을 것이다. 만약 이때 국가기록보관소에 보내지 않았다고 판단했다면 사실대로 얘기하면 됐을 것이다. 만약 파기했다면 그것을 몰랐다는 것도 문제겠지만, 사후 사실관계를 파악하는 능력도 떨어졌다. 리더십에 치명적인 사건이었다.

문재인에게는 상황을 단순화시키는 능력이 부족해 보인다. 원문을 공개하지 못한다고 하면 끝날 상황이었지만 그것도 좌초됐다. 원본을 찾는 담당자가 말했듯 이번 사건은 엉터리 수사라고 규정할 수 있다. 여권이 정치공세를 하는 것일 수도 있다. 그럼에도 불구하고 문재인의 발언은 여당 지지자들은 물론이고 상황판단을 유보하는 많은 국민의 성에 차지 않았다. 문재인은 대통령감으로 2% 부족하다 느꼈을 것이다. 결정적인 상황에서 의연하게 고비를 넘기는 모습을 보여주지 못하고 기회도 살리지 못했다.

또 지난 NLL 문제에서 문재인이 보인 리더십은 정파 수장으로서의 리더십이었다. 지금은 노무현 시대를 뛰어넘는 문재인 브랜드를 보여줘야 한다. 끊임없이 친노라는 프레임에 갇혀 있으면 안 된다. 친노를 넘어서야 한다. 대중은 새로운 시대를 상징하는 강렬한 이미지와 한 세대를 끌고 갈 만한 강력한 리더십을 보여주길 기대하는데 문재인은 뭔가 개운찮고 불편하지만 그렇다고 완전히 아니라고 부정하지 못하는 애매한 정치인의 이미지에 갇혀버렸다.

●

지금 문재인은 정체되어 있다

문재인은 착한 후보였다. 선한 눈망울과 따스한 인상은 대중에게 호감을 주기에 충분하다. 그러나 정치는 좋은 이미지와 선한 의지만 가지고 되는 게 아니다. '지옥으로 가는 길은 선의로 포장되어 있다'라는 속담이 있다. 정치는 단순히 선의가 아닌 실행 가능한 리더십과 게임플랜, 그리고 비전과 사람까지 갖추고 있어야 한다. 선함에서 멈추면 안 된다. 착하되 좋은 후보가 아니었다면, 문재인은 이제부터 다시 시작해야 한다.

정작 그가 노무현에게 배워야 하는 것은 자기 가치를 표현하는 방법이다. 노무현은 자신이 정치를 하는 이유를 명확하게 보여줬다. 반면 문재인은 대선이 끝난 지 1년이 더 지났는데도 대선 때의 공약만 있고 그가 표방하는 가치를 보여주지 않고 있다. 문재인이라는 사람이 국회의원을 하면서 뭘 보여주려고 하는지, 문재인 어젠다가 뭔지 아직도 명확하지 않다는 것은 심각한 문제다.

안철수는 '새 정치'라는 추상적인 가치를 표방한다. 그런데 문재인에게는 그마저도 없다. 이것은 직전 대선에서 48%를 얻었던 유력 정치 지도자로서 책임 있는 행보라고 보기 어렵다. 정치 현실상 직전 선거에서 야권의 후보로 나서 48%를 득표했던 사람이 어떤 행보를 하느냐는 야권 진영 전체를 재결집시키기 위해서라도 중요한 문제다. 그러나 문재인의 현재는 기대에 못 미친다. 이대로는 안 된다. 만약 문재인의 가치가 지역주의에 대한 도전이라고 한다면 당장 선거에 뛰어들어야 한다. 부산시장이든 영남 재보궐 선거든 몸을 던져야 한다. 그런데 문재인은 좀처럼 움직이질 않는다. 자기만의 가치도 없고, 노무현에게 빌려온 지역주의 해소에 대해서도 별다른 액션이 없다. 사람들이 그에 대해 의구심을 갖는 기간이 길어질수록 좋지 않다. 그렇게 운신의 폭을 스스로 좁히면 많은 사람이 따르는 정치인이 되기 어렵다.

안철수와 동일한 잣대로 보면 문재인의 성장 속도는 퇴보하거나 정체되어 있다고 생각한다. 그러나 아직 끝은 아니다. 시간이 있으니 어젠다를 다시 세우고 실천하면 된다. 오히려 안철수보다 조건은 좋다. 민주당이 있고 친노라는 세력도 있다. 이 세력을 가지고 무엇을 어떻게 보여줄지를 고민해야 한다. 아무것도 보여주지 못한다면 평범한 국회의원으로 끝날 가능성이 있다.

안철수 후보는 후보가 되어본 적이 없는 사람이다. 문재인 후보는 후보가 되어봤던 사람이다. 그렇다면 자신을 위해 표를 던진 48%의 열망을 어떻게 대변해줄 것인지를 고민해야 한다. 정파의 리더가 되어서는 안 되고 국민의 리더가 되고 진보 진영 전체의 구심이 되어야 한다.

정치인이 몰락하는 것은 외부적 변수 때문이 아니다. 자기 스스로 성장하지 못하거나 자기 한계를 극복하지 못하기 때문이다. 나라도 마찬가지다. 외침에 의해서가 아니라 대개 안에서 곪아터져 무너지는 것이다. 그런 점에서 자기 한계를 심각하게 받아들여야 한다. 자기극복, 자기성장의 진통을 이겨내지 못한다면 한 차원 높은 정치로 가지 못한다. 정치계에 입문한 지 이제 채 2년도 안 됐으니 아직은 시간적 여유가 있다고는 하지만 어쨌든 선거는 4, 5년마다 하는 것이니 인위적으로 성장을 미룰 수도 없는 노릇이다. 다음 선거 주기에는 자신의 성장 속도를 맞춰주기를 기대한다.

보수는 답답한 꼴통

2장

대한민국
보수의 뿌리

●

왜 보수는 승승장구하는 것일까?

　　　　　대한민국 보수의 뿌리는 생각보다 깊다. 역사를 거슬러 올라가면 조선시대의 사림, 그중에서도 노론이 대한민국 보수의 시작이라고 할 수 있다. 조선왕조 500년 중 300년 가까이 집권한 노론은 조선 말 나라를 잃자 곧 친일파로 변신한다. 해방 이후에는 김구 중심의 통일 노선과 충돌하는 이승만 중심의 단정 노선의 주축이 되는데 이들이 바로 친미 세력으로 발전한다. 이처럼 노론, 친일, 단정, 친미로 이어지는 일련의 세력이 대한민국 보수의 역사, 보수의 정체성이라 할 수 있다. 근대사로 들어오면 이들은 '성장'이란 어젠다를 내세운 산업화 세력으로 발전한다.

　　사실 이와 같은 역사를 들여다보면 대한민국 보수는 결코 자신들을 긍정적으로 내세울 만한 세력이 아니다. 만약 이들이 대한민국을 굳건히 지켜내고 이끌어간 장본인이라면 모르겠지만, 그들이

보保와 수守를 주장할 만한 세력이 아닌데도 자신들을 내세우려니 긍정적인 면보다는 상대를 부정하는 방식을 쓸 수밖에 없었다. 분단 국가의 현실을 이용해 북한이 항상 우리를 위협하고 있으니 어지간하면 지금 이대로 참고 살아야 한다는 것이 이제껏 보수가 내세워온 대표적인 논리다.

이처럼 북한을 공포의 대상으로 이용하는 반공논리는 한편으로는 야당을 믿을 수 없다는 논리로 발전하기도 한다. 자신의 장점을 내세우기보다는 여전히 상대를 부정하는 논리로 자신의 정당성을 세우고 있는 것이다. 대한민국 보수의 태생적 비극이다.

그런데 아직까지도 대한민국 보수가 승승장구하는 것은 도대체 왜일까? 이런 논리가 그나마 설득력을 가질 수 있었던 것은 산업화와 고도성장 덕분이다. 보릿고개를 넘겼다는 자부심은 보수의 존재 이유가 됐다. 문제는 이것이 생명을 다했다는 것이다. 우리 사회의 담론은 산업화를 거쳐 이미 민주화로 넘어간 지 오래다. 그런데 보수는 산업화 이후 다른 어젠다를 만들어내지 못한 채 여전히 헤매고 있는 것이다.

보수는 한때 우리 사회가 가야 할 방향을 '선진화'로 규정하며 새로운 담론을 만들기 위해 고군분투했다. 박세일 교수 등이 주장한 '선진화'가 어느 정도 눈길을 끄는가 싶었지만 이내 한계에 부딪히고 말았다. 선진화는 '앞선 나라들을 본받자'는 '표현'일 뿐이지 산업화처럼 나아갈 방향을 제시하는 '내용'이 아니었기 때문이다.

이명박 정권에서는 새로운 담론으로 '신新 자유화'를 내세웠다. 그러나 신 자유화가 양극화라는 역풍을 초래해 전세계적인 비판의 대상이 되는 바람에 더 이상 주장하기 어렵게 됐다. 지금까지 보수는 산업화를 대체할 수 있는 긍정적인 자기 비전을 정하지 못하고 있다. 가장 중요한 숙제를 해결하지 못하고 있다 보니 이명박 정권 이후 만 6년째 집권하고 있음에도 불구하고, 여전히 북한과 야당을 부정하는 방식으로 국정을 이끌어가고 있는 것이다.

지금의 새누리당은 역대 여당 중 가장 공격적인 여당이라 할 만하다. 야당도 아닌 여당이 싸우기를 좋아하는 것은 긍정적인 자기 플랜이 없기 때문이다. 제대로 된 시대 담론을 담보하지 못한 부작용이 지금의 호전적인 여당을 만들어냈다. 대한민국 보수가 지금 상당한 위기에 처해 있다는 반증이다.

●

보수의 오늘

대한민국 보수는 크게 안보보수와 시장보수로 나눌 수 있다. 분단 시대의 이념을 그대로 이어받은 안보보수는 산업화의 중심 세력이었다. 또 다른 한편에는 시장 지배력을 가진 사람들, 즉 시장보수가 있다. 신자유주의 시대로 넘어가면서부터 급격해진 이들의 성장을 두고 노무현은 "권력은 이미 시장으로 넘어갔다"는 말을 남기기도 했다. 시장보수는 대충 재벌로 보면 된다. 총수 한 명이 수십만 명의 삶을 좌우하는 기업 조직은 군대와 같은 효율성과 비민주적인 시스템을 추구한다. 여기에 종교보수와 사회보수가 더해진다. 반공을 추구했던 사람들을 주축으로 삼고 분단 이후 북에서 내려온 기독교인들이 합세해 지금 대형교회 위주의 대한민국 기독교의 주류를 이루었다. 이들이 바로 종교보수를 대변한다. 거기다 가부장적인 전통문화가 만들어낸 사회보수가 추가된다.

　　지금 대한민국 보수는 안보보수가 헤게모니를 잡고 시장보수가 열심히 지원하며 대형교회로 상징되는 종교보수와 어버이연합 등으로 상징되는 사회보수가 함께 결합되어 있는 모습으로 나타나고 있다. 그러니까 대한민국 보수의 주축이 되는 것은 흔히 말하는 정통보수, 즉 안보보수인 것이다. 산업화의 주역이었던 이들은 김영삼 정권이 탄생하면서부터 2선으로 물러나 권력의 헤게모니를 잃게 됐다. 햇볕정책을 추구하던 민주 정부 10년 동안은 더욱 위축되는 게 당연하다. 사회적 분위기가 변해가자 보수 내부에서도 민주화 진영을 상대하기 위한 방법으로 계속해서 반공을 외치기는 어렵다는 의견이 팽배해졌다. 자연스럽게 반공보수보다는 시장보수가 힘을 얻기 시작한 것이다. 쇠락하는 반공보수와 성장하는 시장보수는 나름 대등한 관계를 이루며 동맹을 맺는다.

　　그러다 '비즈니스 프렌들리Business Friendly'를 외친 이명박 정부 때부터는 힘의 균형이 무너지고 관계가 역전된다. 시장보수의 목소리는 나날이 높아졌다. 그러다 또 한번 역전의 기회가 찾아오는데, 바로 박근혜가 대선에 나서면서부터다. 대선을 앞두고 박근혜 캠프가 내세운 양극화 해소 정책, 즉 경제민주화와 복지는 시장보수를 위축시켰다. 안보보수 역시 숨 죽이고 있다가 과거사 논란 때 박근혜 후보가 궁지에 몰리자 이틈에 전면에 등장했다. NLL 이슈를 꺼낸 것이다. 이후 안보보수는 박근혜가 수세에 몰릴 때마다 NLL 카드를 꺼내 들었는데, 이를 통해 박근혜 역시 안보보수의 힘을 새삼 절감하게 됐을 것이다. 집권 후에도 안보보수는 수세를 탈피하는 수단으로 계속해서 NLL 문제를 이용하고 있다. 남재준 국정원장이 보수 전체의 어젠다로 NLL 문제를 꺼내든 것이다. 그러나 안보보수만으로는 한계가 분명하다. 시장보수와 긴밀한 협력이 필요하기 때문이다. 따라서 안보보수는 경제민주화와 복지정책을 후퇴시키는 방식으로 시장보수의 길을 열어주고 있다. 그렇게 해서 양자 간의 튼튼한 동맹이 유지된다.

●

보수의 전성기? 보수의 위기!

　　　　　그렇다면 정권 재창출에 성공하고 탄탄한 동맹관계를 과시하고 있는 대한민국 보수의 현재는 안녕한가? 이 질문에는 긍정적인 대답을 내놓기 힘들 듯하다. 박근혜의 집권으로 보수가 다시 전성기를 맞이한 것처럼 보일지 모르지만 나는 지금 보수가 위기에 처했다고 진단한다. 보수의 어젠다는 산업화, 선진화, 자유화보다도 더 후퇴하고 있고 외국과 비교하더라도 점점 더 낡은 보수로 향하고 있다. 지금 우리나라의 보수는 '보수保守'가 아니라 '수구守舊'에 가깝다. 그들은 스스로 정통으로 돌아가고 있다고 여길지 모르겠지만 지금의 보수는 업그레이드가 아니라 다운그레이드가 되고 있다. 이런 낡은 가치관을 지향하면서 다가오는 미래를 이끌어갈 수 있을지 의문이 드는 것이 당연하다.

　산업화 시대는 탈피한 지 오래고 새로운 시대 담론은 만들지 못했다. 과거지향적인 보수의 통치 방식은 점점 더 어려워질 수밖에 없다. 정통보수의 강고한 연합을 깨고 새로운 보수로 탈바꿈하지 않는다면 앞으로는 더 어려워진다. 흔히 진보의 재구성이 시급하다고들

하는데, 보수의 재구성도 시급하긴 마찬가지다. 진정한 의미의 보수로 발전하려면 반드시 변해야 한다. 그렇다면 과연 어떻게 변해야 할까? 첫째, 정통보수가 마치 교조처럼 떠받드는 남북대결의 반공논리에서 벗어나야 한다. 둘째, 통치 매커니즘에서 출발한 지역주의와 낡은 권위주의의 옷을 벗어야 한다. 개혁적 보수로 탈바꿈하게 되면 또 다른 계기를 맞이할 수 있다. 이명박이 후보시절 검증했듯 미래지향적인 새로운 보수가 등장한다면 젊은 세대와 결합이 가능해지고 새로운 동력을 얻을 수 있다.

영국의 보수 세력인 보수당은 마거릿 대처 Margaret Thatcher 이후 긴 혼란을 겪은 끝에 데이비드 캐머런 David Cameron이란 젊은 정치인을 내놓을 수 있었다. 대한민국 보수도 이와 같은 새로운 아이콘을 제시하고 새 그림을 그릴 수 있어야 한다. 물론 내부의 격렬한 갈등이 길어질 것은 분명하다. 그러나 변화를 피할 수는 없다.

보수의 재구성은 보수에게도, 대한민국의 미래에도 중요하다. 반공주의, 지역주의, 권위주의로부터 자유로운 보수, 자신만의 어젠다를 제시하는 개혁적 보수가 대중적인 이미지를 가지게 된다면 대한민국 사회가 달라질 것이기 때문이다.

승기를 잡았다고 완전히 제압하려다가는 도리어 당하는 게 정치다. 집권했다고 일당국가인 양 행세하거나, 야당이라고 강공만을 퍼붓는 건 위험한 착각이다.

개혁을 위해서는 내부를 향한 바른 말과 쓴소리뿐 아니라 새로운 시대 담론을 제시하는 것이 중요하다. 그러나 지금의 새누리당을 들여다보면 개혁의 토대는 있을지 모르지만, 본격적인 꽃을 피우기는 어려운 상황이다. 아직 개혁적 성향의 대중적 리더가 보이지 않거니와 '경제민주화 실천모임'이나 원희룡, 남경필 등이 속해 있던 소장파마저도 숨죽이고 있다. 그런 점에서 원희룡이 최근 인터뷰에서 토로한 말을 되새길 필요가 있다. "새누리당 내에 토론이 너무 없다. 역대 가장 토론이 없는 정당이 됐다"는 것이다. 이들이 왜 토론을 하지 못하는 것일까. 국정 운영의 주제가 NLL과 국정원 문제 등으로 짜여 있기 때문인데, 이런 주제에 대해서는 개혁파들이 목소리를 내기 쉽지 않다. 경제민주화와 복지 문제는 당내에서 순수성을 의심받지 않고 자유로운 토론이 가능하지만 안보보수의 프레임 안에서는 조심스럽다. 자칫 잘못하면 '뒤에서 총질했다'는 소리를 듣기 십상이기 때문이다. 그러나 박근혜 정권의 출범 이후 우리 정치계에서는 줄곧 사상·도덕적 이슈만 가지고 씨름하고 있다. 그러다 보니 새누리당 내 개혁파가 끼어들 여지가 없다. 이는 보수의 변화를 위해서라도 재고해야 할 대목이다.

결국 보수의 문제를 풀어야 할 사람은 박근혜다. 이명박의 행운은 박근혜가 당내에서 버티고 있다는 것인데, 재임 동안에는 줄곧 박근혜와 날선 경쟁을 벌여야 했지만 정권 재창출에 성공하면서 대통령 퇴임 이후에도 어느 정도 안심할 수 있게 됐다. 그러나 박근혜는 다르다. 아직까지는 박근혜 이후의 인물이 보이지 않는다. 만약 박근혜를 끝으로 보수의 집권이 끝나버린다면? 보수의 미래가 그의 손에 달린 것이다. 그러니 박근혜에게는 보수의 구도를 안보보수에서 개혁보수로 바꿔내는 데 기여할 책임과 의무가 있는 것이다. 이 문제를 잘 풀어낸다면 박근혜에 대한 평가도 달라질 수 있다.

지금처럼 안보보수 중심의 완고한 체제를 유지하겠다고 한다면 아무리 정책적 성과를 거둔다 할지라도 보수의 아이콘 박근혜의 빛은 바래게 된다. 앞으로 보수의 집권 명분은 현저히 떨어지게 될 것이다. 박근혜는 대선 후보로 나설 때 취했던 개혁적 태도와 '경제민주화 실천을 위한 모임'을 통한 양극화 해소의 의지가 왜 필요했는지 다시 한 번 떠올려야 한다.

이명박,
최고의 후보
최악의 대통령

●

이명박은 보수의 외연을 넓혔다?

　　　　　　　　이명박은 정통보수, 즉 안보보수는 아니다. 보수의 외피를 가지되 정통보수의 정체성을 가진 인물은 아니었다. 그런 그가 어떻게 민주정권 10년을 이기고 보수의 재집권을 가능하게 만들었을까?

　이명박의 등장에는 시대적 흐름이 자리잡고 있다. 보수의 단기 역사 속에 그 이유가 있다. 1997년 IMF를 계기로 산업화 세력, 즉 안보세력은 고장 난 열차처럼 멈춰버리고 만다. 집권세력으로서의 명분을 잃어버린 것이다. 이를 통해 김대중-노무현으로 이어진 민주정부 10년이 가능했다. 그러나 사실 안보보수가 2선으로 물러앉게 된 것은 1992년 대선이라고 봐야 한다. 3당 합당을 통해 정권을 잡은 김영삼은 안보보수가 민주화 세력 중 보수파와 손을 잡아 만들어낸 결과물이다. '민주화 인물이 보수의 날개가 되어 집권하게 된 것'이라는 정치적 표현이 이를 잘 드러낸다. 다른 말로 표현하자면 민정계의 김윤환 등 안보보수가 김영삼을 '선택'한 것이다. 당시 보수의 정서는 안보보수, 정통 산업화 세력으로는 더 이상 집권할 수 없다는 것이었다. 이는 곧 이제는 민주화 출신을 내세워야 집권이 가능하다는 의미였다. 그렇게 민주화 진영의 보수파와 산업파 진영의 안보보수가 파격적인 연합을 이뤄낸 것이다. 그런데 그럼에도 불구하고 IMF가 초래됐다. 안보보수가 완전히 야당 신세가 되는 것은 피할 수 없는 결과였다.

안보보수가 민주화의 보수파를 견인하는 방식에서 실패한 뒤, 다음으로 들고나온 카드는 이회창이었다. 이회창은 조갑제의 표현대로 "해방 이후 한국사회 최고의 엘리트"였다. 서울대 졸업, 대법관 출신, 선관위원장과 감사원장을 지내면서 생긴 대쪽 이미지, 그리고 총리 시절 김영삼 대통령과 정면승부를 벌여 만들어낸 자기만의 이미지가 보수의 얼굴로는 더없이 좋은 선택이었다. 더구나 군사 독재에 영합한 경력도 없고 군 출신은 더더욱 아니었으니 이회창은 보수가 생각해볼 수 있는 최선의 스펙을 갖춘 사람임이 분명했다. 그런데 그 최상의 카드가 두 번이나 대선에서 깨지고 말았다. 보수 입장에서는 모든 것을 다시 고민하지 않을 수 없는 일이다. 그렇다면 보수가 내세울 만한 또 다른 얼굴은 누구였을까? 바로 이명박이었다. 이회창류의 대쪽 이미지보다는 보수의 트레이드 마크인 '성공'이 이명박의 키워드였기 때문이다.

1992년 현대그룹 총수인 정주영이 대선에 도전했다가 실패한 일이 있다. 대중들은 경제 건설을 주도했던 1세대 창업자 신화에 열광했고 1992년 대선에 출현한 정주영의 실패를 보며 연민을 느끼고 있던 차였다. 그런 맥락에서 볼 때 이명박 역시 성장과 성공의 신화를 갖춘 인물인데다 유신체제에서 자유롭고 민간인 출신이다. 보수로서는 꽤 괜찮은 대안이었던 것이다. 드라마 〈야망의 세월〉로 알려진 인지도와 샐러리맨에서 출발해 CEO 자리에 올랐다는 극적인 스토리도 매력적이었다. 서울시장 재임 중에 추진한 청계천 복원 사업과 버스 전용차로 운영 등 행정가로서의 성과도 있다. 이런 배경을 등에 업고 2007년 한나라당 경선에서 박근혜가 아닌 이명박이 후보로 선출된 것이다. 사실, 당시에는 누가 대선에 나가더라도 이기는 게임이라고 할 정도로 한나라당이 확실한 승기를 잡고 있었다. 그러나 10년간 야당생활을 한 보수의 입장에서는 확실히 이기는 카드를 선택하는 것이 당연하다. 선거의 관점에서 한나라당은 중도 표를 끌어올 사람을 선택한 것으로 해석된다.

반면 박근혜는 후보가 될 수 있는 입지를 가지고 있었음에도 불구하고 시대와 어울리지 않는 구석이 있었다. 박근혜가 내세운 '줄·푸·세', 즉 '세금은 줄이고 규제는 풀고 법과 질서는 바로 세우겠다'는 슬로건은 신자유주의의 경제원리를 가장 적나라하게 보여주는 정책이었지만, 보수의 적자라는 박근혜의 이미지가 중도 표를 당겨오는 데는 한계가 있었다.

사회의 기저에도 이명박 정권의 탄생을 위한 큰 흐름이 있었다. IMF의 여파가 상당히 컸던 까닭에 성공에 목마른 사람들은 너도나도 자기계발서를 읽기 시작했다. 고도성장 시대의 향수가 사회를 지배하고 사회적 해법보다는 개인적인 성공이 우선시됐다. 시대 흐름이 이명박과 절묘하게 맞아떨어진 것이다. 또한 민주정부 10년에서 다시 보수정부로 돌아가려는 상황에서 확실한 보수 정권보다는 중도 성향의 보수 정권으로 한 번의 완충을 거치는 게 자연스러운 과정이었다. 선거는 진보 30%, 보수 30%, 중도 40% 정도로 구분되는 유권자의 이념 지향 중에서 누가 더 많은 중도를 끌어오느냐의 싸움이다. 그러니 중도 세력 흡수에 유리한 인물이 대세를 장악하는 것은 당연하다. 이명박은 보수가 내세울 수 있는 최상의 후보인데다 중도 표까지 견인하는 인물이었다. 결과는 성공적이었다. 이명박은 530만 표차이로 정동영을 제치고 완승했다. 만약 박근혜가 후보가 됐다면 어땠을까? 아마 대승은 어려웠을 것이다.

●

이명박 정권의 두 가지 비극

그러나 보수 입장에서 이명박은 엄연히 서자였다. 정통이라 불리는 안보보수와 기본적인 지향이 같을지는 몰라도 안보보수는 이명박 특유의 상업적인 면, 장사치 류의 천박함을 주저 없이 드러내는 것까지 좋아하지는 않았던 모양이다. 보수의 정통인 TK 출신임에도 불구하고 그렇게 봐주지 않았다. 왜일까?

대선 당시 이명박이 내건 기치는 박근혜보다 왼쪽에 선 중도 노선이었다. 만약 그가 집권 내내 중도 노선을 유지했더라면 이명박 정권은 지금과 상당히 다른 결과를 낳았을지 모른다. 그러나 2008년 쇠고기 파동이 야기한 촛불집회 이후 이명박은 보수 쪽으로 완전히 돌아서고 만다. 나는 당시의 촛불집회가 사실상 민주적 의사결정 과정에서 요구되는 중산층 운동이었다고 본다. 먹고사느라 바쁜 사람들은 시위 현장에 나올 여력조차 없었다. 현장에서 나온 구호가 노동

문제로 확장되지 않은 것만 봐도 현장에 참여한 사람 대부분이 중산층이었음을 짐작할 수 있다. 그런데 이들 중산층이 바로 선거 당시의 중도다. 이명박 정권을 탄생시킨 중도가 광장에 나와 촛불을 들었다. 이에 이명박이 위기의식을 느낀 것은 당연하다. 그런데 대선에서 선거연합을 중도로 가져갔던 사람이 촛불집회 이후 정치연합을 보수로 바꿔버렸으니 대가가 없을 수 없다. 보수가 아무리 강한들 보수만으로 대세를 만들어갈 수는 없는 노릇이다. 중도를 버린 이명박에게 만성적인 위기가 찾아오는 것은 당연한 수순이었다.

물론 빌미는 이명박이 제공했다. 530만 표 차이의 대승을 과시하듯 '강부자, 고소영 내각'(강남 부자 출신, 고려대, 소망교회, 영남 출신 인사로 구성된 내각)을 출범시켰다. 당선이 결정되자마자 재벌 총수나 대기업 사장들이 인사권을 마음대로 전횡하듯 정부를 재편하고 CEO 리더십을 발휘하기 시작했다.

그러나 선출직 공직자의 리더십은 CEO 리더십과 같을 수 없다. 선출직 공직자는 지지그룹의 이해를 조정하고 충분한 검증을 거쳐 팀을 꾸려야 한다. 이러한 과정을 무시한 이명박의 무조건적인 보은 인사는 중산층의 불만을 사기에 충분했다.

촛불집회를 계기로 중도를 외면한 뒤에는 아예 보수 중심의 편협한 지지기반을 가지고 정치를 하기 시작했다. 물론 중도 실용노선으로 정치연합을 확장하려는 노력을 하지 않은 것은 아니다. 그러나 실질적인 조치는 좀처럼 보이지 않았다. 오히려 2008년 7월, 박왕자 씨의 금강산 피격 사망 사건이 벌어진 것을 계기로 남북관계를 완전히 단절한 '5·24 조치'를 통해 이명박은 보수의 마음을 사는 데 주력했다. 중도에서 보수의 품으로 완전히 되돌아간 것이다. 이명박 정권의 비극은 이렇게 시작됐다.

이명박의 불행 중 또 하나는 박근혜라는 정치인의 존재였다. 지금의 박근혜와 비교해보면 더 명확해진다. 박근혜는 그를 대신할 만한 경쟁자, 다른 말로 대안이 존재하지 않는다. 그러나 이명박은 2007년 당내 경선 시절부터 줄곧 박근혜와 싸워야 했다. 특히 BBK 의혹 사건(이명박이 전 옵셔널벤처스 대표 김경준의 주가조작에 연루되었다는 의혹이 제기된 사건으로 BBK는 이명박과 김경준이 공동 설립한 투자회사다.)을 두고서는 여야 간 대치를 방불케 할 정도로 극한의 대립을 이어갔다. 그렇게 치열하게 경쟁했던 박근혜가 집권 후에도 계속 당에서 버티고 있었다.

하지만 이명박은 박근혜의 권력 지분을 인정하고 공동 집권을 추구하는 대신 박근혜를 배제하는 그림을 그려나갔다. 2008년 총선을 앞둔 공천에서 친박계 인사들을 전면 탈락시켰다. 이를 통해 이명박은 고단한 5년을 시작하게 된다. 총선의 결과가 좋지 않았기 때문이다. 여당이 과반 의석을 확보하는 데는 성공했지만 친박을 빼고 난 나머지 여당 의석이 과반을 넘지 못했다. 친박이 캐스팅보트를 쥐게 되고 이명박은 박근혜의 도움 없이는 아무것도 할 수 없는 처지로 전락했다. 게다가 세종시 수정안을 두고 정면 충돌까지 이어졌다. 결국 이명박은 박근혜와의 싸움에서 지고 말았다. 본디 보수의 적자가 아닌 까닭에 절대적 신뢰를 얻지도 못하는 상황인데, 박근혜라는 대안마저 버티고 있었으니 이명박의 지지기반으로서 보수는 끊임없이 이명박을 채근하고 압박했다.

이명박은 대국민 이미지를 만드는 데도 실패했다. 마키아벨리는 『군주론』을 통해서 군주의 두 가지 모습에 대해 이렇게 말했다. "군주는 대중으로부터 사랑을 받든지, 아니면 두려움의 대상이 되어야 한다." 그렇다면 이명박은 어떠했는가. 그는 분명 사랑받는 대통령은 아니었다. 그렇다고 무섭지도 않다. 오히려 조롱의 대상이 되기 일쑤였다. 사자의 위엄과 여우의 간교함을 다 가져야 하는 것이 지도자의 덕목이라면 이명박에게는 위엄이 없었다. 권위와 신뢰를 가지지 못한 지도자였다. 그렇다고 국가적으로 엄청난 경제적 성공을 거두지도 않았다.

2007년 당내 경선에서 이명박의 손을 들어준 것은 그에게 명백한 흠이 있다는 것을 알지만 그가 서민의 삶을 경제적으로 윤택하게 만들어줄 수 있으리라는 절박한 기대 때문이었다. 그러니까 경제성장은 이명박 정권의 숙명과도 같았던 것이다. 그런데 이런 기대에 부응하는 경제 성적표도 나오지 않았다. 평균 GDP 성장률이 노무현 때보다 나아진 것이 없으니 말 다했다. 결국 이명박은 자기 삶의 성공신화는 만들었을지 몰라도 대통령으로서의 성공신화를 만들지는 못했다. 또한 대통령의 역할 중 하나인 통합자의 리더십을 발휘하지도 못했다.

대통령은 나라를 하나의 틀로 이끌어가는 사람이다. 그런데 본인 스스로 분열을 초래하기 바빴다. "대한민국에는 두 개의 국민이 있다"는 말이 있을 정도로 대립이 심해졌다. 남북이 분열된 나라에서 동서가 분열되고 서민과 부자 간의 빈부 분열도 심화됐다. 여기에 여야 정치권의 분열이 가세했다. 대통합의 리더십을 전혀 발휘하지 못했다는 점에서 이명박은 대통령으로 평가받을 수 없는 최악의 점수를 받았다. 점수로 따지면 노태우보다도 못한 대통령이다. 존 F. 케네디처럼 새로운 비전을 제시하거나 프랭클린 루스벨트처럼 위기에서 다수의 삶을 구원하거나, 아니면 한 시대를 무사히 넘어가게 해주는 중재자의 역할을 해야 할 임무가 주어진 것이 대통령인데 이명박은 셋 중 아무것도 하지 못했다.

　이명박이 다시 안정을 찾은 것은 오히려 집권 말기였다. 어느 시점에 접어들어 박근혜와 밀월관계에 들어가는데, 박근혜가 이명박을 비판하지 않으니 보수가 그를 자기 편으로 인식하기 시작했다. 이런 맥락에서 '이명박근혜'라는 용어가 등장하기도 했다. 그러나 대중이 바라보는 시선은 달랐다. 박근혜를 이명박과 같은 편으로 바라보기보다 2007년 당내 경선과 2009년 세종시 문제 때 격돌했던 이미지를 더 강하게 기억했다. 이명박의 부정적 이미지가 박근혜 정부의 집권에 기여한 셈이 된 것이다.

　이명박 정부의 성패 여부를 떠나서 후보 모델로만 본다면 이명박은 보수가 내세울 수 있는 최적의 후보라는 사실은 지금도 유효하다. 아마 앞으로도 보수가 안정적인 경쟁력을 가지려면 이명박과 비슷한 이력을 가진 사람이어야 할 것이다. 이렇듯 '이명박 효과'는 생각보다 크다. 2012년 대선에서도 박근혜가 중도 쪽으로 움직인 배경에는 이명박을 통해 학습된 효과도 있다고 볼 수 있다. 보수 표만 가지고는 안 된다는 것을 직시하고 경제민주화 등 좌左클릭 정책을 들고나온 것도 이명박의 당선을 통해 깨달은 바가 있었기 때문이다.

　그러나 이명박을 통한 보수의 깨달음이 얼마나 지속될는지, 지금으로서는 회의적이다. 후보 이명박과 대통령 이명박이 달랐듯이 박근혜도 태도가 달라지고 있기 때문이다. 앞서 언급한 선거연합과 정치연합의 차이 때문이다. 나는 이명박과 박근혜의 지지기반에 차이가 있다고 보지 않는다. 이명박과 달리 박근혜가 안정적인 지지율을 얻은 것은 정통보수의 이미지 덕분이다. 박근혜 정권의 성패 여부

는 지난 대선 때 본인이 어렵게 끌어들이려 했던 정치적 중도를 얼마
나 견인하느냐에 달려 있다. 이를 안정적인 지지연합으로 유지해나
가지 않고 스스로 지지기반을 좁히는 쪽을 선택한다면 국정 운영에
어려움이 따르게 될 것은 뻔하다.

박근혜,
역사적 아이러니를
뛰어넘을 것인가?

●

박근혜 무시론의 함정

먼저 독자들은 박근혜에 대해 어떻게 생각하는지 질문하지 않을 수 없다. 야권이 박근혜를 바라보는 정서 속에는 은근히 '무시론'이 깃들어 있다. '독재자의 딸'이니 '상식적인 사람이라면 그를 찍을 수 없을 것'이라는 말들이 그것이다. 아이도 낳아보지 않은 사람이 세상을 알까, 장바구니 들고 시장 한 번 가보지 않은 사람이 어떻게 정치를 할 수 있을까 하는 좀 더 천박한 형태의 폄하론으로 나타나기도 했다. 그러나 이는 야권에게 독이 되어 돌아왔다. 그 속에는 박근혜의 정치도 역시 독재라는 과도한 규정이 들어 있었고, 박정희 지지자들로부터도 맹공을 받는 이유가 되었다. 박근혜는 독자성이 없고 순전히 박정희의 딸이라는 이유로 대통령까지 되었다고 착각함으로써 야권은 박근혜를 과소평가하는 실수를 범했다.

현실은 아직도 많은 사람이 박정희를 독재자로만 보고 있지 않다는 것이다. 혹은 정치적으로 독재를 추구했지만 그래도 성과를 낸 독재자로 보는 시선도 있다. 많은 사람들이 경제적 성과에 더 주목하고 있는 까닭이다. 오죽하면 '한국에는 독재자가 필요하다'는 논리로 박정희를 옹호하겠는가. 그러한 상황이니 야권의 독재자 규정이 상대방을 자극하게 된 것이다.

'독재자의 딸'이라는 말에도 어폐가 있다. '단지 박정희의 딸이라는 이유만으로 박근혜의 집권이 가능했는가'라는 질문에 흔쾌히 그렇다고 대답할 수는 없기 때문이다. 박근혜의 삶을 들여다보면 초등학교 1학년인 여덟 살에 청와대에 들어가서 18년을 지냈고 박정희 사망 이후 18년 동안은 은둔생활을 했다. 보통사람의 삶을 살아보지 않은 것이다. 그러나 이런 배경은 인격적 요소나 성격의 바탕이 될 수 있을지 몰라도 그의 전부를 설명할 수는 없다.

그러던 사람이 1997년 신한국당의 공천을 받고 재보궐 선거에 등장했다. 18년 동안 은둔생활을 하다 세상 밖으로 나온 박근혜에 대한 호기심은 대단했다. 그러나 거기에 머물렀을 뿐, 유력한 정치인으로 보이진 않았다. 그저 박정희 시대의 향수를 가진 사람들이나 비련의 육영수를 기억하는 사람들에게 호감을 사는 정도였다. 그러나 이 역시도 대수롭게 보지 말아야 할 것이, 지금도 박근혜가 나타나면 시골 장터의 할머니 할아버지들이 까치발을 하고 구경할 정도로 인기가 대단하다. 여기에 부드러운 이미지와 육영수를 닮은 단아한 풍모가 한몫했다. 이념이나 개인적 선호도를 떠나서 인정해야 할 장점들이 분명히 있었다는 것이다.

그저 인기 정치인으로만 머물 것 같았던 박근혜가 2004년 갑자기 당대표의 자리에 오른다. 그가 당대표가 된 배경은 이러했다. 최

40년 전 누구도 '박근혜 대통령'을 상상하지 못했을 것이다.
주어진 5년을 유신시대의 연장으로 삼을지도 모른다는 주변의 우려가
틀린 말이 되기를 바랄 뿐이다.

명렬·당대표 시절 한나라당에 '대선자금 차떼기 사건'이 터진다. 이 일로 지금의 민주당은 저리 가라 할 정도로 당이 초토화되고 마는데, 그때 누구 하나 당대표로 나서는 사람이 없는 상황이 벌어졌다. 그런 상황에서 2030 세대에 인기 있는 정치인이라 꼽히던 박근혜가 구원 투수로 나서게 된다. 게다가 영남을 기반으로 두었다는 점이 크게 작용했다.

박근혜는 당대표가 되자마자 천막 당사를 세우고 힘든 싸움을 시작한다. 그리고 바로 이어진 17대 총선에서 121석을 확보해 원내 제2당의 지위를 차지하는 데 성공한다. 한나라당이 기적적으로 되살아난 것이다. 이것은 전적으로 박근혜의 공이었다.

그 와중에 열린우리당이 4대 개혁법을 들고 나와 보수를 압박했다. 이때 박근혜는 개혁법 반대를 거론하며 보수로서의 정체성을 강화하고 추운 겨울 장외투쟁에 나선다. 사실 당시의 당내 여론이 좋지만은 않았다. 이것이 과연 장외투쟁까지 벌일 정도로 큰일이냐는 것이다. 그러나 일련의 과정을 거치며 보수의 정체성을 가진 사람들과 사학법, 국가보안법을 지켜야 한다는 사람들이 결속하게 된다. 박정희의 딸이란 이유로 지지하던 사람들이 이제는 박근혜의 노선을 지지하기 시작한 것이다. 박근혜는 보수의 정체성을 새롭게 정립하기 시작했고 박정희의 딸, 인기 정치인에서 벗어나 점차 보수의 아이콘으로 떠오르게 됐다. 정치인으로서 독자성을 가지게 됐다는 뜻이다.

자기 정치를 시작한 박근혜는 이후 숱한 선거에서 승리한다. 2006년 지방선거에서는 사상 유례가 없을 정도의 압승을 거두기도 했다. 물론 야당 시절의 선거였기 때문에 유리한 지점이 많았지만 어쨌든 선거를 잘하는 정치인으로 인정받기 시작했다.

박근혜의 등장 이해하기

　　　　　　　이제는 박근혜가 만들어온 독자적인 길을 인정해야 한다. 이와 동시에 분명히 짚어야 할 것이 또 하나 있다. 박근혜의 등장을 가능하게 했던 박정희라는 성공 모델이다. 그렇다면 박정희의 신화는 왜 만들어졌는지를 따져 묻지 않을 수 없다. 거기에는 권세가들의 정치싸움 속에서 오랜 기간 절대적인 가난을 겪어야 했던 민중들의 기구한 역사가 숨어 있다.

　조선시대 선조 때 등장한 사림의 이야기로 시작해보자. 당시 사림은 노론, 소론, 동인, 서인 등 여러 당파로 나뉘었다. 지금으로 말하면 정당인 셈이다. 그런데 사림이 등장함과 동시에 임진왜란이 초래됐다. 충분히 막을 수 있었는데도 동인과 서인으로 나눠 권력다툼을 벌이느라 전쟁에 대한 판단을 잘못했던 것이다. 나라를 채 수습하기도 전에 곧 병자호란이 벌어진다. 두 번의 전쟁으로 민생이 완전히 파탄하는 것은 당연했다. 사림이 나라를 망쳤다고 해도 과언이 아니다. 사림 가운데서도 대동법을 주장한 민생파가 있었지만 그들은 주류가 아니었다. 상복을 몇 년 입을 것인가를 놓고 아귀다툼을 벌이는 권력, 그것이 조선의 사림이었다.

　두 번의 전쟁을 초래하고 백성의 삶을 파탄에 이르게 했는데, 사림의 권력은 꺾이지 않았다. 오히려 세도정치로 이어졌다. 사림은 당파 싸움이라도 했지만 세도정치에서는 극소수 권력의 측근들이 나라의 운명을 좌우했다. 그 끝이 나라를 잃은 경술국치였다. 일제강점기가 시작된 것이다. 그러니까 역사를 단순하게 압축해보면 사림의 등장이 낳은 결과가 나라 잃은 꼴로 나타난 셈이다. 산업화 세력이 IMF를 초래한 것보다 더 최악의 상황이었다.

그런 사림의 절대 집권 세력이 바로 노론이다. 그런데 나라를 잃는 처참한 결과를 가져온 집권 세력이라면 응당 무너져야 마땅하건만, 노론은 일제강점기 때에도 여전히 살아남아 오히려 친일파로 변신했다. 그 친일파가 이승만 정권을 통해 다시 기득권 세력으로 등장하게 된 것이다. 크게 보면 '친명'이 '친일'로 돌아선 것뿐이다. 권력가들은 자기 잇속 채우기에 급급하고 국민의 삶은 전혀 나아지지 않았다. 국민의 분노가 극에 달할 수밖에 없었다. 그런데 어느 날 갑자기 박정희란 사람이 등장해 쿠데타를 일으키고는 집권에 성공했다. 기존의 엘리트들을 갈아치웠고 새 사람을 발탁해 군부라는 새로운 세력을 내세웠다. 거기다가 수백 년간 이어져온 절대가난, 보릿고개를 극복했다. 끼니 걱정에 시달렸던 민중들에게 이 얼마나 멋있는 영웅으로 비쳤겠는가. 그렇게 가난을 해결해준 존재이고 보니 박정희가 이룬 성과만 과대포장될 뿐, 그가 저지른 실책이나 절차적 문제에는 개의치 않는 사람들이 생기기 시작한 것이다. 이것이 박정희가 갖는 힘이요 신화다.

사실상 보수의 가치 기반이 여기에 있다. 나이 지긋한 어르신들이 흔히 하는 "누구 덕에 이만큼 먹고사느냐"는 말에는 다 박정희 덕이라는 논리가 숨어 있다. 물론 박정희 혼자서 해낸 것이냐고 반박할 수는 있다. 그러나 이 질문 자체가 별로 설득력이 없다. 이전에도 수많은 집권자가 있었지만 절대가난을 극복하게 만들지는 못했기 때문이다. 가난을 극복한 새로운 권력자 박정희, 바로 이런 보수의 가치를 기반으로 박근혜가 등장할 수 있었던 것이다. 꼭 박근혜가 아니더라도 박정희의 가치 기반을 벗어난 인물이 보수 세력에서 지도자로 등장하지 못하는 이유다.

●

2012년 대선, 박근혜의 행운

박근혜가 2012년 대선을 통해 집권에 성공한 데는 시기적으로 조건이 따랐다. 보수가 결집할 수 있는 계기가 주어졌을 때 선거에 나왔기 때문이다. 우리는 흔히 김대중, 노무현 정권을 '민주정부 10년'이라고 하지만, 넓은 의미에서 김영삼 정권부터 이명박 정권까지를 민주화 세력의 시대라고 봐야 한다. 김영삼 대통령을 탄생시킨 1992년 대선부터 민주화 시대가 본격화됐고 또한 1987년 6월항쟁 이후 새로운 정치 체제가 출범하면서 등장한 정치인들은 다 민주화 효과를 누린 사람들로 봐야 하기 때문이다. 때문에 이명박 역시 큰 틀에서는 민주화 인사로 구분할 수 있다. 1964년 한일 밀실외교로 촉발된 6·3항쟁에 참여한 사실이 있는데다 애초에 중도 노선을 가지고 집권에 성공했기 때문이다. 게다가 정통보수인 안보보수의 입장에서 그는 내내 보수의 서자일 뿐이었다.

이명박 시대는 산업화 시대라기보다는 자유화 시대로 규정할 수 있는데 안보보수가 아닌 시장보수가 주도권을 쥔 상황이었다. 어찌됐든 김영삼 정권 이후부터 내내 2선으로 물러나 있던 산업화 세력, 즉 안보보수의 입장에서는 20년간 이어진 민주화 세력에 대해 불만이 팽배해 있었다. 그런 와중에 보수의 적자인 박근혜가 대선 후보로 등장했다. 고도성장에 길들여진 산업화 세력과 그 시대에 향수를 가진 사람들이 민주화 세력에 맞서 대대적인 반격을 벌일 절호의 기회였다. 게다가 선거가 박빙으로 진행되는 바람에 보수가 총 결집할 수밖에 없었다. 만약 이명박 정권이 성공적으로 마무리되고 국민적 인기까지 얻었다면 어땠을까? 역설적으로 박근혜의 등장은 불가능했을 것이다.

박근혜는 시대적 과제를 자기 것으로 만들려는 노력도 보였다. 미국의 정치학자 존 페트로지크^{John Petrocik}가 제시한 이슈 소유권^{issue ownership}이란 개념이 있다. 그것은 존 페트로지크가 1952~1988년 미국 대선주자들이 주장한 선거 캠페인을 분석해서 얻은 개념으로, 후보자들은 자신들에게 유리한 이슈에 대해 소유권을 가지고 선거 홍보전략을 세운다는 이론이다. 지난 대선에서 화두가 된 복지와 경제민주화는 애초 진보 진영의 것이었다. 그런데 그것을 박근혜가 가져가 자신의 것처럼 활용했다. 물론 당선 이후 공약을 잘 지키고 있느냐는 별개의 문제다.

중요한 것은 대선이 진행되는 과정에서 최소한 진보 진영에 밀리지 않을 정도로 경제민주화란 화두를 자기화하는 데 성공했다는 점이다. 민주당보다 더 센 복지 공약을 내세우고, 경제민주화의 상징인 김종인 전 의원을 영입했다. 오세훈으로 상징되는 보수 내의 반복지 입장과 다른 전략을 취함으로써 복지나 경제민주화가 선거의 핵심 쟁점이 되지 못하도록 하는 데 성공함으로써 전략적으로 구도를 잘 만들어낸 것이다.

박근혜가 새누리당을 죽인다?

그렇다면 박근혜의 현재는 어떠한가. 박근혜 정권이 들어선 지 1년 3개월, 그동안 펼쳐놓은 정책들은 대부분 안보 문제 일색이었다. 이는 안보보수가 완전히 헤게모니를 잡고 있다는 의미다. 게다가 경제민주화와 복지정책을 약화시키는 정책을 쓰고 있다. 안보보수와 시장보수의 동맹관계가 다시 형성됐다는 얘기다. 애초에 박근혜가 경제민주화와 복지 이슈 등을 통해 중도노선을 제대로 가져가기란 쉽지 않은 일이었다. 산업화를 주도한 안보보수와 자유화의 혜택을 본 시장보수가 손잡고 가는데다 여기에 가부장 중심 사회와 분단 체제가 만든 사회보수, 그리고 종교보수까지 단단히 결집되어 박근혜 정권을 탄생시켰기 때문이다. 이들이 이미 대오를 만들어 중심세력이 되었으니 이제는 박근혜조차도 그들을 마음대로 끌고 가기 쉽지 않은 상황이다.

그러나 이 모든 것을 감안하더라도 현재 박근혜 대통령이 범하고 있는 실수를 짚어보지 않을 수 없다. 바로 여당을 파트너로 인정하지 않는다는 것이다. 여당을 인정하지 않으니 야당이라고 눈에 들어올 리 없다. 새누리당이 의회 다수석을 차지하고 있지만 국회 선진화법 때문에 3분의 2 의석이 되지 않으면 어떤 법안도 만들어낼 수 없는 상황이다. 그럼에도 집권 1년간 보여지는 모습은 야당을 최소한 경쟁자로도 인정하지 않는 듯하다. 그저 못마땅한 걸림돌로 생각하는 것처럼 보인다. 대통령이 여당을 파트너로 인정한다면 여당이 야당과 타협을 통해 정치를 활성화할 수 있다. 그러나 지금의 새누리당은 국정운영에 기여하는 바가 거의 없다. 박근혜 정권에서 그나마 당에 두 자리를 줬는데 진영 전 보건복지부 장관이 사퇴한 이후 다시 박근혜 측근이 자리를 회수해갔다. 당과 정권과의 관계는 한동안 견고하겠지만 이대로 당을 소외시키면 결과는 뻔하다. 이는 노무현의 실패를 그대로 답습하는 것이나 마찬가지다.

박근혜는 지금 당을 거치지 않고 유권자를 직접 상대하는 '고잉 퍼블릭Going Public 전략'을 취하고 있는 것이다. 이는 대통령들이 흔히 유혹받는 전략 중 하나인데 지지율이 높은 상황에서는 나름 효과가 있다. 그러나 지지율이 떨어지면 무용지물이 되고 만다. 게다가 대통령이 자신의 권력을 강화하기 위해 세력을 담아내는 정당의 역할을 무력화시킬 가능성이 높다. 1인 리더십으로 가는 것이다. 지금도 박근혜는 박정희의 유신 모델과 닮아 있는 권위주의적인 통치 스타일을 보여주고 있다. 정책과 인사에서 드러난 박근혜의 롤모델이 권위적이고 배타적인 유신정치라는 것이다. 그러나 이것은 아무리 제도적인 권한을 많이 쥐고 있다 하더라도 성공하기 힘든 방식이다. 우리는 이미 20년 넘게 민주화 시대를 살아왔고 소득 2만불 시대를 살고 있다. 더 이상 사람들이 호락호락하게 속아넘어가거나 당하지 않는다는 얘기다. 게다가 박근혜에게는 아직 박정희만큼의 성과가 없다. 대통령 권력이 아무리 강한 철옹성을 쌓고 있다 한들 민심을 잃으면 정권을 안정적으로 유지하지 못한다. 5년 동안 임기를 채우는 것이 다가 아니다. 국민의 뜻을 존중해서 본인이 그리고자 했던 그림을 그려나가야 한다. 숫자로 나타나는 지지율이 아닌 다른 측면을 돌아봐야 할 때인 것이다. 또한 현재의 지지율을 언제까지 유지할 수 있을지도 생각해봐야 한다. 이대로 인사 실패가 계속된다면 극심한 반대에 부딪히게 된다.

보수 내부의 더 큰 문제는 새누리당이 죽어가고 있다는 것이다. 이명박 정권 때는 대통령이 레임덕에 빠지더라도 새누리당이 권력의 모태로서의 역할만은 지켜낼 수 있었다. 이명박과 대립한 박근혜가 당에 버티고 있었고 세종시 수정안에 정면으로 반기를 들어 청와대의 뜻을 좌절시키는 등 당의 존재감과 활력이 있었다. 그러나 이명박과 달리 박근혜는 보수 내부의 경쟁자도, 대안도 없는 상황이다. 김무성, 정몽준 등이 차기 후보로 유력하다고는 하지만 박근혜처럼 지지율이 나오지 않는다. 그러니 더더욱 대통령이 구심력을 발휘하게 되는 것이다. 일치단결한 보수가 그 하나만을 쳐다보게 된다.

이 문제는 의외의 결과를 불러올 수 있다. 앞으로 다가올 2016년 총선은 대통령이 당을 아예 제압해버리는 계기가 될 수도 있다. 그렇다면 2017년 대선이 어려워진다. 이명박 정권에서는 이명박의 인기가 바닥을 치더라도 새누리당이 정권을 재창출할 수 있었다. 그러나 박근혜 정부의 인기가 떨어진다면 어떻게 될까? 당내에 새로운 인물이 등장할 가능성이 아예 없는 것은 아니지만 지금

박 대통령의 신년 기자회견은 대박, 면박, 반박으로 정리할 수 있다. 먼저 통일은 '대박'이라고 말했고, 특검은 현재 재판 중이기에 언급이 적절하지 않다며 '면박'을 줬다. 소통에 대해 질문하니 '반박'하는 태도를 보였다.

처럼 당에 활력이 없다면 결국 민주당처럼 바깥에서 사람을 끌어올 수밖에 없다. 정권 창출의 모태로서 새누리당이 생명력을 다하게 되는 것이다. 새누리당은 그 후폭풍을 깊이 생각해야 한다. 그 문제를 어떻게 풀 것인가가 지금 새누리당과 박근혜의 가장 큰 숙제다.

현 정부의
키 플레이어, 김기춘

●

박근혜의 2인자, 김기춘

　　　　　　　현대 한국의 정치사에서 내로라 할 2인자
가 몇 있다. 박정희 정권 시절 등장한 이후락과 김종필, 전두환 때의
허화평과 장세동, 노태우 때는 명실상부한 2인자 박철언이 있었다.
김영삼 때는 '소통령'이라 불린 김현철이, 김대중에게는 박지원이 2인
자라 불렸다. 그렇다면 박근혜의 2인자는 누구일까?

　　현재 박근혜 정부 1기는 현 대통령 비서실장 김기춘, 국정원장
남재준 체제라고 할 수 있다. 의제를 설정하는 어젠다 세터^{Agenda Setter}
는 남재준이, 프로세스 매니지먼트^{Process Management}는 김기춘이 담당
하는 2인 체제다. 여기에 당내 인물 서청원이나 당 밖의 홍사덕이 들
어와 3인 또는 4인 체제로 만들어질 가능성이 있다. 그러나 일단은
현재의 2인 체제 아래서 남재준이 강력한 영향력을 발휘하고 있는
까닭에 김기춘을 명실상부한 2인자로 단정짓기는 애매하다. 대통령

의 총애나 여권 내 권력 기반의 측면에서도 한계가 있어 보인다. 그럼에도 부정할 수 없는 사실은 어쨌든 박근혜 시대의 키 플레이어는 단연코 김기춘이라는 것이다. 국정 전체를 관장하고 대통령의 뜻을 소통시키는, 말하자면 시스템을 움직이는 사람이기 때문이다.

김기춘은 대한민국 산업화 세력, 즉 정통보수이자 안보보수의 표본적인 인물이다. 그는 부산·경남 출신이라는 점을 빼놓고는 전형적인 안보보수의 엘리트 코스를 밟아왔다. 서울대 법대를 졸업해 사법고시에 합격했고 안기부와 중앙정보부, 대공수사본부를 거쳐 검찰총장, 법무부 장관에 올랐다. 이후 국회의원 배지를 세 번 달았고 법사위원장까지 지냈다. 비록 지도자 코스를 밟은 것도, 산업 역군도 아니었지만 한국 현대사를 움직인 보수 엘리트의 전형적인 궤적을 밟아온 인물이다. 그런 점에서 박근혜 정부가 김기춘을 중용하게 된 것은 꽤 합리적 선택이었다. 그는 박정희의 유신시대를 만들어낸 설계자였다. 박정희의 유신 모델을 지향하는 박근혜의 입장에서는 김기춘이 더없이 적당한 2인자였을 것이다. 또한 박근혜가 든든한 후견인 역할을 원한다는 점에서도 김기춘이 맞아떨어졌다. 그만큼 김기춘은 중요한 역할을 할 수밖에 없는 인물이었다. 문제는 그가 어떤 2인자의 역할을 할 것인가에 있다.

2인자의 유형은 몇 가지로 나눠볼 수 있다. 첫째, 조용한 보좌를 하는 경우다. 박정희 정권에서 비서실장을 지낸 김정렴이 대표적인 인물인데, 그는 전세계 대통령 비서실장 가운데 가장 긴 9년 3개월 동안 비서실장의 자리를 지키며 조용한 내조를 보여줬다. 반면 대통령 못지않은 세력 과시형도 있다. 미국 로널드 레이건 대통령 재임 당시 비서실장이었던 도널드 리건Donald Regan은 마치 자신이 '소통령'

인 듯 행세했다가 몰락한 경우다. 가장 이상적인 2인자의 모델을 꼽으라면 레이건 정부의 트로이카 체제를 들 수 있다. 수석 보좌관으로 초대 비서실장을 지낸 제임스 베이커^{James Adison Baker III}와 정책통인 법무부 장관 에드윈 미즈^{Edwin Meese}, 그리고 홍보 담당자로 레이건의 영원한 참모인 마이클 디버 ^{Michael Deaver}로 구성된 3인 체제가 그것인데, 그중에서도 비서실장으로 전면에 내세워진 이는 제임스 베이커다. 애초 그는 레이건과 당내 경선에서 맞붙은 조지 H. W. 부시와 막역한 사이로 선거대책본부장까지 맡았던 인물이다. 그런데도 레이건은 적진의 수장인 제임스 베이커를 백악관 비서실장으로 전격 발탁했다. 레이건의 캘리포니아 주지사 시절 형성된 소위 '캘리포니아 사단'의 대표 얼굴인 에드윈 미즈와 마이클 디버가 아닌 제임스 베이커를 말이다. 이런 파격 인사를 시작으로 레이건 정부의 비서실 내부에는 트로이카 체제가 만들어졌고 미국 역사상 가장 안정적으로 비서실이 작동한 사례로 기록됐다.

마찬가지로 청와대 비서실 내부에도 상호견제 시스템이 필요하다. 권력이라는 것은 상호견제 기능을 갖지 않으면 앞만 보고 달려가는 경주마처럼 시야가 좁아지고 만다. 그렇게 되면 대통령이 제대로 된 보좌를 받지 못하고 국민과 소통할 수 없다. 그러나 김기춘이 과연 청와대 비서실 내의 상호견제 시스템을 만들어낼 수 있을 것인가에 대해서는 의문이 앞선다.

그는 '윗분 모시는 데 귀재'라는 평가를 듣곤 했던 인물이다. 검찰에서는 신직수 검찰총장 보좌관을 오래 했고, 그가 자리를 옮길 때마다 김기춘을 데리고 갔을 정도로 상관을 보좌하는 데 뛰어난 인물로 알려져 있다. 그러나 2인자는 1인자의 정서적, 신체적 안정을 관리하는 것을 넘어 아이디어를 제공하고 정보를 통제, 전달하는 게이트키퍼gatekeeper의 역할까지 수행해야 한다. 어떤 정책이 올라오면 대통령에게 도움이 되는지 아닌지를 정무적으로 판단해 걸러주는 것이다. 이를 가장 제대로 해낸 이가 조지 W. 부시의 정치적 매니저 역할을 한 칼 로브Karl Rove였다.

그러나 김기춘의 경우는 제대로 된 게이트 키퍼는 아닌 듯하다. 세제 개편안과 기초연금 파동에서 드러난 것만 봐도 그렇다. 특히 지난 2013년 8월 박근혜 대통령이 후보시절 공약으로 내걸었던 '65세 이상 모두에게 월 20만원을 지급하겠다'는 기초연금제 약속이 '소득 하위 70%에게 차등 지급하는 것'으로 확정되면서 벌어진 기초연금 파동에서는 진영 전 보건복지부 장관이 돌연 사퇴를 선언함으로써 권력의 내부 관리조차 제대로 하지 못했다는 것이 드러났다. 대신 마음에 맞지 않는 사람을 배제시키거나 권력 투쟁에는 능하다는 점을 발견할 수 있었다. 양건 감사원장, 진영 전 보건복지부 장관에 이어 채동욱 검찰총장도 밀어냈고 장경욱 기무사령관도 6개월 만에 밀어냈다. 또한 김한길 민주당 대표가 영수회담을 제의했을 당시, 황우여 새누리당 대표의 3자회담 제안을 거부하고 양당 원내대표까지 참여하는 5자회담을 제안함으로써 황우여 당대표의 존재감을 꺾어버렸다. 결국 3자회담을 하게 됐으면서 처음부터 이를 받아들이지 않고 시간 끌기를 한 것은 2인자 경쟁 상대 중 하나인 황우여 대표를 무력화시킬 계기로 삼기 위함이었다는 의심을 들게 한다. 이는 김기춘이 포용형이라기보다는 배제형에 가까운 리더십을 가진 인물임을 드러낸다.

앞으로도 김기춘은 그의 말처럼 '윗분 정치'에 능한 2인자가 될 가능성이 크다. 윗분 정치란 자신의 정치적 기반이 안정적이지 않은 사람이 위만 쳐다보고 갈 수밖에 없는 상황에서 선택하는 것이다. 그러니 김기춘이 윗분 정치에 빠져 있는 한 2인자로서의 긍정적인 역할은 한계가 있을 수밖에 없다. 이상적인 2인자의 이미지와도 상당한 거리가 있고 현재의 2인자 모델로서도 자연스럽지 못하다. 너무 올드하다. 자칫 잘못하면 부정적인 역할을 할 가능성도 크다. 그렇다면 대통령에게는 약보다 독이 된다. 이제 고작 1년 3개월 정도 되었으니 아직은 더 지켜봐야 할 일이다. 박근혜 정부가 얼마만큼의 성과를 내느냐, 얼마나 대중의 사랑을 받느냐에 따라 김기춘에 대한 평가도 달라질 것이다.

보수의 막다른
골목에 선 김무성

●

김무성의 가능성

　　　　　　　현재 새누리당 내에서 떠오르는 차기 대선
주자는 누구일까. 선뜻 얼굴과 이름을 떠올리기가 쉽지 않다. 최근
당내에서 떠오르는 인물은 김무성이다. 그러나 강력한 대선주자였던
박근혜를 잇기에는 아직 그의 존재감이 미미하다. 아직 대중에게 잘
알려져 있지 않은 인물 김무성, 그의 가능성과 한계는 무엇일까?

　김무성은 조금 독특한 조건들을 가지고 있다. 장점이 될 수도, 단
점이 될 수도 있는 요인들이 뒤섞여 있다. 첫째, 그는 보수의 적자가
아니다. 더 분명하게는 박정희 정권에 뿌리를 둔 산업화 세력이 아니
다. 지난 보수정권 10년을 시작한 이명박도 보수의 서자라 불리긴
했지만 기본적으로 민간기업 출신의 산업화 리더였다. 박정희의 유
산을 그대로 이어받은 박근혜는 말할 것도 없다. 박근혜는 경제성장
에 직접 기여하지는 않았지만 아버지인 박정희가 만든 고도경제성장

이 2012년에 다시 가능할지도 모른다는 프레임 작동이 가능했던 인물이다. 그러나 김무성은 기존 보수 출신 대통령들과는 다른 프레임을 가진 인물이다. 김무성은 김영삼을 중심으로 한 민주화세력의 일부(통일민주당)와 민주정의당, 그리고 신민주공화당이 합쳐진 민주자유당으로 정치 경력을 시작했다. 선친 김용주 씨가 전남방직으로 기업 활동을 하긴 했지만 김무성 본인은 산업화의 이미지와 무관하다. 경제 전문가는커녕 경제성장의 이미지와 거리가 멀다. 게다가 산업화와 무관한 보수의 대표선수 김영삼의 측근이었던 탓에 이러한 이미지를 더욱 부정적으로 만든 전례가 됐다. 대한민국을 IMF의 위기에 빠트린 실패한 지도자의 그림자가 덧씌워지기 때문이다.

반대로 산업화를 탈피한 이미지는 단기적으론 장점이 될 수 있다. '산업화=낡은 정치'의 이미지에서 어느 정도는 자유로울 수 있기 때문이다. 또한 그는 정치자금으로부터도 자유롭다. 정치인으로서 정당까지는 아니더라도 어느 정도의 세력이나 계보를 운영하는 데에는 필연적으로 돈이 들 수밖에 없다. 일반 유권자에게 돈을 쓰는 것은 선거법 위반이지만, 정치 세력을 운영하기 위해서는 알게 모르게 돈이 들어가는 것이 현실이다. 그런 점에서 김무성은 재력가의 자손이기 때문에 사람을 사귀거나 일을 추진하는 데 자금 제약이 없다는 것은 큰 장점이다.

김무성의 또 한 가지 애매한 특징은 PK(부산·경남) 출신이라는 것이다. 그동안 보수의 적자는 주로 TK(대구·경북)가 이어왔다. 때문에 PK는 정통성에서 벗어나 있다. 그러나 이명박도 사실상 PK 대통령으로 분류되는데, 이들 PK가 갖는 정치적 위상이 독특하다. 현재 문재인, 안철수 등 야권의 유력주자가 모두 PK 출신인 상황이다. 자칫 잘못하면 PK 표가 떨어져나갈 가능성이 있다. 새누리당의 PK 표가 돌아섰을 때 그 결과가 어떠했는지는 2002년 대선에서 노무현의 당선이 잘 보여준 바 있다. PK를 지켜내기 위해서 PK 출신 후보를 세워야 한다는 명분이 힘을 얻는 이유다. 김무성이 정통보수는 아니지만 보수에게는 현실적으로 불가피한 선택이 될 가능성이 엿보인다.

또한 김무성은 좋은 조건을 타고났지만 좋은 자리만 찾아다니면서 쉽게 정치하는 소위 '정치적 엄친아'는 아니라는 점에서 또 다른 매력이 있다. 대외적으로 알려진 김무성의 인간적인 스타일도 그러한데, 그는 스스로를 '김무성 대장'이라는 뜻의 '무대'라는 별명으로 소개하곤 한다. 스스로 대장의 너른 품을 갖고자 하는 의미인데 사람을 포용하고 감쌀 수 있다는 것, 혹은 그렇게 하고 싶다는 것은 지도자로서 큰 장점이다. 경상도 특유의 사나이 기질 덕분인지 새누리 내부에서도 김무성을 따르는 사람이 상당하다고 한다. 김무성 의원이 2013년 9월에 발족한 역사공부모임은 당 전체의 3분의 2 정도인 103명이 가입하기도 했다.

이렇게 당내 신망이 두터운 이유는 지난 대선에서 '박근혜 대통령 만들기'에 투신하는 모습을 보여줬기 때문이다. 친박이 주도했던 2012년 총선에서 김무성은 공천에서 배제됐다. '친박'이 '탈박' 됐다는 말이 떠돌았다. 그런데 대선이 과열되고 선거 사령탑이 없는 새누리당이 위기에 처하자 당으로 다시 돌아왔다. 선거캠프에 야전침대와 침낭을 가져다놓고 본부를 진두지휘한 그는 결국 박근혜 캠프를 승리로 이끌었다. 김무성이 보여준 일련의 과정은 드라마틱하기까지 했다. 누가 보더라도 김무성을 새누리당의 리더로 인정할 수밖에 없는 상황이었다. 박근혜조차도 그 공을 인정할 수밖에 없었을 것이다.

●

김무성의 가장 큰 적은 박근혜?

현재로서는 새누리당 내 김무성 만한 주자가 눈에 띄지 않는다. 그러나 김무성이 당내의 지지를 얼마나 안정적으로 유지하고 확장할 수 있을 것인지가 문제다. 현재 새누리당은 물샐 틈 없는 친박 구도로 짜여 있기 때문이다. 따라서 친박이 새누리당을 운영하는 구도를 보면 김무성을 중심으로 하지 않겠다는 뜻이 확고해 보인다. 70세가 넘은 고령의 서청원을 등장시켜 새누리당의 관리를 맡기겠다는 것은 이제 김무성을 견제하는 단계로 들어가겠다는 의지의 표명과 다름없다.

그에게 당면한 문제는 일단 2014년 5월에 있을 당대표 경선에 참여하느냐 마느냐다. 그에게는 이 문제가 상당한 딜레마가 될 것이다. 다음 당대표는 2016년 20대 총선까지 당을 이끌어가게 된다. 즉 총선 공천권에 결정적인 영향력을 행사할 수 있다. 차기 대권주자들은 각자 자기 사람을 얼마나 공천할 것인가를 두고 치열한 세력 싸움을 벌여야 한다. 대권 도전을 선언한 김무성도 이 시기를 자기 세력을 확장할 수 있는 결정적인 기회로 삼아야 한다. 그러나 박근혜 대통령이 허락하지 않는 이상, 김무성은 친박 주자와의 경쟁을 감수해야 한다. 떨어지면 떨어지는 대로 상처가 될 것이고 '김무성계'를 형성할 수 있는 수단마저 사라진다.

또한 대통령의 견제가 본격화될 것이 자명하다. 물론 대통령의 견제를 받는 것이 결정적으로 불리한 요인은 아니다. 어쩌면 차기 대권주자에게는 대통령이 낙점한 인물이라는 딱지가 가장 큰 흠이 될 수 있다. 노태우를 제외하고 이제껏 현직 대통령이 인위적으로 만들어낸 인물이 대권주자가 된 적은 없었다. 이회창은 총리 시절 김영삼 대통령과 정면승부를 벌인 것도 모자라 사표를 던졌다. 이명박 대통령은 김태호 전 경남지사, 정운찬 전 국무총리 등을 대권주자로 밀어보려고 노력했지만 성공하지 못했다. 현직 대통령이 미는 후보는 어쨌든 플러스보다 마이너스가 많다는 게 경험적 사실이다. 그러나 단기적으로 보면 청와대의 힘에 의해 김무성 본인의 의지를 확장하는 데 문제가 될 가능성이 높다. 당대표가 아니라면 어떻게 당내 라이벌들과 경쟁할 것인가. 또 당대표가 된다면 그것대로 부담이 있다. 만약 박근혜 대통령이 지지율을 유지한다면 김무성에게도 손해가 아니다. 그러나 대통령의 인기가 떨어지고 현재처럼 계속 당을 소외시키는 구도를 만들어간다면 언젠가 당대표로서 자기 목소리를 내지 않을 수 없다. 그런데 당대표가 자기 목소리를 내기 시작하면 청와대와의 갈등이 불가피하다. 더 중요한 것은 대통령의 인기가 떨어지면 당대표도 덩달아 책임을 져야 한다는 것이다. 대통령에 반기를 들어야 하지만 동시에 그것 때문에 지지율이 동반하락할 위험을 감수해야 한다는 것이다. 결국 당대표를 하든 하지 않든, 김무성은 박근혜의 그늘에서 벗어나기 쉽지 않다. 김무성의 가장 큰 적은 다름 아닌 박근혜라 하겠다.

●

김무성의 미래는?

그렇다면 만약 김무성이 당대표에 당선되고, 이어 대선 후보까지 된다고 가정해보자. 김무성은 친박이기도 하지만 이명박 정권의 출범에 기여했던 바가 크다. 이명박 정권 출범 후 당 원내대표를 비롯해 중심 역할을 해왔다. 또한 박근혜 정부의 탄생에 큰 공을 세웠다. 보수정권 10년의 일등공신이다. 그러나 바로 이러한 점이 김무성의 발목을 잡게 된다.

아직은 공이 많을지 과가 많을지 알 수 없다. 그러나 지난 대통령, 현직 대통령과 가까운 사람이 새로운 시대를 열겠다는 것은 믿음을 주기 어렵다. 여당 후보는 어떻게든 지난 대통령들과 차별화되어야 한다. 그렇지 않으면 그저 전·현직 대통령이 만든 후보가 될 뿐이다. 김무성은 이명박 및 박근혜와 자신을 어떻게 차별화할 것인가. 선거 전략으로 바라보자면 이명박은 보수의 외연을 넓히는 전략을 취했고 박근혜는 보수의 튼튼한 기반을 바탕으로 집권에 성공했다. 그 두 사람의 중간 지점 어딘가에 김무성이 서야 한다. 아니면 이명박보다도 더 중도를 지향할 수도 있을 것이다. 그런데 김무성은 반대로 박근혜보다 더 우클릭을 하고 있는데, 이는 자신의 입지를 좁히는 어리석은 선택이 될 수 있다.

문제는 김무성이 이명박 및 박근혜와의 차별화가 쉽지 않은 이력을 가지고 있다는 점이다. 지난 대선에서 박근혜는 이명박과 많은 차별화를 보여줬다. 이미 2007년 한나라당 대선 후보로서 이명박과 경쟁했고 세종시 수정안을 통해 계속해서 대립각을 세워왔다. 박근혜에게는 이미 반 이명박의 역사가 있었고 덕분에 대선 후보로서 차별화의 부담이 적었다. 그러나 김무성은 다르다. 어쨌든 그는 박근혜의 그늘에 있다. 박근혜 정부의 출범에도 기여했다. 만약 당대표까지 맡게 된다면 대통령과 거리를 두고 싶어도 둘 수 없게 된다. 대선 후보가 된다 하더라도 박근혜 정부 2기가 아니냐는 비판을 피하기 힘들다. 김무성은 필요하다면 박근혜와의 대립도 마다하지 않을 성품이긴 하지만 그것이 얼마나 자연스럽게 비춰지겠느냐는 것은 별개의 문제다. 대선 후보 이회창은 당시 김영삼 대통령에게 정치적으로 신세 진 것이 없는 사람이었다. 덕분에 대통령과 대립각을 세울 수 있었다. 그러나 정권 창출의 장본인인 김무성은 대통령을 잘못 부정했다가는 오히려 정통 보수에게 버림당할 가능성이 있다.

NLL 문제도 김무성의 발목을 잡을 것이 뻔하다. 지난 대선에서 김무성은 노무현 정부의 남북정상회담 대화록의 NLL 문제를 꺼내든 장본인이었다. 선거 직전 비가 추적추적 내리는 어느 날, 대화록을 입수해 읽었다는 것이다. NLL 문제는 지금 당장은 야권을 공격할 수 있는 무기가 될지 모른다. 그러나 그 출처를 명확히 해명하지 않는다면 대선 후보가 된 이후 결국 자신의 발등을 찍게 될 것이다.

반대로 야권은 2012년의 뼈아픈 실패를 거울 삼아 노무현 정부와 관련 없는 사람을 대선 후보로 내세울 가능성이 크다. 민주정부 10년의 공과로부터 자유로운 사람이 야권의 후보가 된다면, 그때 가서도 NLL 문제를 무기로 이용하기란 불가능하다. 상대 후보에게 노무현 프레임을 덧씌우기도 어렵다. 오히려 역풍이 불어 김무성이 입수한 대화록의 출처가 도마 위에 오를 것이다. 만약 국정원장이 정상회담 대화록 사본을 공개하기 이전에 입수한 게 사실이라면 김무성은 법을 위반한 대통령 후보가 되는 것이다. 이는 정치 지도자로서 심각한 결격사유다. 검찰의 수사 결과 무혐의 처분을 받았더라도 정치적으로는 대화록 입수 경위를 명쾌하게 해명하지 않으면 곤란해진다.

●

김무성의 자충수

그러나 김무성의 가장 큰 적은 바로 그 자신이다. 그가 쓰는 언어와 표현, 가치와 철학, 어젠다가 그의 적이다. 노무현 대통령에 대한 막말 공격이나 진보 진영을 향한 색깔론 공세, 거기에다 기자와 대중을 향해 거친 말도 서슴지 않는 그의 행동은 권위주의에 가득 찬 낡은 시대의 정치인 상을 보여주고 있다. 최대한 좋게 포장해봐야 보수 정체성이 강하다고 표현할 수 있는데, 그 보수 정체성이라는 것마저 시대적 대세가 아님은 분명하다.

김무성은 한국 현대사에서 보수의 상징적인 인물인 박정희의 딸 박근혜조차도 2012년 대선에 나설 때는 상당히 개혁적인 자세를 취했다는 사실을 잊고 있다. 원칙이 선 자본주의부터 복지와 경제민주화를 내세우는 등 기존의 보수와 다른 따뜻한 보수, 온정적 보수주의를 표방하는 게 필요했던 것이다. 비록 당선 이후의 행보는 달라졌지만 시대의 과제를 자기 것으로 만들기 위해 노력을 기울였다.

그런데 김무성은 시대의 어젠다를 무시하고 심지어 끊임없이 보수의 장기집권을 외치고 있다. 보수의 아이콘이 되기 위해 '세금은 줄이고 규제는 풀고 법질서는 세운다'는 박근혜의 '줄·푸·세'를 자신의 정체성으로 삼고 있다. 전세계적으로 신자유주의의 대세가 꺾이고 있는데도 말이다. 산업화 세력의 적자가 아니라는 점을 정통보수의 정체성으로 보완해 대표선수가 되어보겠다는 것은 그럴듯한 계획일지 모른다. 미국도 당내 선거에서는 당 기반에 충실한 노선을 내세운다. 민주당은 좌클릭을 하고 공화당은 우클릭을 한다. 그러나 본선에 오르면 입장이 뒤바뀌어 좌우클릭을 다시 설정한다. 김무성의 현재도 아마 그런 식의 해석이 가능할 것이다. 김무성의 전략이 단기적으로는 보수의 주목을 끌 수도 있다. 그러나 그 결과는 이미 경기도지사 시절의 김문수가 보여준 바 있다. 김문수는 운동권 출신의 보수파다. 때문에 지지 기반인 보수의 관심을 끌어모으기 위해서 끊임없이 '보수 궐기론'을 외쳤다. 그런데 그것이 통하기는커녕 오히려 언론과 대중의 조롱거리가 됐다.

그런데 김무성마저도 역사 왜곡 논란을 불러온 교과서를 두둔한 일 등을 통해 보수의 정체성을 지나치게 좁게 설정하는 전략을 취하고 있다. 이런 전략은 다수를 설득하기 쉽지 않다. 지금의 흐름은 보수든 우파든 방향성을 좀더 넓게 설정해야 한다. 대통령 선거라는 것은 결국 2018년부터 5년의 과제를 누가 더 잘 감당할 수 있겠느냐를 놓고 경합을 벌이는 것이다. 아무리 역량이 좋은 후보라도 시대 흐름을 거스를 수는 없다. 흐름을 받아들여야 한다. 5% 내외로 치열하게 경합했던 지난 대선에서 박근혜는 보수가 지닌 최고의 카드였다. 그런 후보조차도 미래지향성을 보여주기 위해 노력했다. 그런데 하물며 그보다 훨씬 존재감이 약한 대통령 후보가 지지 기반을 좁혀놓고 이기기를 기대할 수 있을까. 보수도 사회경제적 약자를 감싸안아야 한다고 말하는 시대의 흐름에 역행하는 인물이 되어버린다면? 이러한 시대착오적인 이미지를 바꾸지 않으면 대권을 얻기는 어렵다.

더욱이 김무성은 아직 이길 수 있는 후보라는 확신을 주지 못한다. 이길 수 있는 카드라고 보수를 설득하기도 쉽지 않다. 야권에는 많은 선수가 있고 여권에는 별다른 인물이 없는 상황이 다음 대선까지 이어진다면 박빙의 승부가 되리라는 것은 불 보듯 뻔하다. 그렇다면 보수도 득표 기반이 넓은 사람을 선택하려는 정서가 크게 작용할 것이다. 이런 점에서 박근혜와의 차별성이 더욱 중요해진다. 본인의 지향점을 어디로 잡을 것인가. 더 좌클릭할 것인가, 더 우클릭할 것인가. 우클릭이 어리석은 선택이라면, 만약 좌클릭 할 의향이 있다면 과연 어디까지 해야 할 것인지 고민해야 한다.

그런데 본인은 좌클릭 할 의지가 별로 없는 것 같다. 특히 2030 세대와의 친화성이 많이 떨어진다. 언어와 가치, 철학이 대중친화적이지 못하다. 젊은 사람이나 운동권 세대가 봤을 때 공감할 수 없는 가치와 철학을 지니고 그런 단어와 표현을 거칠게 던져버린다. 정치인의 메시지는 감성적으로 와닿지 않으면 소위 '꼰대'의 이미지에 갇히게 된다. 칙칙하고 권위적인 가부장의 냄새, 대화가 안 통하고 소통이 없는 꼰대의 이미지를 정작 자신이 고집하고 있다. 이런 식으로는 판을 만들기 어렵다. 이 부분을 어떻게 해결할 것인가. 무척이나 힘든 과정이 될 것이다. 김무성 앞에 놓인 가장 어려운 숙제다.

1인자의 리더십과
2인자의 리더십

●

미스터 노맨이 필요한 이유

동서고금을 막론하고 최고 권력자는 단 한 명이다. 그러나 세상 일이라는 게 혼자서 다 할 수 없는 게 이치다. 그래서 좋은 리더도 중요하지만 훌륭한 2인자는 더 중요하다. 역사적으로도 정도전과 황희 정승, 김유신과 같은 걸출한 인물이 바로 2인자에 속한다. 이성계와 정도전 중 과연 누가 조선 왕조의 창업을 주도했을까? 바로 정도전이다. 그러나 왕, 즉 1인자는 이성계가 됐다. 또 유비를 촉나라의 왕으로 만든 것은 제갈공명이다. 그가 없었다면 언감생심 유비는 『삼국지』의 주인공이 되지 못했을 것이다.

이렇듯 지도자는 옆에 어떤 사람을 두느냐가 무엇보다 중요하다. 마키아벨리의 『군주론』에는 "군주의 성패는 좋은 사람을 곁에 두는지 여부에 달려 있다"는 말이 나온다. 1인자는 좋은 참모를 볼 줄 아는 눈, 지인지감知人之鑑만 있으면 된다는 말까지 나올 정도로 2인자의 중요성은 크다. 1인자에게 그다음으로 필요한 덕목이 설득력이다. 훌륭한 참모를 자신의 뜻대로 움직이게 만드는 것이 바로 설득력이다. 제갈공명을 알아본 유비가 삼고초려 끝에 그를 설득함으로써 촉나라를 세울 수 있었다. 『초한지』의 유방劉邦도 마찬가지다. 원래 유방은 동네에서 술이나 먹고 돌아다니는 건달 같은 존재였다. 그런 그가 전략 참모 장량張良, 행정 참모 소하蕭何, 전쟁 참모 한신韓信을 만나 한漢 왕조를 세웠다. 유방 스스로도 못난 자신이 귀족의 아들인 항우項羽를 제치고 한 왕조를 창업할 수 있었던 것은 이 세 사람을 곁에 뒀기 때문이라고 말했다.

이쯤에서 리더의 리더십과 다른 2인자의 리더십, 즉 참모의 리더십을 다시 짚어볼 필요가 있다. 참모 리더십이란 말은 듣기에 따라서 형용모순일 수 있다. 참모는 리더 밑에 있는 사람이기 때문에 참모에 리더십이라는 말을 붙이는 것은 부적절하다. 그러나 리더는 지위가 중요한 것이 아니라 내용이 더 중요하다. 우리 사회에서는 1인자 리더십에만 주목하는 경향이 있는데 좀 더 건설적인 대안을 얻기 위해서라도 참모의 리더십, 더 넓게는 어드바이스 시스템Advice System을 깊이 생각해봐야 한다.

위대한 2인자의 일화 중에서 프랭클린 루스벨트와 루이스 하우Louis Howe의 이야기를 빼놓을 수 없다. 루스벨트는 명문가의 자제로 태어나 뉴욕 주 민주당 상원의원으로 정치를 시작해 승승장구를 이어갔다. 그러다 1920년 대선에서 민주당의 부통령 후보까지 올라갔다. 그의 나이 38세 때의 일이다. 약관의 나이에 이 정도로 성공한 사람이 40세가 되던 어느 날, 소아마비 발병으로 장애인이 된다. 주변에서는 그의 정치적 생명이 끝났다는 평가가 흘러나왔다. 그런데 좌절한 그의 곁에 정치적 파트너 루이스 하우가 있었다. 루스벨트의 집에 기거하면서 7년간의 투병생활을 지켜낸 루이스 하우는 1928년 루스벨트를 뉴욕 주지사로 일어서게 하고 1932년 대통령 당선에 결정적인 역할을 해낸다. 한마디로 대통령 루스벨트를 만들어낸 사람이라 할 수 있다. 그런 루이스 하우의 별명이 미스터 노맨^{Mr. No man}, 즉 '아니요'라고 말하는 사람이다. 루스벨트가 어떤 정책 아이디어를 가지고 오면 루이스 하우가 안 된다고 말하는 역할을 맡았던 것이다. 생각은 참모가 하고 결정은 리더가 한다는 세간의 상식과는 정반대다. 그러나 루이스 하우는 리더인 루스벨트가 하고 싶은 계획에 대해 단점을 날카롭게 지적하는 역할을 맡았고 루스벨트 역시 이런 관계를 즐겼다고 한다. 루이스 하우의 말을 통해 허점을 발견하고, 이를 다듬고 보완해서 더 완성된 정책을 만들어냈다는 것이다. 루스벨트 집권 초기에는 미국 대통령에게 비서실이 존재하지 않았다. 그저 비서 한 명이 있었을 뿐이다. 그런데 루이스 하우가 루스벨트의 비서가 되면서 지금의 비서실, 즉 대통령 집무실과 비서진이 있는 백악관 서관 웨스트윙^{West Wing} 체제를 만들어냈다. 루이스 하우는 대통령과 백악관에서 함께 생활하며 모든 문제를 상의했다.

　루스벨트처럼 참모의 '아니요'를 잘 활용하면 엄청난 효용이 생긴다. 그런데 '아니요'라는 대답은 쉽게 얻지 못한다. 유능한 참모는 길거리에 널려 있으나 '아니요'라고 말하는 참모는 드물다. 그러나 '아니요'라는 말은 기분이 나쁘다. 그것도 누군가가 항시적으로 그런 역할을 한다면 대단히 불편하다. 특히 우리나라의 정서에서는 아랫사람이 '아니요'라고 말하는 것이 금기처럼 되어 있다. 그럼에도 불구하고 아닌 것을 아니라고 말하는 사람을 곁에 두는 것은 리더에게 대단히 중요한 문제다. 성공한 사람 곁에는 이런 사람, 아닌 것을 아니라고 말하는 사람이 항상 있다. '아니요'의 부정적 느낌을 이겨내고 포용할 줄 아는 리더야말로 비로소 '아니요'라고 말할 수 있는 사람을 곁에 둘 수 있다.

미스터 노맨의 중요성은 케네디 행정부의 가장 큰 실수로 기록된 피그만 사건에서 극명하게 드러난다. 이 사건은 쿠바에서 미국으로 망명한 사람들을 쿠바의 피그만 해변에 침투시켜 카스트로 정권을 전복하려 했던 미국의 작전이 대참사로 끝난 사건이다. 그런데 당시 백악관의 내부 상황을 다룬 역사학자 아서 슐레신저 Arthur Meier Schlesinger의 분석을 보면 당시 백악관 내부에도 피그만 침공 작전에 대한 반대 의견이 있었다고 한다. 그런데 반대 의견을 솔직하고 자유롭게 제시하는 데 주저했고, 그것을 들으려는 노력도 없었다는 것이다. 결과는 피그만 해변에 상륙한 약 1,700명의 망명자 여단이 작전 개시 이틀 만에 완전히 진압되는 최악의 참사로 이어졌다.

이렇듯 이견을 제시하는 것을 두려워하는 사회는 잘못된 선택을 할 가능성이 높다. 지도자도 마찬가지다. 반대를 싫어하고 또 그것을 내색하는 지도자 아래에서는 자유로운 의견을 낼 수 없다. 반대 의견을 기꺼이 받아들이고 싫어도 싫은 내색을 하지 않아야 한다. 그래야 그 속에서 최악의 결정은 물론이고 엄청난 실패를 피할 수 있는 방법을 찾을 수 있다.

또 하나의 예를 들어보자. 중국 역사에서 태평성대로 평가받는 당태종唐太宗과 그의 측근 위징魏徵의 이야기다. 당태종은 태자였던 형 이건성과 동생 이원길을 죽이는 '현무문의 변'을 통해 왕위에 올랐다. 왕자의 난을 통해 조선의 왕이 된 이방원과 비슷한 상황이었다. 그런데 위징은 본래 숙적이었던 형 이건성의 참모였다. 당태종이 권력을 잡고 형의 참모인 위징을 불러놓고 물었다. 왜 주제 넘게 형제들의 일에 끼어들었냐는 것이다. 이에 위징은 "만약 이건성이 내 말대로 했더라면 지금 이 꼴이 되지 않았을 것"이라고 답한다. 그 말을 들은 당태종이 그를 측근으로 발탁한다. 안으로는 태평성대를, 밖으로는 중원을 호령하며 성군이 된 당태종은 안타깝게도 말년에 가서 고구려를 침략하는 우를 범해 쇠락에 접어든다. 고구려 원정에 실패한 뒤 수도로 돌아가면서 당태종은 "위징이 살아 있었더라면 고구려 원정을 말렸을 것"이라며 후회했다고 한다.

당태종과 마찬가지로 레이건도 상대 진영에 있던 제임스 베이커를 발탁했다. 대통령이나 최고 권력자는 나를 도와준 사람에게서 머무는 것이 아니라 어떤 인연이든, 심지어 적진에

> 좋은 리더에겐 반드시 좋은 참모가 있다. 아니, 단언컨대 좋은 리더란 좋은 참모를 곁에 두고 잘 활용하는 사람이다.

있던 사람이라 할지라도 도움이 된다면 받아들이는 관대함을 가져야 한다. 이를 통해 리더와 참모는 긴장관계를 유지할 수 있다. 참모는 리더의 방종을 견제하고 리더는 참모의 자만을 견제한다. 그렇게 되면 참모는 리더의 허물을 비춰주는 거울이 될 수 있다. 그런 까닭에 성공한 사람들이 '아니요'라고 말할 수 있는 참모를 곁에 두는 것을 중시한 것이다. 조직에서는 가족주의가 작용하면 망한다. 서로 의견이 충돌하고 경쟁하고 견제해야 한다. 긴장을 없애버리면 결국 리더가 망하는 것이고 그 피해는 국민에게 돌아간다.

좋은 정책 아이디어가 어느 날 갑자기 떠오르는 게 아니다. 그렇

다고 아주 현명한 사람의 머리에서만 나오는 것도 아니다. 정치 천재라 불리는 딕 모리스Dick Morris의 예를 보자. 그는 1994년 대통령이 된 후 2년 만에 치른 중간 선거에서 대패하고 정치적 생명을 잃어가는 빌 클린턴을 1996년 재선에서 너끈히 성공시킨다. 언론에서는 이를 두고 "빌 클린턴이 지옥에서 탈출했다"고 표현하기도 했다. 이때부터 딕 모리스는 정치 천재, 선거의 귀재라고 불렸는데 그 이유는 아이디어가 뛰어났기 때문이다.

클린턴은 딕 모리스의 아이디어에 대해 이런 평가를 했다. "그가 10개의 아이디어를 가져오면 그중 7~8개는 쓸모없는 것, 1~2개는 위험한 것, 나머지 하나 정도가 천재적이고 창조적인 아이디어이다." 역으로 생각하면 쓸모없는 아홉 개가 전제되어 있지 않으면 한 개의 창조적인 아이디어도 없다는 말이다. 10개 중 한 개, 100개 중 한 개라 하더라도 그 한 개의 아이디어가 나온다는 것이 중요하다. 그러려면 낭비되는 아이디어가 자유롭게 발현될 수 있어야 한다. 좋은 아이디어를 내는 사람이 따로 있는 것도 아니다. 어느 누구에게서 창조적인 생각이 나오는지 모른다. 누구에게라도 길을 열어줘야 하는 것이다. 길을 열어준다는 것은 곧 이견을 낼 수 있어야 한다는 말과 같다. 찬성과 반대 중 반대가 아니라 이견으로 본다면 결과가 달라진다. 그 속에서 올바른 방향을 찾아 나갈 수 있는 것이다.

『자유론』을 쓴 보수 이론가 존 스튜어트 밀John Stuart Mill 같은 인물도 "내가 내 생각을 옳다고 확신할 수 있는 유일한 방법은 다른 사람의 의견을 들어보는 것"이라고 말했다. 밖으로 드러내 검증받지 않은 것은 결코 좋은 생각인지 아닌지 알 수 없다. 이 말이 옳다면 좋은 리더란 참모에게 자신의 생각을 검증받는 사람이다. 생각이 다른 사람을 곁에 두고 그가 언제든 다른 생각을 말할 수 있게 열어주는 것이 리더의 리더십이다. 반대로 좋은 참모는 아닌 걸 아니라고 말할 수 있는 사람, 좀 더 넓게 보면 다른 생각을 주저 없이 얘기할 수 있는 사람이다. "리더를 리드하는 것이 좋은 참모다"라는 말이 있다. 단순히 리더가 내린 지시를 잘 이행하는 것이 아니라 언제든지 자신의 의견을 얘기해보겠다, 저 리더의 결정에 개입해보겠다고 덤비는 사람이 좋은 참모다.

『초한지』의 한신이 그러했다. 병법의 귀재였던 한신은 유방이 천하를 제패할 수 있게 된 힘이었다. 본래 유방은 항상 항우와의 전쟁에서 패하기만 했다. 유방은 '힘으로 산을 뽑고 기운으로 세상을 뒤엎는다'는 뜻의 '역발산기개세力拔山氣蓋世'라 불릴 정도로 힘도 좋고 배경도 좋은 인물이었다. 반면 유방은 그저 동네 건달 수준이었기 때문에 애당초 상대가 되지 못했다. 그런데 결과적으로 항우를 이기고 황제가 됐다. 한신 덕분이다.

한신은 원래 유방 아래 있던 장수였으나 중용되지 못하자 유방의 수하로 들어간다. 허구한 날 지기만 하는 유방, 결과적으로 수세에 몰리자 장량이 꾀를 낸다. 한신이 마음껏 군사를 쓰며 항우와 대적할 수 있도록 권한을 준 것이다. 이후 한신은 항우 군사를 연전 연패시켜나갔고 결국 유방은 한신 덕분에 천하를 제패할 수 있었다. 당시에도 천하삼분지계가 있었던 만큼 힘을 갖게 된 한신이 유방을 배신할 가능성은 충분했을 것이다. 실제로 한신에게 그런 유혹이 있기도 했다. 그러나 한신은 유방이 어려울 때 도와준 은인이라며 이를 거부했다. 추울 때 옷을 주고 배고플 때 먹을 것을 준 사람을 어떻게 배신할 수 있겠냐는 것이다. 결국 사람을 움직이는 것은 마음이다.

마음을 얻으려면 먼저 마음을 줘야 한다. 장량은 한신이 원하는 것을 할 수 있도록 해주고 한신을 얻었다. 결국 한신의 도움으로 천하를 얻게 된다.

유방과 한신 사이의 유명한 대화가 있다. 어느 날 유방이 한신에게 물었다. "네가 그렇게 뛰어난 장군이라고 하는데, 나는 어느 정도의 병사를 다스리면 좋겠는가?" 이에 한신이 말하길 "폐하는 몇십만 명 정도 지휘할 수 있습니다."라고 답했다. 천하통일을 꿈꾸는 지도자에게 고작 몇십만 명의 군사밖에 거느리지 못한다는 말을 듣자 기분이 나빠진 유방이 다시 물었다. "그렇다면 너는 어떠하냐?" 한신은 "저는 많으면 많을수록 좋습니다."라고 답했다. 다다익선多多益善이 여기서 나온 말이다. 더욱 기분이 상한 유방이 빈정거린다. "너는 그리 훌륭한 장수인데 왜 내 밑에 있는 것인가?" 한신이 대답했다. "저는 병사들을 다스리는 장수고, 폐하는 장수를 다스리는 장수십니다." 한신의 말은 오늘날 리더의 리더십과 참모의 리더십을 적절하게 표현하고 있다. 유방처럼 장수를 잘 다스리는 것이 리더의 리더십이요, 한신처럼 많은 사람들과 어울려 마음껏 일을 벌이는 것이 참모의 리더십이다.

"나를 따르라!"고 외치는 리더가 혼자 끌고 가는 시대가 아니라 공존과 소통의 시대인 것이다. 나 아닌 다른 사람이 리더 못지않게 열심히 뛸 수 있도록 만드는 것이 최고의 리더십이다. 반대로 참모들이 리더십이 아닌 팔로십Followship만을 발휘한다면 조직은 경직되고 만다. 열심히 따라오기만을 바라고 거기서 벗어나면 낙인을 찍는 조직에서는 창조적인 아이디어가 나오기 힘들다. 창의력이란 하나의 구호로만 제창될 것이 아니라 누구라도 마음껏 생각을 교환할 수 있게끔 환경을 만들어줘야 가능하다. 경직된 위계질서와 팔로십만을 강요하는 문화에서는 진정한 참모 리더십이 발휘될 수 없다.

그러나 참모 역시 올바른 리더십을 발휘해야 하는 것은 당연하다. 우리나라의 대표적인 2인자 중에 노태우 대통령의 측근이었던 박철언이 있다. 노태우는 박철언에게 정책보좌관 자리와 함께 전권을 주다시피 했다. 박철언은 이때 북방정책을 들고나온다. 북방정책이란 헝가리, 구 소련 등과 수교를 맺는 것을 핵심으로 하며, 단순히 수교만 하는 것이 아니라 그 나라 시장을 열겠다는 대담한 전략이었다. 박철언은 이를 통해 사실상 대통령 노릇을 했다. 그는 뛰어난 머리를 가지고 있어서 관행이나 타성에 젖으면 결코 나올 수 없는 제안, 당시 김대중 야당 총재와 합당해 정계개편을 이루자는 발상을 내놓기도 했다. 이런 이유로 나는 대한민국 현대사를 스쳐간 2인자 중에 가장 명석한 인물로 박철언을 꼽는다.

그러나 참모의 리더십에는 대전제가 하나 있다는 것을 그는 알지 못했다. 참모는 마음껏 상상하고 발휘하되 자신이 마치 최후의 결정권을 쥔 리더인 양 자만해서는 안 된다는 것이다. 좋은 참모는 리더의 몫인 최후의 결정권을 침범해서는 안 된다. 리더의 리더십과 참모의 리더십이 다르다는 것을 무시하고 자신이 실질적인 리더라고 착각하는 것은 불행을 초래한다. 만약 리더가 되고 싶다면 절차를 걸쳐서 그 자리에 올라야 한다.

내가 정치를 외면할수록 누군가는 이득을 본다.
정치가 달라지면 그때에 정치에 관심을 갖겠다는 자세는
쇠붙이가 썩기를 기다리는 것이나 다름없다.
정치를 바꾸려면 보통의 시민이 정치에 적극 참여해야 한다.
그래야 정치가 정치인의 놀이로 왜곡되지 않고
보통사람의 일상이 된다.

2부

우리가
바라는 정치

3장

현실 정치 똑바로 보기

민주주의는
평범한 사람들의 무기다

●

정치의 효용은 무엇일까?

　　　　　　　　정치란 무엇인가. 우리의 정치를 제대로 직
시하기 위해서 반드시 거쳐가야 할 질문이다. 나의 대답은 이렇다.
흔히 생각하는 '볼거리' 정치가 있다. 상대편을 향해 막말을 일삼고
멱살을 쥔다. 볼거리 정치는 TV의 막장 드라마와 같아서 시청률이
중요하다. 사람들이 욕을 하면서도 보는 것이 막장 드라마와 판박이
다. 대체로 돈을 별로 안 들이고도 시청률을 끌어올릴 수 있는 가장
좋은 방식이기도 하다. 만약 우리 정치가 훈훈한 휴먼 드라마 같다
면? 한두 번은 박수를 받을지 모르겠지만 지속적으로 시청률이 나오
기는 쉽지 않을 것이다. 정치도 이와 같아서, 보통사람들이 배제된
그들만의 정치, 즉 볼거리 정치는 막장 드라마가 최선의 방법이다.
자기들끼리 모여서 아웅다웅 하는데 그 안에서 얼마나 멋있는 드라
마가 나오겠는가.

정치가 막장 드라마에서 탈피하려면 결국 볼거리 정치가 아닌 '할거리' 정치로 바뀌어야 한다. 보통사람이 자신의 삶을 바꿀 수 있는 수단으로 정치를 생각하게 되어야 한다. 정치가 바로 내 삶의 문제가 되면 정치인을 바라보는 시선이 달라진다. 정치인은 나를 대표하는 사람, 내 삶을 바꿔줄 사람이 되고 그들이 나를 제대로 대변하지 못하면 적극적으로 퇴출시키는 시스템을 만들어낼 수 있다. 정치가 보통사람들의 무기가 되는 것이다. 자기 삶을 바꾸는 강력한 무기 말이다.

가난한 홍길동이 자기 삶을 바꾸기 위해 선택할 수 있는 방법은 두 가지뿐이다. 하나는 개미처럼 일해서 열심히 부를 축적하는 것, 흔히 말하는 아메리칸 드림이다. 개미처럼 일하면 성공할 수 있었던 시절이 있었다. 자신을 채찍질하는 자기계발서가 유행하던 시대, 이른바 국민성공시대도 있었다. 성패의 기준을 내 노력에서 찾는 것이다. 그러나 돌이켜보면 그러한 시대에도 성공하는 사람은 소수였을 뿐이다. 더 많은 사람들이 실패를 맛봐야 했다. 사회가 발전하면 발전할수록 계층 간의 이동은 점점 어려워진다. 소득의 양극화가 심해져 더 이상 개천에서 용이 나는 것을 볼 수 없다.

이런 현상은 아메리칸 드림의 본고장인 미국에서도 마찬가지다. 그러자 자기계발서가 퇴조하고 인문사회 서적이 부상했다. 개인의 실패에 대한 문제를 사회구조 속에서 찾고자 하는 노력이 나타났다. 개인의 행불행의 문제는 이제 사회적 해법을 통해 해결해야 한다는 외침이 커졌다. 제레미 리프킨의 비유를 빌리면, 아메리칸 드림이 아닌 유러피안 드림을 꿈꾸기 시작한 것이다. 그런 사회를 꿈꾼다면 경제와 정치의 긴장관계는 더욱 첨예해질 수밖에 없다. 정치는 경제적 불평등의 문제를 해결해야 할 의무가 있기 때문이다. 사회적 차원에서 삶의 문제를 해결한다는 것은 결국 정치 시스템을 이용한다는 것을 의미한다.

●

1인 1표가 1원 1표를 제어한다

우리는 경제적 관점에서 1원 1표의 사회에서 살고 있다. 가까운 마트나 백화점에만 가도 만 원짜리 고객과 백만 원짜리 고객, 천만 원짜리 고객에 대한 대접이 다르다. 일반 고객과 VIP에 대한 서비스 내용은 극명하게 달라진다. 많이 가진 사람이 발언권을 더 많이 갖는 세상이다.

이런 시스템이 공고화되면 세상을 바꾸기란 불가능해질 것이다. 그런데 우리는 정치적으로 1인 1표의 시스템을 가지고 있다. 정치의 기본은 민주주의인데, 쉽게 말하면 다수를 모아오는 사람들이 자기 의사를 더 많이 표현할 수 있도록 하는 시스템이다. 민주주의가 없으면 정치도 없다. 만약 소수의 귀족들만이 정치를 할 수 있다거나 아예 소수도 아닌 왕이 전권을 가지고 통치한다면 그것은 이미 민주주의가 아니다. 이때 정치는 소수의 오락거리일 뿐이다. 민주주의는 모든 사람에게 1인 1표를 허락한다. 재산이 아주 많은 사람이나 전혀 없는 사람이나 부채만 잔뜩 진 사람이나 모두가 법에 의해 똑같은 한 표를 행사한다. 그런데 우리들 중에는 가진 자보다는 못 가진 자, 부자보다 서민이 더 많다. 이 서민들이 1인 1표라는 방식을 이용해서 더 많은 숫자를 모은다. 그 힘으로 정치의 세계에 들어가고 정치적

결정을 할 때 자신들에게 유리한 결정을 이끌어낼 수 있다. 즉 보통
사람들이 자신과 비슷한 처지의 사람들을 모아서 1인 1표라는 선거
제도를 통해 정치권력을 잡고, 그 권력을 통해 제도적 법적 장치를
동원하는 것이 정치다. 1인 1표제 아래에서는 다수를 모으면 세상을
바꿀 수 있는 힘이 생긴다. 1원 1표의 사회를 뒤집을 수 있는 힘이다.
즉 1인 1표가 온전한 제 기능을 하면 1원 1표의 질주를 제어할 수 있
다. 정치가 제도로 작동하기 시작하면 보통사람들이 자신의 삶을 바
꿀 수 있는 합법적이고도 강력한 수단으로서 작동하는 것이다. 이것
이 정상적인 정치이며, 정치의 본래 기능이다. 바로 정치의 효용이다.

보통사람들이 정치를 발견하게 되는 것은 바로 이 효용이 무엇
인지 알게 되는 것과 같다. 정치가 효용을 나타내려면 유권자들이 선
명하고도 차별적인 대안을 두고 선택할 수 있어야 한다. A와 B, C 중
에서 나에게 유리한 것이 무엇인지를 판단하고 A를 찍으러, 혹은 B
를 떨어뜨리러 투표장에 가야 하는 것이다. 그리고 차이가 분명한 대
안을 가진 세력이 정당으로 존재하고 후보로 나타나야 한다. 이를 통
해 보통사람들이 정치를 할 열망이 생기고 정치의 효용을 실감하게
되는 것이다.

정치세력은 공짜로 선물
을 가져다주는 산타클로
스가 아니다. 반정치, 반정
당 정서를 버리고 당당하
게 정치적 해법을 요구하
는 것이 사회경제적 문제
를 해결하는 방법이다.

그러나 우리는 종종 정반대의 상황
을 맞이한다. 정치의 효용을 별로 느낄
수 없는 상황 말이다. 내가 지지하는 어
떤 후보를 뽑았을 때 내 삶이 좀 나아져
야 하는데 그렇게 되지 않는다. 그 누가
뽑히든 내 삶에 변화가 없다. 민주당이
여당이 되나 새누리당이 여당이 되나

별로 달라지는 게 없다는 한숨 섞인 소리가 절로 나온다. 그러니 누구를 지지할 이유도, 뽑을 이유도 없다.

불행한 것은 이렇듯 정치의 효용을 제대로 느끼지 못하는 상황이 자주 벌어진다는 사실이다. 이처럼 1인 1표가 제대로 발현되지 못하는 이유에는 크게 두 가지가 있다. 첫째, 서민이 투표장에 나가지 않기 때문이다. 다수라는 이점을 정치적으로 이용해야 할 서민이 막상 투표장에 나가지 않는다는 것은 아이러니하게도 전세계적인 현상이다. 반면, 부자들의 투표율은 이에 비해 훨씬 높다. 선거는 투표하러 오지 않는 사람을 카운트하지 않으므로, 서민의 요구는 투표에 반영되지 않는다. 결국 1인 1표가 정치에 제대로 반영되지 않는 것이다. 둘째, 투표의 잣대가 다르기 때문이다. 유권자는 가지각색의 이유를 가지고 투표에 참여한다. 저소득자로서 투표할 것인가, 보수성을 기준으로 투표할 것인가, 혹은 지역색에 기반해서 투표할 것인가 하는 것은 각자의 선택이다. 가난한 사람이 힘을 얻으려면 사회경제적 이해관계를 기준으로 투표를 해야 자신의 삶에 긍정적인 결과를 얻게 되는데도 지역주의적 관점, 도덕이나 문화적인 쟁점을 가지고 투표를 한다. 이를테면 동성 결혼을 용인할 것인가를 주제로 선거를 치른다고 생각해보자. 동성 결혼 찬반이 자신의 기본 정체성과 별로 상관 없다면? 각자가 자신의 의사표현을 위해 투표장에 나가야 하는데 나와 전혀 상관없는 도덕적인 문제가 정치의 이슈가 된다. 유권자는 내 삶과 상관없는 문화적, 도덕적 쟁점 앞에서 투표할 이유를 찾지 못하게 된다.

지금처럼 정치가 불필요하다고 보는 분위기는 그래서 더욱 위험하다. 그만큼 정치가 제대로 작동되지 않는다는 것이다. 그렇다고 사람들이 정치를 멀리하면 더욱더 정치를 통해 현실을 바꾸기 힘들어진다. 결국엔 기득권이 유리해진다. 영리하게도 기득권은 끊임없이 반反 정치와 정치 혐오의 정서를 유포한다. 정치를 멀리하면 할수록 사실상 기득권 옹호의 결과가 초래되기 때문이다. 더 많은 사람들이 삶을 개선하기 위한 수단으로 정치를 삼을 때 그 온전한 기능이 살아난다. 또한 원래의 기능을 회복하면서 정치 불신도 사라진다.

따라서 우리는 정치가 숙명적으로 욕을 주고받는 일임을 받아들여야 한다. 우리의 자원은 제한되어 있고 한정된 재화를 나눠 가져야 하는 자본주의 사회에서 많이 가진 자와 덜 가진 자, 못 가진 자가 생기는 것은 당연하다. 그러니 혜택을 받은 사람보다 손해를 본 사람의 목소리가 커지는 것도 당연한 이치다. 정치적 투쟁이란 한정된 재화를 나 아닌 다른 사람에게 더 많이 주고 있으니 이걸 바꾸자고 외치는 것이나 다름 없다. 따라서 정치인이나 정치판이 무엇 때문에 욕을 먹는지 곰곰이 생각해볼 일이다. 그 속에 우리의 삶이 들어 있고 보통 사람들의 무기가 들어 있다.

●

선거는 좋은 사람을 뽑는 제도가 아니다?

선진국일수록 정치를 통해 최고권력자를 뽑고 국가자원의 배분을 결정한다. 자신의 이익에 따라 협잡하고 이합집산하는 것이 정치라고들 하는데 우리는 왜 그 이상한 정치를 통해서 최고권력자를 뽑고 자원을 배분할까? 진실은 단순하다. 그나마 이것이 가장 나은 제도이기 때문이다. 더 재미있는 사실은 정치가 제일 현명하고 똑똑한 사람을 뽑는 것이 아니라는 점이다. 현실 정치를 들여다보면 정치는 표를 얻는 일이고 표를 얻는다는 것은 마음을 얻는 것이다. 누가 더 똑똑한지 가려내어 표를 얻는 것이 아니다. 세계 각국의 정치 역사를 살펴보면 언제나 최고의 인물이 아닌 엉뚱한 사람이 뽑히는 경우가 많았다. 그러니 한편에서 이러한 선출 방식이 무용한 것이 아니냐는 질문이 나오는 것도 당연하다.

그렇다면 역으로 질문해보자. 선거의 힘은 무엇일까? 선거는 유능한 사람을 뽑는 것이 아니다. 선거란 주기적으로 표를 얻음으로써 권력의 정당성을 확보하는 것이다. 선거의 기능은 사실 못난 사람도 유능해지려고 노력하는 것, 나쁜 사람도 착해지려고 노력하는 것, 어떤 불손한 의도를 가진 사람도 좋은 결과를 만들어내려고 노력하는 것에 있다고 나는 생각한다.

처음부터 아주 괜찮은 사람을 뽑을 가능성은 극히 적다. 그러니 누군가 선거라는 시스템에 압박을 받아서 착하고 유능하고 좋은 사람이 되도록 만들자는 것이다. 제아무리 선거를 통해 뽑혔다 하더라도 재임 기간 동안 성과를 내지 못하면 다음 선거에서 퇴출시켜버린다. 따라서 또 뽑히기 위해서는 어떻게 해서든 성과를 내야 한다. 다시 말하면 선거라는 제도는 누구를 뽑느냐가 아니라 뽑힌 사람을 어떻게 하도록 하느냐의 시스템이다.

그런데 우리는 어떤 사람이 뽑히면 마치 그가 철인왕처럼 모든 것을 해결해줄 것이라고 생각하는 습성이 있다. 민주주의 체제에서 그것은 불가능한 일이다. 민주주의는 아무리 뛰어난 인물이라도 정상적으로, 또 정기적으로 검증을 받아서 재선출되지 않으면 권력을 쥘 수 없도록 만든 시스템이다. 도전자는 끊임없이 등장할 것이고 권력자는 그보다 더 많은 사람들의 마음을 얻어야만 주기적으로 권력을 지속할 수 있다. 이런 시스템 아래에서는 누구도 철인이 되지 못한다. 이 사실을 거부하면 독재가 된다. 권력자의 행태가 독선적이고 폭력적인가 아닌가의 여부보다도 정기적으로 국민의 선택을 받지 않는 것, 권력을 순환시키지 않는 것을 독재라고 한다. 그래서 독재는 민주주의의 반대말이다.

따라서 나는 어떤 대통령이 좋은 대통령인가 아닌가 하는 문제는 선출된 순간 결정되는 것이 아니라고 생각한다. 1인 1표제를 통해서 누군가는 선거의 승리자가 된다. 예를 들어 530만 표로 대승한 이명박과 57만 표 차이로 이긴 노무현이 있다. 그렇다면 표 차이가 많이 나는 이명박은 다수의 국민이 지지했으니 정통성이 있는 것일까? 적은 표차로 이긴 노무현은 정통성이 없다고 할 수 있는가? 아니다. 우리의 제도는 한 표라도 많은 사람에게 승리를 안겨준다. 대통령이 잘하고 못하고는 큰 표차로 이겼다고 결정되는 것이 아니다. 또 많이 이겼다고 재량권을 그만큼 더 확보하는 것도 아니다.

선거는 정해진 임기를 보장해주고 임기가 끝나면 선출된 공직자를 교체할 수 있도록 한다. 국민은 이런 선거를 통해 권력자를 견제하는 힘을 갖는다. 그러나 한편으로 이것은 곧 임기 동안 권력자의 지위를 안정적으로 보장한다는 것을 의미이기도 하다. 바로 선거의 아킬레스건이다. 일단 선출되고 나면 그 사람을 어찌해볼 도리가 없다. 선거가 폐해로 작용할 가능성이 생긴다. 당선자는 표를 받았으니 자신이 내건 공약에 대해서 국민의 승인을 받았다고 생각한다. 대체로 우리 사회는 공약을 지키지 않아서 문제가 되기는 하지만 오히려 지켜서 문제가 된 경우도 종종 있다. 대표적인 것이 이명박 정권의

4대강 공약이다. 당선 직후 이명박 정권이 주장했던 것은 국민이 4대강 공약을 지지해서 자신을 뽑았으니 공약대로 추진해야 한다는 것이었다. 그러나 국민은 선거를 통해서 선출된 공직자에게 마음대로 할 수 있는 권력을 위임한 것이 아니다. 절대 권력을 준 것이 아니라는 얘기다. 이처럼 권력자가 선거를 통해 얻은 권력을 마음대로 휘두르고, 유권자에 대해서 책임지지 않는 것을 아르헨티나의 정치사회학자 기예르모 오도넬Guillermo O'Donnell은 '위임민주주의'라고 말한다. 그는 위임민주주의가 신생 민주주의 국가들의 정치 발전을 저해한다고 말했다.

그렇다면 위임민주주의를 어떻게 견제할 것인가? 이것이 바로 여당과 야당이 존재하는 이유다. 여당과 야당의 견제, 언론의 비판과 더불어 주권자의 직접 행동을 통해 견제할 수 있는 것이다. 좋은 민주주의일수록 비판 기능은 더 많이 허용된다. "민주주의의 폐해를 해소하는 길은 더 많은 민주주의를 허용하는 것뿐이다." 제인 아담스 Jane Addams의 말이다. 선진국에서 언론·출판·사상의 자유를 중요시하는 이유다.

더 중요한 것은 선출된 권력이 이들을 어떻게 대하느냐에 있다. 선거에 의해 권력이 위임됐으니 자기 마음대로 할 수 있다고 생각하는 것은 반 민주주의적인 사고다. 야당을 어떻게 대하는가, 권력에 반대하는 언론을 어떻게 대하는가, 데모하는 사람들을 어떻게 대하는가를 보면 그 정부가 얼마나 민주적인지, 혹은 보통사람을 위하는 정부인지, 친親 서민적인지 아닌지를 알 수 있다. 이를 통해 지도자의 자질도 판단할 수 있다.

좋은 지도자는
자신의 권력의지를
다스릴 줄 안다

●

좋은 지도자는 인풋을 제재하지 않는다

민주주의는 아웃풋^{Output}, 즉 어떤 정책이 좋은 결과를 만들어내는 것보다는 인풋^{Input}, 즉 국민의 참여와 입법 과정에 방점이 찍히는 시스템이다. 모든 사람이 의사결정할 때 참여할 수 있게 해주는 것이 민주주의다. 그래서 꼭 좋은 결과가 나오리란 보장은 없지만 어찌됐든 국민이 나라의 주인이니까 가능한 한 다수가 의사결정에 참여하게 해주는 것이다. 결과가 아무리 엉터리 같다고 하더라도 이를 아무도 부정할 수 없게 하는 것이 민주주의다. 그러므로 대개 민주주의의 질을 따질 때도 인풋 과정의 포용성을 들여다본다. 조건 없이, 제한 없이 인풋에 참여하게 해주는지, 혹은 소수만 참여하도록 하는지, 아니면 소수를 배제하고 있는지의 차이에 따라서 민주주의의 질이 달라진다는 것이다.

좋은 민주주의는 일상적으로 사람들의 목소리를 정치 과정에 투입하고, 입법 과정에 반영하는 것이다. 좋은 통치자, 훌륭한 정치 지도자의 요건은 전문 기술자처럼 멋있는 법안을 만들어내는 데 있는 것이 아니라 우리 사회의 다양한 사람들이 자신의 이해와 요구를 충분히 표출할 수 있게끔 하고, 그 권리를 동등하게 인정해주는 것이다. 수많은 의견을 걸러내서 얼마나 좋은 결과를 만들어내는가는 둘째 문제다. 일단 인풋 과정에서 배제되는 일이 없어야 한다.

간단한 예로 기업과 노동 문제를 따져보자. 자본주의 사회에서 기업의 목소리는 노동자의 것에 비해 훨씬 크다. 흔히 말하는 기업의 애로사항, 기업활동의 장애가 되는 문제들은 자주 사회적 의제가 되고 국회에서도 이를 없애려고 적극적으로 노력한다. 그러다 보니 이른바 '기업하기 좋은 나라' 같은 슬로건이 등장한다. 그러나 기업 반대편인 노동자 쪽은 어떠한가. 자기 목소리를 내기도 쉽지 않고 사회적 의제를 만들기도 어렵다. 최저임금 인상과 같은 문제에 있어 노동자들의 요구가 그대로 반영되는 경우는 거의 없다. 자본주의 사회에서 자본을 가진 기업은 강자의 지위, 자본이 없는 노동자는 약자의 지위에 있기 때문이다.

그러나 좋은 통치자는 정치적으로 자기 목소리를 내는 데 나타나는 관계, 힘의 차이를 보정시켜준다. 약자의 목소리가 잘 반영되게 신경 쓰고 강자의 목소리가 지나치게 일방적으로 지배하지 않게 적절히 제어하는 것이다. 이러한 정치 과정 속에서 여러 사람의 의견이 배제되지 않고 충분히 들어올 수 있도록 한다면 결과도 좋아질 가능성이 높다. 정치는 결국 수의 게임이기 때문이다. 보통사람이 힘 없고 돈 없고 빽 없다는 이유만으로 배제되지 않는다면 결국 그 모든 사람이 정치 안으로 다 들어올 수 있다. 그럼 그들이 다수가 된다. 결과적으로 약자들의 이해에 맞는 결과가 나온다.

　정치를 왜곡하는 방식을 따지고 보면 인풋에서 무언가 걸러내는 장치를 만들고 이해관계자들이 다 참여하지 못하도록 만든다는 것을 알 수 있다. 결과적으로 다수에게 이익이 돌아가는 의견이 반영되지 못하면 다수에 이익이 되는 결론을 얻지 못한다. 문제 있는 인풋을 그대로 둔 채 아웃풋이 잘 나올 리 없다. 좋은 물이 들어와서 나쁜 물이 되어 나오는 것보다는 나쁜 물이 들어갔을 때 나쁜 물이 되어 나올 가능성이 더 많은 것과 같은 이치다. 투입하는 과정에서 누구나 제한 없이 자기 의사를 표출할 수 있어야 하고 그것을 정치라는 시스템을 통해 실현함으로써 결과물을 얻는 것인데, 그 과정에서 정치적 의사 표출, 즉 인풋을 제약한다는 것은 비민주적인 방식이 분명하다. 선거를 통해 선출된 지도자는 정통성을 문제 삼아 시비를 걸 수 없지만, 한편으로는 임기 내내 정통성 시비에 걸리지 않으려면 모든 사람들의 동등한 정치적 의사 표현, 이해관계의 표출을 보장하고 약자의 처우를 개선하려는 노력을 우선해야 한다. 이것이 정치인의 기본적인 의무다. 그 이후에야 정책의 가치를 평가받을 수 있다.

●

좋은 지도자는 정치적이다

　　　　　더불어 좋은 지도자는 '정치'를 잘 해야 한다. 우리 사회는 여러 집단으로 나뉘고 그것이 정당으로 나타난다. 정당을 뜻하는 영어 '파티Party'라는 것이 결국은 '파트Part', 즉 나눈다는 의미이다. 이익집단이 여러 개 나타난다는 것은 차이가 나는 사람이 존재한다는 것을 전제하는 것이며, 이것이 바로 1인 1표제, 민주주의의 전제가 된다. 만약 모든 사람이 천편일률적으로 공정하고 평등하게 살아간다면 어떨까? 1인 1표를 할 이유가 없다. 단 한 명이 한 표를 행사하면 끝날 일을 여러 사람이 표를 행사할 이유가 없는 것이다. 서로 다른 사람들이 충실하게 자기 의견을 표현하게 만든 것이 민주주의다. 그러므로 정치라는 것도 역시 다르다는 것을 전제한다. 다르다는 것은 갈등을 유발한다. 다르니까 우열을 다툴 수밖에 없고 다르니까 갈등이 생긴다. 이것을 전제로 문제를 풀어내는 것이 정치다.

역으로 말하면 상대를 인정하지 않으면 정치를 할 수 없다. 상대를 부정하는데 정치를 할 이유가 없는 것이다. 그래서 정치는 기본적으로 타협이 중요하다. 내 것을 좀 양보하고 상대방의 의견을 좀 수용해보려고 노력해야 한다. 좋은 지도자는 결국 나와 다른 생각을 가진 사람을 존중하고 그들과 타협을 통해 공존할 줄 아는 리더를 말한다. 그게 곧 정치할 줄 아는 사람이다. 마치 최고권력자가 철인왕처럼 자신이 무지한 국민을 이끌어가야 하고 계몽해야 하며, 자신의 길만이 옳은 길이라고 주장하는 것은 정치를 하는 것이 아니라 성전聖戰을 벌이는 것과 마찬가지다. 유일신 이외의 모든 것은 악으로 규정하는 성전에는 정치와 타협이 끼어들 여지가 없다.

좋은 지도자의 마지막 요건은 결과 창출의 기능을 제대로 수행해야 한다는 것이다. 법을 잘 아는 전문 기술자를 데려온다고 해서

> 대화에서 중요한 것은 상대에 대한 존중이다. '다르다'는 것은 '좋다', '나쁘다'와 같이 이분법적인 것이 아니다.

좋은 법안이 나오는 게 아니다. 그렇지만 어쨌든 이해관계자들의 의견을 절충하고 타협해서 만들어진 법안이 안정성을 가지게끔 하려면 어느 정도의 전문성이 필요한 것도 사실이다. 법은 지속가능하게 만들어져야 하고 다른 법안과 충돌하지 않도록 조정되어야 한다. 한 사회가 발전하는 데 부합하는 방향을 가지고 있어야 하는 것도 물론이다. 배제와 차별 없는 의견 수렴, 상대방과의 적절한 타협과 조정 능력, 그리고 지속가능한 법안의 산출, 이와 같은 세 가지 기능을 제대로 운영할 수 있는 사람이라면 좋은 통치자가 아닐까?

공자는 "세 사람이 함께 길을 가면 그중에 반드시 내 스승이 될 사람이 있다"고 말했다. 스승은 곧 사람들을 이끈다는 뜻이니, 이 말은 사람이 세 명만 되어도 무리를 이끌어가는 사람이 있게 마련이라는 뜻이다. 그것이 바로 지도자다. 한 사회의 방향은 지도자가 어떻게 하느냐에 따라 달라진다. 그러나 역사의 길엔 내비게이션이 없다. 역사적 사실을 참고할 수는 있겠지만 명확한 지도가 없다. 그래서 무리를 끌고 가는 사람의 역량과 직관, 경험을 존중할 수밖에 없다. 지도자가 어디로 인도하느냐에 따라 한 사회의 흥망성쇠가 달라질 수 있다. 역사적으로도 성공한 나라일수록 좋은 지도자가 적시에 나타났다. 반면 잘 성장해 나가다가 망한 나라일수록 잘못된 지도자가 나타난 경우가 많다. 단순한 사실이지만 이것은 대단히 중요한 대목이다. 적절한 임기를 보장받은 지도자가 잘못된 방향으로 사회를 이끌어가게 되면 이는 굉장히 위험할 수도 있다.

대표적인 예로 아르헨티나를 살펴보자. 아르헨티나는 우리나라가 3·1 독립운동을 하던 1919년 무렵에 이미 지하철이 다닐 정도로 부흥하던 나라였다. 당시 세계 5대 강국에 손꼽히기도 했다. 그런데

1946년 후안 페론^{Juan Domingo Perón}이 대통령이 되어 독재체제를 구축하면서 시작된 정치적 혼란과 경제정책 실패가 아직까지도 계속되고 있다. 그런가 하면 브라질은 정치, 경제적 혼란이 극심하던 2002년 룰라 다 실바^{Lula da Silva}가 대통령에 당선된 이후 가파른 성장 곡선을 보이며 희망에 찬 나라가 됐다. 그런데 룰라 대통령의 바통을 이어받은 지우마 호세프^{Dilma Rousseff} 대통령이 정권을 잡으면서 다시 추락하는 모양새를 보이고 있다. 최근 경제지 「이코노미스트」는 이를 두고 브라질 리우 데 자네이루의 그리스도상이 공중으로 붕 날아올랐다가 추락하는 이미지에 빗대기도 했다. 독일은 또 어떠한가. 독일이 세계 대전의 늪 속에 끌려들어간 것은 아돌프 히틀러 탓이기도 하지만 히틀러를 국민이 뽑았으니 국민에게도 일정 부분 책임이 있다고 말할 수 있다. 그러나 모든 국민이 아리스토텔레스나 플라톤처럼 냉철한 의식과 변별력을 가지길 기대하는 것은 어리석다. 그들은 그저 보통 사람일 뿐이다. 잘못된 지도자를 통해 보통사람들의 뜻이 얼마든지 왜곡될 수 있다는 것을 전제한다면 결국 국민보다는 지도자의 책임이 크다.

그런데 그 지도자 한 사람이 완벽하기를 기대한다면 우리 사회가 얼마나 위험하고 불안하겠는가. 지도자의 윤리적 감각이 튼튼하기를, 처음부터 뛰어난 행정 능력을 가진 있는 사람이기를 기대하고 뽑아야 한다면, 그것은 너무도 허망한 제도일 것이다. 그 결과는 고작 운에 의지할 수밖에 없다. 우리가 제도적으로 좋은 대통령을 만들어내는 것은 결국 좋은 사람을 뽑느냐 아니냐의 문제도 있지만 좋은 사람으로 만들어주는 기능도 있다는 것을 기억해야 한다. 선거 민주주의에서 좋은 지도자의 요건은 그렇게 바뀌었으면 한다.

●

권력의지는 갖는 것이 아니라 다듬어지는 것

민주주의에서는 다수의 표를 모은 사람이 지도자가 된다. 표를 얻기 위해서 후보자들은 험난한 절차를 이겨낸다. 선거 기간에만 나타나서 표를 얻을 수는 없는 노릇이다. 선거는 '긴 과정의 마지막 세러모니'다. 이는 선거가 아닌 선거 이전의 프로세스를 어떻게 운용하느냐에 따라 선거의 결과가 달라진다는 말이다.

따라서 우리는 '권력의지'라는 말을 다시 정의할 필요가 있다. 권력의지는 단순히 대통령이 되고 싶다, 아니다의 문제가 아니라 대통령이 되는 과정의 험난함과 고단함을 얼마나 감당할 수 있느냐, 그런 의지를 얼마나 가지고 있느냐의 문제로 바뀌어야 한다. 권력의지는 선거의 전 과정을 겪으면서 한 표 한 표의 소중함을 알게 되고 다른 사람의 이해와 동의를 구하는 게 얼마나 어려운 것인지를 알게 해준다. 백조가 물 위에 떠 있으면 물 위는 평화로워 보일지 몰라도 물 아래는 정신 없이 바쁘다. 푸른 호수가 아름다워 보일지라도 그 안을 들여다보면 온갖 부유물이 떠다닌다. 정치 과정도 이와 같다. 더러운 연못에서도 연꽃이 피듯이 정치판도 온갖 귀찮고 더럽고 사소한 것들로 점철되어 있다. 그러나 그 과정을 통해서 좋은 결과를 만들어내는 것이 정치가의 덕목이고 소양임을 알게 된다. 나 혼자서 마음대로 못하는 것이 민주주의요, 공존하는 것이 민주주의라는 것을 알게 된다.

그러므로 권력의지는 간단히 생기는 것이 아니다. 우리 주변에는 감투만 주면 얼마든지 일 잘할 사람이 많다. 우리나라 정치인 중에서 만약 임명직 대통령으로 적절한 사람을 꼽으라면 수많은 사람들이 물망에 오를 것이다. 그러나 우리는 대통령을 임명하는 것이 아니라 선출한다. 민주주의 아래서 임명된 대통령은 힘이 없는 존재다. 민주주의에서는 선출된 대통령만이 합법적이고 힘 있는 권력을 갖게 된다. 이것이 딜레마다.

사람이 사람을 움직이는 것이 바로 권력이다. 권력은 합법적인 결정권을 준다. 그 안에서 다시 권력이 생성된다. 권력을 통해서 원하는 결과를 만드는 것이다. 그런데 흔히 진보는 권력을 활용할 줄 모르고 보수는 권력을 자제할 줄 모른다고 말한다. 둘 다 권력을 제대로 쓸 줄 모르는 것은 마찬가지인데 그중에서도 권력을 자제하기란 더욱 힘들다.

노회한 정치인 김종필은 "권력은 50%만 써야 한다"는 말을 남기기도 했다. 거칠게 해석하면 권력에는 중독성이 있어서 언제나 반 정도만 사용해야 한다는 의미다. 대통령은 대개 인사권을 통해 권력을 사용한다. 인사권이란 사람을 임명하는 것으로, 인사권을 쓰는 데 재미를 붙이면 계속해서 사람을 바꿔야 한다. 인사란 어떤 일에 성과를 내기 위해 그에 걸맞은 사람에게 일을 맡기는 것인데, 사람 바꾸는 데 재미를 붙이면 본말이 전도되고 만다. 일이 제대로 될 리가 없다.

권력의 위험은 중독성에 있다. 권력은 손잡이 없는 칼과 같아서 만지는 사람의 손을 베고 만다. 유능한 정치인은 악마와 계약을 맺을 정도로 유연해야 하고 권모의 기질도 가져야 하지만 그 위험에 잠식당하지 않을 정도로 탄탄한 윤리적 기반을 가져야 한다. 우리가 말하는 윤리는 보통 아예 악과 가까이 하지 않는 것이지만 정치에서의 윤리는 악을 활용할 줄 알되 악에 물들지 않는 것, 바로 책임윤리다. 하지만 그것을 지키기란 말처럼 쉬운 일이 아니다. 지도자의 길이란 이처럼 어렵다. 인간이 원하는 결과를 얻기 위해서는 권력을 써야 하는데, 그러다 보면 권력에 중독되어서 원래의 목적을 상실하고 권력의 노예가 되기 쉽다. 그래서 임기제를 통해 주기적으로 대표를 선출하는 방식을 쓰는 것이다. 권력은 한 번 안정된 체제를 만들면 이대로 계속 굴러가길 원한다. 그것은 모든 조직의 습성이기도 하다. 그러나 이것을 용인하면 그대로 장기 집권이 된다. 그래서 지도자에게 권력을 어떻게 쓸 것인가의 문제는 늘 고민거리였다. 거기에 권력에 중독되지 않아야 한다는 문제까지 덧붙여진다. 권력은 50%만 써야 한다는 말도 그래서 나온 것이다.

같은 편을 열광시키는 토론은 의미가 없다. 중간의 다수를 설득하는 게 더 중요하다.

　　그러나 이런 문제가 개인의 선택 문제가 되는 것은 바람직하지 않다. 오히려 강력한 제도적 장치를 만들어야 한다고 본다. 대통령의 권력이 너무 커서 권력에 취할 가능성이 있다면 제도적으로 이를 줄여야 한다. 의사결정을 못할 정도로 줄여선 곤란하겠지만 야당의 견제, 언론의 비판, 일반 국민의 직접 행동을 존중할 수 있을 만큼은 권력을 제어해야 한다고 생각한다. 그래야 어떤 권력자든 권력의 노예가 되지 않고 자기가 실현하고 싶은 비전을 실현하기 위해 권력을 지혜롭게 쓸 수 있다.

　　더불어 권력의 남용과 오용에 대해서는 사회가 좀 더 단호해질 필요가 있다. 분명하게 선을 그어줘야 한다. 권력을 '쓰고 싶다'에서 끝나는 것이 아니라 '어떻게 쓰고 싶다'로 발전하는 방향으로 사회의 분위기와 시스템을 만들어야 한다.

●

정치가 소통하려면 경제를 풀어야 한다

우리는 정치 지도자의 중요한 덕목으로 소통을 꼽는다. 소통은 말 그대로 지도자와 일반 국민 사이에 생각이 흐르는 것이다. 그러나 이것이 그리 쉬운 일이 아니란 것을 현실을 통해 절감하게 된다. 국민이 소통에 더욱 간절해질수록 지도자는 불통의 길을 고집한다. 심하게는 정치적 의사표현조차도 마음대로 할 수 없는 상황에 빠진다. 그런데 이 문제는 민주화와 관계가 깊다. 특히 경제적 민주화와 더 깊은 관련이 있다.

우리 사회는 정치적으로는 민주화되었을지 모르지만 경제적 민주화를 이루어내는 데까지는 이르지 못했다. 쉽게 말하면 어떤 사회적 약자가 삶의 기반이 약해졌을 때, 이를테면 불의의 사고를 '당하거나 직업이 없어도 먹고사는 데 큰 걱정이 없는 사회가 아니라는 것이다. 소득 2만불 시대를 열었지만 양극화는 점점 심해지고 사회적 약자들의 경제적 조건은 점점 더 낙후되어가고 있다. 이런 사회에서 사람들은 자기 삶에 대한 자신감을 잃어간다. 곧 정치적 의사표현도 주저하게 된다. 만약 사람들이 사회경제적 안정을 보장받는다면 정치적 쟁점에 대해 항상 의견을 표현할 것이다. 그렇다면 지도자는 이들을 두려워하게 된다. 그러나 반대의 경우에 지도자는 상대적으로 불통에 빠지게 된다. 그래서 좋은 민주주의에는 복지와 경제 민주화 등이 항상 따라붙는 것이다. 경제적 민주화가 실현된 사회에서는 먹고사는 문제 때문에 투표장에 안 가는 극단적인 형태로 빈곤의 모습이 드러나지 않는다. 정치적 의사를 표현하는 데 있어 먹고사는 문제가 제약이 된다면 좋은 민주주의로 발현되기 어렵다. 위정자가 유권자를 두려워하지 않게 된다.

또한 정치의 주제가 지나치게 한쪽으로 쏠려 있다. 정치는 먹고 사는 문제를 두고 다른 해법을 가진 세력들이 경쟁하는 것이다. 먹고 사는 문제는 중간 해법이 있다. 복지를 70% 늘리자는 사람과 90% 늘리자는 사람이 만나 서로의 의견을 따져보고 절충할 수 있다. 그런데 정작 우리는 종북이냐 아니냐, NLL 포기냐 아니냐로 싸운다. 북한을 어떻게 바라보느냐에 관한 양극단만 있다. 이런 문제는 중간 지점을 찾을 수 없는 타협이 불가능한 문제다. 그러다 보니 대통령도 나눠줄 것이 별로 없다. 거기에다 승자 독식의 시스템까지 더해졌다. 한 표라도 더 가진 사람이 정권을 잡고 권력의 모든 것을 다 가진다. 박빙의 차이로 대선에서 승리했지만 대통령이 모든 헌법의 권한을 독식한다. 48%의 표를 얻는 상대에게 인사권을 나눠주지 않는다. 타협이 불가능한 주제로 서로를 부정하는 게임을 하고 있는데다 제도적 승자 독식 체제까지 어우러져 일단 대통령이 되고 나면 소통을 하려고 들지 않는다.

대통령이 법적 권한만 가지고 나라를 다스린다는 생각은 천박한 발상이다. 그것은 최소한의 형식적 조건이고 나머지는 민심을 얻는 것이다. 힘있는 지도자라 할지라도 "민심을 잃으면 금성탕지金城湯池(쇠로 만든 성과 뜨거운 물로 가득 찬 못)에 있더라도 지키기 어렵다"는 말을 되새겨야 한다. 아무리 튼튼한 요새 속에 버티고 있더라도 민심을 잃으면 버틸 수 없다는 것, 권력자는 그 민심의 무서움을 알아야 한다.

정당이 살아야
정치가 산다

●

지키려는 여당과 비판하는 야당

1592년 선조 25년에 일어난 임진왜란과 관련해 조정에서 벌어진 유명한 일화가 있다. 전쟁을 직감한 조선이 일본에 사신들을 보내 탐색하라고 명했고 당시 조정의 거대 양당인 동인과 서인의 대표인 김성일과 황윤길이 함께 다녀왔다. 그런데 일본이 전쟁을 일으킬 것인가에 대한 두 사람의 시각이 달랐다. 당시 야당인 서인의 황윤길은 일본이 전쟁을 준비하고 있다고 고했고 집권당이었던 동인의 김성일은 그런 기미를 느끼지 못했다고 고했다.

전쟁에 대한 조짐은 이미 조선 땅에서도 감지하고 있었던 사실이었는데도 김성일이 이와 같이 말하자, 같은 동인인 유성룡이 김성일을 불러 힐난했다고 한다. 이에 김성일은 자신도 전쟁이 날 것이라고 생각하지만 그렇게 말할 수 없었다고 토로했다. 바로 동인이 집권하고 있기 때문이었다. 당시의 질서를 주도하고 만든 사람들이 자신들이니 그 질서를 안전하게 유지해야 했기 때문이다. 만약 동인이 일본의 전쟁 준비를 인정하게 되면 집권당으로서 공격당할 것이 뻔해진다. '왜 그것을 모르고 있었는가, 왜 준비하지 않았는가.' 하는 질타가 나올 것이다.

또 한편으로는 전쟁 준비가 확실해진다면 여야가 모두 참여하는 거국체제를 구성해야 한다는 부담이 생긴다. 그러니 그런 상황을 피하고자 동인 입장에서 전쟁은 없다고 선언한 뒤 조용하게 전쟁 준비를 하는 것이 낫겠다고 계산했던 것이다.

반면 서인의 황윤길은 현 질서에 대해 책임과 부담이 없으니 상황을 자유롭게 볼 여지가 있었다. 또 동인과 다른 방식으로 상황을 보려고도 했을 것이다. 야당은 언제나 현재에 문제가 많으니 이를 바꾸자고 주장하는 속성이 있다. 그러니 야당은 부정적이고 불편한 생각들을 부각시킬 수밖에 없다. 어떤 이념적 특성을 갖느냐와 상관없이 여당일 때와 야당일 때 기본적인 자세에 차이가 생기는 것이다.

여당은 책임을 지는 정당이고 야당은 반대를 하는 정당이다. 선거에서 경쟁해 집권에 성공한 여당은 자신만의 시스템을 만들고 그것에 대해 책임을 져야 한다. 반대로 야당은 다음 선거를 생각해서라도 기본적으로 반대를 생명으로 할 수밖에 없다. 야당이 여당의 입장에 찬성하는 식으로 정치를 한다면 전두환 정권 하의 민한당처럼 여당의 제2중대라는 소리밖에 듣지 못한다. 야당은 선명한 기치를 걸고 비판을 통해서 여당과 차별화시켜야만 다음 선거에서 집권할 명분이 생긴다. 여야 간에 왜 싸우냐는 질문은 그래서 성립되지 않는다. 제도적으로 야당과 여당은 싸우기 위해 만들어졌기 때문이다.

그런데 야당과 여당, 즉 의회 권력이 싸워야 할 대상은 따로 있

우 리 가   바 라 는   정 치

다. 바로 대통령이다. 우리나라는 대통령을 중심으로 국정을 운영하는 대통령제를 가지고 있다. 그런데 이 대통령제의 핵심은 삼권분립이다. 행정부와 입법부가 하나가 되는 내각제와는 다르다. 대통령제에서는 입법부와 행정부를 각각의 선거를 통해 따로 뽑는다. 이를 두고 학자들은 이중적 정통성 dual legitimacy 이라고 부른다. 때문에 각각의 정통성을 가진 권력은 충돌할 수밖에 없는데 입법부와 행정부는 상시적으로 충돌하는 것이 다반사다.

최근 오바마 정부에서 벌어진 미국의 셧다운 Sutdown 이 대표적이다. 의회의 두 세력인 민주당과 공화당이 의견 차이를 좁히지 못해 연방정부가 문을 닫는 것을 셧다운이라고 하는데, 이는 제도의 성숙 여부와는 별개의 문제다. 미국은 1995년 클린턴 대통령 당시를 비롯해 여러 차례 셧다운을 경험해왔다. 대통령제의 원형이자 대통령제를 가장 모범적으로 운영해왔다고 자부하는 미국에서조차도 행정부와 입법부가 충돌했을 때 중재할 방법이 없다는 약점을 보여주는 대표적인 예다. 대통령제가 갖는 단점이 바로 여기에 있다. 구조적으로 두 기관의 충돌이 벌어질 수밖에 없는데 이를 막을 방법이 없다.

삼권분립을 기본으로 하는 대통령제 아래서 행정부와 입법부의 대립은 이렇듯 불가피한 일이다. 행정부는 제도를 집행하고 입법부는 정부의 집행권을 국정감사나 상임위, 본회의 등을 통해서 끊임없이 견제하고 감시한다. 그런데 우리나라는 아직 행정부와 입법부의 정면 충돌로 헌정 중단사태가 벌어진 적은 없다. 정당이 중간에서 다리 역할을 하고 있기 때문이다.

여당이 다수당이 될 경우, 대통령은 행정부와 입법부를 장악하게 된다. 이 두 기관을 연결시켜주는 채널이 바로 여당이다. 이 경우가 흔히 말하는 '책임 정당'의 모델이 된다. 여당이 다수당을 가지고 대통령과 의회를 연결할 때 책임 정당에 충실할 수 있는 논리다. 그러나 한편으로는 입법부가 무력화될 수 있다. 제도적으로 입법부는 행정부를 견제해야 하는데 다수당이 입법부의 이 기능을 무력화시키는 것이다. 가까운 예로 대선개입 의혹과 남북정상회담 대화록 공개를 둘러싼 국정원에 대한 국정조사가 어떻게 되었는지 곱씹어보자. 여야가 합의하지 못해 결과보고서 채택도 안 되고 엉망이 되어버렸다. 국정조사와 청문회, 국정감사 등은 입법부가 행정부를 견제하기 위해 갖는 헌법적 권한이다. 그런데 다수 의석을 가진 여당이 행정부의 편을 들면 실질적으로 이런 비판과 견제의 기능이 작동되지 않다. 그렇게 되면 형식적으로는 대통령제일지 모르지만 내용상으로는 내각제가 된다. 형식과 내용이 불일치하는 것이다. 이것이 대한민국 정당과 체제의 기본 속성이다.

이런 제도 아래서 더 큰 문제는 여소야대 구조가 형성됐을 때다. 우리 헌정사에서는 노태우 정권과 노무현 정권 당시 여소야대의 상황이 연출됐다. 노태우 정권 때는 여당이었던 민정당은 소수였고 야당은 평민당, 통일민주당, 자민련 등으로 나뉘어 의석이 더 많았다. 노무현 정권 때의 열린우리당 창당 초기도 마찬가지였다. 노무현이 대통령에 당선되고 민주당에서 열린우리당이 떨어져나와 국회의원 전체 299명 중에서 대통령 속한 여당이 47석밖에 되지 않았다. 당시 거대 야당은 한나라당이었다. 이 경우가 위험한 이유는 미국처럼 양 기관의 충돌이 벌어질 수 있기 때문이다. 실제로 대통령 탄핵이란 방식으로 행정부와 입법부의 충돌이 가장 극명하게 나타났다. 입법부의 법적 권한을 행사해서 대통령의 기능을 정지시켜버렸다. 이와 같은 예를 보면 여소야대보다는 여대야소가 국정의 안정성을 보장할 수 있다고 할 수 있다. 그러나 또 다른 측면에서는 헌법에 정해진 삼권분립이 사실상 무너질 가능성 있다. 이런 관점에서 보면 세상에 완벽한 제도란 없다.

이 문제를 어떻게 풀어야 할까? 해법은 간단하다. 여당이 책임정치를 구현하는 것이다. 과거에는 대통령이 여당의 총재, 현재 당대표라는 직함을 겸하는 것이 당연했다. 그러나 이제는 그렇게 하지 않고 있다. 당 대표의 권한이 많이 축소된 것은 물론이다. 당내 민주화가 된 것이다. 이렇게 발전하기까지는 여러 계기가 있었다.

노무현은 당정 분리를 내걸었다. 대통령이 당무에 관여하지 않겠다고 했다. 박근혜 역시 당 대표를 역임하지 않고 있다. 그저 평당원일 뿐이다. 노무현, 김대중, 김영삼 등 과거에는 대통령이 임기 후반에 접어들면 예외 없이 탈당을 선언하곤 했다. 그런데 여기서 예외가 된 유일한 인물이 이명박이다. 이것은 정치 발전을 위해서 좋은 선례라고 생각한다. 대통령은 임기가 끝나면 그만이라는 생각에 임기 동안 하고 싶은 대로 정치를 하면 유권자가 선출직 공직자에 대해 책임을 물을 방법이 없다. 선거에 또 나온다면 떨어뜨리면 되지만 한 번 당선되고 끝나는 단임제 선출직 제도에서는 그에게 책임을 물을 수 없는 것이다. 그렇다면 책임은 당에 물어야 한다. 이것이 바로 책임정치다. 현 정부의 잘못을 집권 여당이 책임지는 것이다. 그런데 대통령이 탈당하면 책임을 묻기가 난감하다. 대통령과 정당이 분리되었으니 책임정치를 구현하는 데 장애가 된다. 그래서 대통령이 당적을 유지하는 것은 책임정치를 위해 꼭 필요한 전제다.

이명박 정권 말기 당시 박근혜 대표는 대통령 탈당을 요구하지 않았다. 이명박도 일부러 탈당하지 않았다. 이는 하나의 정치발전이라고 생각할 만한 대목이다.

그러나 여당이 책임정치를 펼치기가 그리 쉽지는 않다. 대통령이 당무에 관여하지 않을지는 몰라도 법안을 냈을 때 여당이 대통령에 협조하지 않을 도리가 없다. 여당이 반기를 들면 여권의 분열이라고 해서 비난이 들끓는다. 이러니 아직도 사실상 여당을 움직이는 실질적 주인은 대통령이라고 생각하는 것이다.

가장 중요한 문제는 공천권이다. 2008년 총선을 기억해보면 당시 이명박 대통령이 여당의 공천을 좌지우지했다. 2007년 12월 대선에 승리하고 2008년에 대통령 임기가 시작되었는데, 그해 4월 총선에서 벌어진 일이었다. 이는 사실상 대통령이 총재 권한을 가지고 있다고 볼 수 있다. 그러나 이명박 정권 임기 후반인 2012년 총선에서는 힘을 발휘하지 못했다. 이른바 '친이의 몰락'이었다. 당시 박근혜 비상대책위원장이 공천을 주도했다. 이렇듯 임기 초반에는 당에 대한 대통령의 영향력이 강하고 임기 후반으로 갈수록 힘이 떨어진다. 그래서 임기 초반에는 '허니문 선거', 후반에는 '황혼 선거'라고 말하곤 한다. 임기 후반의 선거는 보통 대통령 심판 선거가 된다. 계속 표를 얻어야 하는 여당이 대통령과의 거리를 두기 시작하는 때다.

●

정당이 살아야 정치가 산다

대통령은 개인이 아니라 하나의 제도이자 기관이다. 미국의 빌 클린턴 대통령이 스캔들에 휩싸여 탄핵 위기에 몰린 적이 있다. 당시 공화당과 민주당 출신 할 것 없이 생존한 전직 대통령들이 모여서 성명서를 냈다. 대통령은 개인이 아닌 제도이기 때문에 보호할 필요가 있다는 내용의 성명서였다. 우리도 개인으로서의 대통령과 제도로서의 대통령을 구분할 필요가 있다. 제도로서의 대통령은 지켜주는 것이 옳다.

대신 제도로서의 대통령은 자신의 책임을 다해야 한다. 민심과 끊임없이 소통해야 한다. 제도로서의 대통령이 세상을 알 수 있는 방법은 별로 없다. 행정부 공무원들이 올린 보고서와 언론의 뉴스가 가장 큰 소통 채널이다. 그런데 이 두 채널이 과연 믿을 만한가? 언론은 어쨌든 자본의 논리대로 움직이기 때문에 특정한 편향성을 가진다. 공무원들 역시 영향력이 강한 쪽과 밀접하게 관련되어 있기 때문에 사태를 정확히 파악하거나 인정하기 어렵다. 둘 다 단점을 가지고 있다.

한편 가장 여론에 민감하고 민심에 가까이 있는 채널이 하나 더 있다. 바로 정당이다. 정당은 선거를 해야 하기 때문에 사람들이 어떻게 바라보는지에 대해 본능적으로 예민할 수밖에 없다. 문제는 대개 대통령이 되고 나면 여당을 여론 수렴의 채널로 쓰지 않는다는 것이다. 관료 조직과 언론, 정당 가운데서 가장 민심에 민감한 정당을 대통령의 눈으로 활용하는 대신 거수기로 전락시킨다. 대신 행정부와 언론, 두 조직만 가지고 민심을 읽으려고 한다. 그러니 정보기관의 활용도가 높아지고 언론을 장악하려는 시도가 계속될 수밖에 없다. 역설적이게도 대통령이 여당을 멀리하고 위축시킬수록 정보기관이 비대해진다. 그러다 보니 정보기관이 개인의 사생활 등 잘 보이지 않는 정보까지 알고 싶은 욕심이 생기는 것이다.

대통령이 여당을 실질적으로 인정하고 민심 읽기의 채널로 활용하는 것이 가장 바람직하다. 미국에서는 대통령이 여당을 마음대로 좌지우지하지 못한다. 대체로 여당이 대통령에게 협조하는 것은 우리와 같지만 결정적으로 차기 대선 주자들이 대통령에게 대놓고 싫은 소리를 할 수가 있다. 왜일까? 공천권을 대통령이나 지도부가 쥐고 있지 않기 때문이다. 미국은 '오픈 프라이머리'를 통해 당내에서 경쟁한다. 대통령을 겁낼 이유가 없다. 그러나 우리는 대통령이 사실상의 공천권을 쥐고 있기 때문에 대통령의 눈치를 보게 된다. 그렇다고 지금 당장 오픈 프라이머리를 도입할 수는 없는 노릇이다. 현실적으로 여당이 대통령에게 종속되는 것이 운명이라면 문제의 초점을 대통령이 여당을 어떻게 예우하는가에 맞춰야 한다.

경험적으로 우리나라의 대통령들은 여당을 잘 예우하지 않는다. 입법부, 즉 여당과 대통령이 정통성을 놓고 경쟁하는 구도에서 대통령이 자신의 영향력을 키우기 위해 가장 많이 쓰는 방법이 강행처리를 요구하는 것이다. 이로 인해 국회에서 몸싸움이 벌어지고 한바탕 난리를 치게 만들면 국민들은 대부분 국회를 '노상 몸싸움이나 하는 한심한 놈들'이라는 눈길로 쳐다본다. 그렇게 민심이 국회의원을 멀리하게 되면 선거에서 뽑힌 정통성 있는 공직자는 대통령밖에 남지 않는다. 국회가 싫어지면 싫어질수록 대통령에게 더욱 의지할 수밖에 없게 된다. 국회의 신뢰도는 추락하고 대통령에 대한 기대는 상승하기 마련이다.

하지만 5년이면 임기가 끝나는 대통령과 달리 정당은 계속되어야 한다. 정당이 대통령에 의해 무기력해지면 안 된다. 살아 있는 정당이 되어야 한다. 대통령이 정당을 존중해야 한다. 미국은 카터, 레이건, 부시가 재임하는 동안 카터 행정부, 레이건 행정부, 부시 행정부라고 표현하지만 민주당 정부, 공화당 정부라는 표현도 함께 쓴다. 그 정당이 집권했다는 의미이고 그래야 그들이 책임을 진다는 뜻이다. 우리나라 역시 박근혜 정부에는 새누리당 정부의 속성도 있다는 것을 계속 환기해야 한다. 다음 선거에서 책임을 지는 것은 결국 당인데, 권한은 아무것도 없고 책임만 지라고 할 수는 없다.

좋은 대통령은 나라를 발전시킨다. 미국이 세계 최고의 강대국으로 성장할 수 있었던 것도 결정적인 순간에, 그것도 지속적으로 훌륭한 대통령이 등장해 잘 이끌어갔기 때문이다. 그런데 그 좋은 정치인들은 어디서 다 왔을까? 바로 정당 안에서 길러졌다. 정당 내 경쟁을 통해서 길러지고 좋은 지도자로 성장했다. 그런데 우리는 아직 정당 안에서 훈련받고 성장해서 좋은 지도자로 인정받은 경우가 별로 없다.

박근혜의 강점이 여기에 있다. 아버지 박정희의 유산이 그의 정치적 밑천이긴 하지만 2004년 당대표를 맡으며 당시 '차뗴기 정당'으로 수렁에 빠진 한나라당을 총선에서 살려냈다. 정치인 박근혜가 정당 안에서 성장했다고 볼 수 있는 대목이다. 민주 진영에서는 김

우리 안에 괴물이 산다. 바로 진영논리다. 어떤 진보적 가치든, 또는 보수적 가치든 중요한 것은 민주주의를 부정하면 용인될 수 없다.

대중이 그러했다. 당직을 통해, 당 안에서의 경쟁을 통해 성장했다. 노무현의 경우는 정당 안에서 성장한 것으로 보기 애매한 면이 있다. 당직을 경험한 것도 아니고 정당정치가 아닌 대중정치를 통해 성장했던 인물이기 때문이다. 지금의 야권이 정당 안에서 사람을 길러낸

경우는 많이 양보하더라도 노무현까지다. 그것으로 끝이다. 이후로는 야권은 아직까지도 당내에서 유력한 대중 정치인을 만들어내지 못하고 있다. 노무현 이후 대통령 후보가 된 정동영도 초선 때 잠깐 부각되다가 몰락해버렸다. 그러다 보니 툭하면 정당 밖의 인물에 눈길을 돌리게 됐다. 안철수, 문재인, 김두관 등이 주목받은 것은 이와 같은 맥락이다. 2011년 서울시장 역시 정당과 관련 없는 박원순이 내세워졌다. 말하자면 이는 현재 정당이 제 기능을 못하고 있다는 것이다.

뿌리 깊은 지역주의에
뿌리는 없다

●

지역주의의 출발, 영남 정권의 탄생

　　　　　　　사실 지역주의란 어느 나라에나 다 있다. 일례로 미국에서는 독특한 성향의 남부를 빗대 '솔리드 사우스Solid South'라고 부른다. 남부가 하나의 색깔로 채워져 정치적으로 견고하게 뭉쳐 있다는 뜻이다. 남부가 이렇게 불리는 데는 역사적 배경이 있다. 1861년 일어난 남북전쟁에서 남부는 북부에 패하고 말았다. 이때 북부를 승리로 이끈 사람은 공화당 소속의 에이브러햄 링컨Abraham Lincoln 대통령이다. 전쟁을 통해 노예제도가 폐지된 이후 재건 기간 동안 남부는 많은 손해를 감수해야 했다. 때문에 반 공화당 정서의 일환으로 민주당에 대한 지지가 오랫동안 강하게 표출됐다.

　　　그러나 지금은 오히려 공화당으로 완전히 돌아섰다. 노예제도 폐지 반대와 같은 예전의 정치적 정서가 옅어진데다 민주당에서 대학생 문화와 히피 문화, 반전 운동, 동성애 등 보수들이 꺼리는 1960년

대의 자유로운 저항문화의 주역들이 패권을 잡게 된 것이다. 점차 민주당과 멀어지던 남부는 보수적 색채를 드러내는 공화당과의 강한 결속을 이뤄냈다. 또한 '페이버리트 선^{Favorite Son}'이라는 말도 있다. 자신의 주 출신 후보를 선호한다는 뜻이다. 아들 부시가 텍사스에서 많은 표를 얻는 식이다. 그런 정도가 미국의 지역주의다. 그러나 이는 미국은 물론, 캐나다나 영국 등에서도 나타나는 현상일 뿐이다.

문제는 지역주의가 하나의 정치 구도로 굳어 있을 때다. 우리나라의 지역주의는 단순히 특정 지역 출신을 선호하는 수준이 아니다. 자신이 호남 출신이므로 호남 출신의 정치인을 대통령 후보로 선호한다거나 영남 출신이므로 영남 출신 후보가 좋다는 식은 매우 자연스러운 현상이다. 그러나 정치적 역사를 살펴보면 우리나라의 지역주의는 정확히 반 호남 정서, 영남 패권주의 구도였다.

이러한 구도는 박정희 정권부터 생기기 시작했다. 구미가 고향인 박정희는 전통적인 대구·경북 출신이다. 재미있는 것은 그가 5·16 군사 쿠데타를 일으켰을 때만 해도 영남 사람이 거의 없었다는 사실이다. 처조카 사위인 김종필은 충청도 출신이었고 육사에서 박정희의 편에 선 이들은 이북 출신들이 많았다. 이들이 쿠데타를 일으킬 때는 이해관계가 일치했다. 그러나 쿠데타 이후에는 이미 잡은 권력을 두고 소그룹을 만들어 주도권 싸움이 벌어졌다. 쿠데타 초기 박정희는 당시 육군참모총장이었던 장도영을 앞세웠다. 그러다가 스스로 실질적인 리더가 되어 앞에 나서려고 보니 자신과 이해관계를 같이하는 세력의 필요성을 느끼게 됐다. 그때 엄민영(당시 박정희에 의해 국가재건최고회의 의장 고문으로 발탁되었고 그 후 두 차례 내무부장관을 지냈다.)이란 자가 박정희에게 대구·경북 출신의 박준규, 이효상, 백남억 등을 세력으로 규합하라고 조언한다. 사실 이들은 군사 쿠데타 이전부터 국회의원을 해왔던 기성 정치인이었다.

'TK'라 불리는 대구·경북 사람들이 정치적 세를 형성하기 시작한 것은 이때부터다. 박정희 정권 아래서 등용된 대구·경북 출신 정치인은 그들과 가까운 동향 사람들에게 출세의 기회를 열어줬다. 게다가 우리나라의 산업화는 영남을 중심으로 시작해 주로 부산, 울산, 포항 등지에 공단을 세웠다. 반면에 전라도에는 공단이 없었다. 부지 선정 이유로 나름의 근거가 있었을지 모르지만 어쨌든 양쪽이 불균등 발전하는 결과를 낳았다. 공단이 들어선 영남에는 계속 돈이 돌기 시작하고 하나 둘 부자가 등장했다. TK라는 정치집단에 의해서 산업화의 덕을 본 영남 사람들이 생긴 것이다. 박정희 정권이 18년, 그 뒤로 다시 경상남도 합천 출신의 전두환 정권이 8년간 이어진다. 이렇게 영남 정권은 산업화의 혜택을 젖줄로 삼아 계속 이어져왔다.

●

기득권의 이해로 '만들어진' 지역주의

영남 정권의 탄생으로 시작된 지역주의는 박정희와 김대중이 대통령 선거에서 맞붙은 1971년 본격적인 정치 구도로 작동했다. 이전에도 윤보선과 박정희가 대선에서 붙어 각각의 고향인 충청도와 영남의 지역주의에 호소하기는 했다. 그러나 당시에는 지역주의가 정치구도로 작동하지는 않았다. 그런데 1971년 대선에서는 판의 분위기가 바뀌었다. 40대의 젊은 후보 김대중이 내세운 것은 노동자와 농민의 이해를 대변한다는 캠페인이었다. 이것은 단순히 자신의 출신 지역인 호남의 표를 달라는 정도가 아니라 영남, 호남, 충청도를 아우르는 서민의 대변자가 되겠다는 것이었다. 박정희의 입장에서 김대중의 이런 논리가 위험해 보이는 건 당연했다.

그래서 박정희는 김대중을 호남 사람으로 제한해버리는 전략을 취하기 시작했다. 호남의 김대중 대 영남의 박정희라는 구도를 만들어냈다. 이것이 호남을 포위하기 위한 정치전략으로 지역주의가 처음 등장하게 된 과정이다. 이전의 TK가 엘리트 집단을 만드는 정도의 지역주의였다면 1971년 대선을 기점으로 전체 정치질서를 바꾸어버리는 전략이 됐다. 김대중을 사회경제적 약자의 대변인이 아닌 호남의 아들로 범위를 제한시켜버리고 사회경제적 약자의 편을 드는 자는 빨갱이 구도로 매도했다. 이렇게 지역주의와 반공주의라는 쌍생아가 태어난 것이다.

지역주의 구도는 투표의 목적을 변질시켜버렸다. 노동자라면 노동자의 정체성에 맞게 투표를 해야 하는데 지역주의 잣대로 투표하게 만들어버린 것이다. 영남 사람이면 영남 후보, 호남 사람이면 호남 후보에게 자신의 정체성을 대입해 투표를 하게 했다. 또한 반공주의가 함께 작동하면서 빨갱이라고 비판받는 사람에게는 표를 주지 않게 됐다. 사회경제적 잣대에 충실하지 못한 투표를 하게 된 것이다. 이것은 보수에게 상당히 유리한 구도다. 영, 호남의 인구 분포만 봐도 영남이 훨씬 덩치가 크다. 게다가 동족상잔의 아픔을 가진 역사는 대다수 보통사람들에게 트라우마로 작용하고 있어 빨갱이라는 낙인은 엄청난 영향을 미칠 수 있었다. 이것이 오늘날 우리 사회의 문제점으로 지적되는 지역주의의 실체다. 지역으로는 영남, 사회경제적 정체성으로는 경제적인 기득권자들이 의도적으로 만들어낸 괴물이 지역주의다. 『만들어진 현실-한국의 지역주의 무엇이 문제이고 무엇이 문제가 아닌가』의 저자 박상훈 박사는 한국의 지역주의의 실체를 이렇게 정리하고 있다.

혹자는 지역주의가 삼국시대부터 이어져온 전통적인 정서라고 주장한다. 백제는 호남이고 신라는 영남이었다는 것이다. 그러나 백제는 원래 한강 일대를 도읍으로 삼았다. 백제와 신라가 호남과 영남으로 분명히 나눠지지 않는 것은 물론이다. 역사를 다루는 학자들도 우리 역사상 호남 사람이라고 차별한 예는 없었다고 한다. 오히려 조선 초기 이북 출신 사람들이 고려 유민으로 구분되어 등용되지 못했고 19세기 초 평안도에서 일어난 '홍경래의 난' 때문에 천한 신분으로 여겨졌다는 기록은 있다. 그러나 나머지 지역에 대해 그렇게 차별한 역사는 없다.

그런데도 왜 영남과 서울 지역에 반 호남 정서가 작동한 것일까? 박상훈 박사는 이 문제가 산업화와 관련이 깊다고 말한다. 박정희 정권 시절, 영남 지역의 사람들은 일자리를 찾아 같은 영남 내의 울산, 부산 등으로 이주했다. 영남 안에서 지역을 옮긴 것이니 여전히 그들은 영남 사람이었다. 그런데 호남은 달랐다. 지역 내 공장이 없으니 대부분 수도권이나 영남으로 이주했다. 이들 중 영남으로 간 사람들은 토착민인 영남 사람과 일자리 경쟁을 해야 했다. 또한 동향 사람들끼리 자연스럽게 뭉칠 수밖에 없었다. 이들과 일자리 경쟁을 해야 하는 영남 사람들은 자기네들끼리 단합해 힘을 모으는 것에 반감이 생길 수 있다. 수도권에서도 마찬가지였다. 여러 지역에서 온 사람들이 일자리로 경쟁을 벌였는데, 그중 호남 사람들이 대거 밀려들었다. 한국전쟁 후 수도권에 둥지를 튼 이북 출신 사람들과 호남 사람들이 경쟁을 하게 된 것이다. 그러니까 당시의 반 호남 정서는 지금 유럽에서 문제가 되고 있는 이민족에 대한 혐오감과 똑같은 맥락이다. 사실 호남 사람들이 밀려들어와 일자리가 없어졌다는 것은 오해일 뿐이다. 이는 그저 현상일 뿐인데도 반감이 생기는 것이다. 이렇게 생긴 반 호남 정서는 결국 불균등한 산업화의 폐해였다. 이것을 집권 세력이 의도적으로 정치구도로 발전시켰던 것이다.

그렇다면 지역주의가 무엇인지 명백해진다. 독재 세력, 기득권 세력이 자신들의 이해관계를 지키기 위해 만든 가동물이다. 산업화가 진행될수록 사회적 약자가 양산되고 소수의 부자와 다수의 서민으로 나뉜다. 그런데 서민이 서민의 정체성으로 결합하는 것을 막아야 기득권이 지켜진다. 그렇다면 무엇으로 막을 것인가? 미국은 동성애와 같은 문화적 쟁점으로 막는다. 우리는 지역주의와 반공주의로 막는다. 또 영남 사람이 권력을 잡으려면 지역주의를 작동시키는 게 유리하다. 같은 영남 출신의 인구가 훨씬 많기 때문이다. 반대로 호남 출신 사람이 권력을 잡으면 지역주의를 작동시키지 않는다. 그들이 소수이기 때문이다.

그런데 마침 TK라 불리는 대구·경북 출신이 정권을 잡게 되면서 지역주의가 유효한 수단이 됐다. 게다가 마침 호남에서 강력한 도전자가 등장했고 그가 진보적 어젠다를 들고나오니, 반 호남 정서에 반 빨갱이 정서로 제압해버린 것이다. 이렇게 만들어진 지역주의와 반공주의는 동전의 양면처럼 작동했다. 그러나 사람들은 호남 대 영남의 대립이 마치 수천 년을 이어온 정서라고 상식처럼 믿고 있다. 한 번 정착된 이런 생각은 지금까지도 끝없이 재생산되고 있다. 참으로 안타까운 일이다.

●

지역주의에 포획된 사람들

우리 정치사에서 지역주의가 가장 극명하게 나타난 것은 1987년 대선과 1988년 총선이었다. 당시 노태우, 김영삼, 김대중, 김종필이 대선 후보로 나섰는데 각각 대구·경북, 부산·경남, 호남, 충청을 지지 기반으로 가진 4당 분립의 완전한 지역 구도를 만들어냈다. 이중에서 야권의 두 얼굴인 김영삼과 김대중이 단일화에 성공한다면 노태우를 이기는 것은 기정사실이었다. 실제로 개표 후 두 사람의 득표수를 더해보니 노태우보다 훨씬 많았다. 그러나 단일화는 깨졌다. 지역주의 때문이었다. 각자 든든한 지역기반이 있으니 그것을 전제로 플러스 알파만 하면 된다고 생각했고 두 사람 모두 양보할 이유가 없었다. 지역주의란 이렇게 내부의 분열을 초래하는 효과도 있었다.

노태우도 지역주의의 굴레에서 벗어나지 못했다. 대선에서 이기기는 했지만 총선에서는 4당 분립 구도가 이루어져 여소야대가 된 것이다. 어쩔 도리가 없었던 노태우는 불리한 구도를 일거에 뒤집기 위해 3당 합당을 성사시킨다. 나뉘었던 대구·경북과 부산·경남이 합쳐지고 여기에 충청까지 가세해 완벽한 호남 포위를 만들어냈다.

반대로 호남 출신의 정치인 김대중이 권력을 잡기 위한 가장 큰 숙제는 지역주의가 만들어낸 호남 포위 전략을 뚫는 것이었다. 반공주의 기제가 작동되고 있어 서민을 부각시키지도 못하는 난감한 상황에서 나온 집권 전략은 상대편을 분열시키는 '지역등권론'이었다. 반호남의 대표인 영남은 3당 합당을 통해 하위 파트너로 충청과 손잡고 있었는데 김종필을 중심으로 하는 충청권을 떼어내는 전략이 바로 지역등권론이다. "영남은 패권이고 충청은 복속인가? 그렇지 않다. 지역은 다 똑같다"는 논리의 지역등권론은 충청의 자존심을 건드렸다. 또한 내각제를 고리로 내세워 김종필에게 정치적 명분을 제공했다. 이 전략을 통해 비로소 반 호남 구도가 깨지고 김대중이 정권을 차지할 수 있었다. 그런데 2002년 대선부터 다시 상황이 역전돼 3당 합당 시절의 구도로 되돌아갔다. 충청 출신의 모든 국회의원들이 새누리당으로 결집했다. 단지 영남의 일부 분파가 떨어져나가 호남의 정치세력과 연합해 대통령 후보가 됐다는 것만 달라졌다.

지역주의는 보수 정치인들에게도 상당한 영향을 미쳤다. 지금의 보수세력이 계속해서 노무현에 대한 시비를 멈추지 않는 것도 이 때문이다. 왜 보수는 죽은 노무현에게 NLL의 굴레를 뒤집어씌우고 부관참시를 멈추지 않는 것일까? 똑같은 민주화 세력, 야권 출신 대통령인 김대중과 비교하더라도 너무나 가혹할 정도다. 그 이유는 노무현이 영남의 분파이기 때문이다. 영남이 뭉쳐서 반 호남 구도로 가야 유리해지는데 영남에서 떨어져나가 자발적으로 호남과 연대한 노무현이 영남이 만든 정치질서를 근본적으로 뒤흔들어놓았다. 말하자면 영남을 중심으로 한 보수의 아킬레스건을 건드린 셈이다. 게다가 노무현은 끊임없이 지역주의 해소를 외쳤다. 같은 영남 사람이 자신들이 만든 구도를 끊임없이 깨려고 했다. 그래서 더 미운 것이고 용서가 안 되는 것이다.

박근혜도 지역주의의 수혜자인 것은 마찬가지다. 2008년 총선을 들여다보면 그 사실이 극명하게 드러난다. 당시 박근혜를 중심으로 한 친박계 의원들은 공천에 대거 탈락하면서 위기에 몰렸다. 이른바 친박계의 학살이다. 그런데 친박의 근거지였던 영남을 통해 되살아난다. 당시 박근혜와 힘겨루기를 하던 이명박의 주요 지역은 수도권이었다. 그는 고향이 경상북도 포항 근처의 영일이었지만 정치적 기반은 수도권으로 삼고 있었고 PK적 성향이 강했다. 또한 TK가 주류인 정통보수와 다른 실용보수의 색채가 짙었다. 친이의 대표주자 이재오 역시 서울 은평구를 지역구로 하고 있다. 물론 영남 내에도 이명박 지지자가 있었지만 대세는 정통보수의 적자인 박근혜였다. 특히 PK 출신인 김무성, 서병수 등이 강했다. 이들이 영남 내 다수를 점하고 있으니 이를 기반으로 박근혜는 이명박과 다시 게임을 할 수 있었던 것이다.

만약 박근혜가 서울 출신이었다면? 아마 승부가 되지 못했을 것이다. 충청 역시 지역주의를 기반으로 박근혜를 지지한다. 박근혜는 애초 세종시 설립을 반대했던 사람이다. 그러나 어머니인 육영수가 충북 옥천 출신이다. 여기에 이명박 정권의 세종시 수정안 반대라는 정책적 매개를 이용해 충청의 영향력을 확 키워버렸다. 충청과의 지역 연고를 강화시키는 전략을 구사한 덕분에 충청이 또 다른 기반이 된 것이다. 이렇게 영남과 충청이 지원을 해주니 두려울 것이 없어졌다. 단일화가 어려운 수도권에서 승기를 빼앗기더라도 게임에 유리한 상황이 됐다. 이처럼 박근혜는 지역주의 전략을 상당히 효율적이고 능숙하게 활용했던 정치인이다.

보수의 차기 대통령 후보로 거론되고 있는 김무성도 지역주의에 기반을 두고 떠오른 인물이다. 3당 합당으로 이뤄낸 반 호남구도를 2002년 등장한 노무현이 허물어버리고, 그의 계보를 문재인, 안철수가 이어가자 보수는 김무성을 주목하기 시작했다. 김무성이 가진 가장 큰 무기는 PK, 부산·경남 출신이란 것이다. 노무현, 문재인, 안철수의 등장에서도 보았듯이 다음 대선도 PK가 중요해지는 것은 뻔한 사실이다.

그런데 PK는 지금 지역주의가 깨지느냐 마느냐의 기로에 서 있다. 지난 대선에서 PK의 40%가 문재인에게 투표했다. 과거에 비교하면 상당히 높은 투표율이다. 이것이 조금만 더 올라간다면 PK는 TK와 정치적으로 결별한다는 의미를 가지는 것이다. 더불어 인구 규모에서 TK보다 덩치가 크니 PK가 어디로 향하느냐에 따라 대선 결과가 좌우될 것이다. 고작 100만 표 차이로 승리한 보수 입장에서는 PK가 조금만 더 움직였다가는 큰일난다. 문재인, 안철수에 맞서 부산·경남을 사수할 사람이 필요해졌다. 그런 사람이 지금 새누리당 내에서 김무성밖에 없다. PK 출신이라는 점만으로 성공하기는 쉽지 않겠지만, 현실적으로는 지역주의의 수혜를 상당히 받고 있다는 것만은 사실이다.

●

지역주의, 과연 깨질까?

이토록 견고하게 작동하고 있는 지역주의를 과연 풀 수 있을까? 풀 수 있다. 그러나 지역주의는 틀렸다는 당위적 명제로 풀 수는 없다. 그것은 사회경제적 정체성을 되찾는 것에서부터 시작할 일이다. 만약 영남에 있는 저소득층과 호남에 있는 저소득층이 각자 자신의 사회경제적 정체성을 가지게 된다면 이들의 이해관계는 일치한다. 이제껏 영남 정권도 들어서봤고 호남 정권도 들

어서봤지만 저소득층의 삶은 별로 달라진 게 없었다. 호남 출신이라
는 이유로 무조건 표를 던진 사람이라도 김대중, 노무현 정권이 끝나
고 나서 보니 여전히 서민은 덕을 보지 못했다는 것을 경험하게 됐
다. 그 경험을 바탕으로 각성이 생겨야 한다. 지역주의에 따라 표를
던지는 건 해법이 아니니 다른 해법을 찾아보자는 각성이다. 그렇다
면 결국에는 선거에 대한 시각을 바꿔 자신의 삶과 정체성이 일치하
는 사람을 뽑아야 한다는 쪽으로 변화하게 된다. 지역주의 프레임에
서 사회경제적 프레임으로 옮겨가야 하는 것이다. 누가 부자를 대변
하고 누가 서민을 대변하는가 하는 사회경제적 이슈를 가지고 싸우
면 자연스럽게 지역주의 정치질서는 사라진다. 그럼에도 불구하고
자기 지역 사람에 대한 애정은 남아 있겠지만 말이다.

그렇다면 지역주의 해소는 지역이 투표의 잣대가 되는 프레임을
해소하고 사회경제적인 정체성에 따라서 투표하는 환경을 만들어주
는 데서 출발한다. 그리고 그 열쇠는 분명, 정치세력인 정당에게 있
다. 그러나 보수는 움직이지 않을 것이다. 지금 이대로가 자신들에게
유리하니 말이다. 결국 이런 변화는 진보 진영과 야당이 주도해야 한
다. 이들이 프레임을 바꿔주지 못하면 대중들은 여전히 만들어진 현
실에 입각한 투표를 할 수밖에 없다. 진보는 영남 사람이라는 정체성
보다 저소득층이라는 정체성을 부각하고 진보가 그들의 삶을 바꿔줄
수 있음을 호소함으로써 그 정체성을 각성하게 만들어야 한다. 영남,
호남 출신이 아닌 진보를 찍을 수 있게
만들어야 한다. 그렇지 않으면 호남을
포위하는 뿌리 깊은 지역주의는 극복될
수 없다.

지역주의는 탈지역주의에
의해서가 아니라 계층 인
식에 의해 극복될 수 있다.

다음 대선에서 야권의 후보들이 감당해야 할 역할이 크다. 문재인이든 안철수든 2017년 대통령 후보가 됐을 때 "나는 영남 후보입니다."라고 해서는 안 된다. 그렇게 하면 전국 최대 규모의 PK에서 40% 이상의 지지율을 끌어낼 수 없다. "나는 서민 후보입니다. 여러분의 삶을 바꿀 수 있는 사람입니다."라고 어필해야만 50% 이상 얻을 수 있다. 여기서 실패한다면 3당 합당 구도를 깰 수 없다.

부활하는
대한민국 관료주의

●

산업화 역사가 만들어낸 힘 있는 관료사회

관료조직은 행정부의 수장인 대통령을 보좌하기 위해 만들어진 것이다. 대통령이 목표를 제시하면 그 목표를 관철하기 위한 여러 가지 수단들을 모색하고 과정을 관리하는 사람이 바로 관료다. 그리고 그 정점에는 헌법에 의해 정해진 국무의원들이 있다. 흔히 '장관'이라 불리는 이들이 각자 자신의 해당 부문을 맡아 관장한다.

이들 관료는 우리나라를 절대 가난에서 벗어나 지금의 발전에 이르게 만든 경제성장의 주역이다. 개발도상국이었던 대한민국을 중진국의 수준까지 끌어올리는 데 주도적인 역할을 했다. 산업화의 핵심 리더인 박정희는 관료 중심으로 국가를 운영했다. 실제로 유능한 인재들이 관료조직에 많이 영입됐다. 당시에는 민간 영역인 사기업의 덩치가 작았기 때문이기도 하고, 대통령이 관료에게 그만큼 힘을 실어주었기 때문이다. 주로 고시제도를 통해 발탁된 그들은 국가의 모든 영역을 주관해 자원을 효율적으로 분배하는 데 앞장섰다. 이 과정을 통해 우리나라 특유의 재벌이 생겨났다.

이러한 산업화의 역사 때문에 우리나라의 관료들은 다른 나라보다 유독 강력한 힘을 가지게 됐다. 여기에 제도적 장치가 관료들을 지원하고 있다. 대통령이 헌법에 의해 법안 제출권을 가지고 있기 때문이다. 우리나라는 대통령이 정부라는 이름으로 법안을 낼 수 있는데, 그것이 바로 '정부입법'이다. 행정부가 관장하는 법을 개정할 경우 공무원들이 이해당사자를 불러 의견을 청취해 법안을 만들고 그것을 의회에 제출한다.

그러나 삼권분립에 의하면, 입법은 의회의 고유한 권한으로 미국에서조차도 대통령이 법안을 제출할 권한을 가지지 않는다. 그런데 선출된 국회의원이 갖는 의원입법과 대통령이 갖는 정부입법, 두 가지 형태의 입법 권한이 존재하는 우리나라에서는 행정부와 입법부의 역학관계가 불균등하게 나타난다. 미국 등 대통령이 입법 권한을 갖지 못하는 나라에서는 행정부가 입법부에 큰소리칠 수 있는 환경이 만들어지지 못한다.

한편, 정부도 법안 제출권을 갖는 우리나라에서는 입법부인 국회보다 오히려 행정부인 정부가 더 큰 목소리를 낸다. 뉴스 보도에서도 행정부가 법을 만들어 국회에 넘겼다는 소식을 전하면서 앞으로는 이렇게 법이 바뀐다고 말하는 모습을 종종 볼 수 있다. 이는 입법예고와 법안 통과를 혼동한 것이다. 국회의원 한 사람이 어떤 법안을 냈다고 해서 앞으로는 이렇게 법이 바뀐다고 말할 수 없는 것과 같은 이치다. 그러나 이런 보도가 자주 나오는 것은 여당이 행정부와 같은 편에 있어 정부가 낸 법안이 국회에서 관철될 가능성이 크다는 뜻을 내포하고 있기 때문이다. 정부가 제출한 법안이 의회에서 그대로 통과되지 않는데도 상당수 그렇게 받아들이고 있다.

또한 새로운 법안의 이해관계자들이 국회가 아닌 행정부로 가서 자신들의 요구를 주장한다. 정부입법으로 법안을 낼 수 있다는 점 때문에 행정부에 청원하고 줄을 서는 것이 유리하다는 판단에서다. 이해관계자들의 의견을 조율해서 법안을 마련하는 것은 상당한 힘이자 권력이다. 만약 이것이 의회에서만 가능하다면 당연히 아마 모든 이해당사자들이 의회로 향하고 그러면 국회의원의 힘이 당연히 지금보다 더 세질 것이다. 물론 지금도 의회에서 어떤 법안을 만든다고 하면 이해당사자들이 찾아온다. 하지만 해당 법안을 관장하고 있는 행정부에서 1차적으로 의견 수렴 과정을 거치고, 거기서 손해를 감수해야 하는 사람들이 2차, 3차의 대안으로 의회를 찾는다. 의견 수렴 시스템이 2중으로 낭비되고 있는 것은 그렇다 하더라도 입법권은 의회에 있다는 민주주의의 기본 명제마저 무색해지는 지점이다.

의회가 이해를 조정하는 입법의 중심이 되어야 하는 이유는 관료가 선출직이 아닌 임명직이기 때문이다. 국회의원은 어쨌거나 국민의 대표고 의정활동의 핵심은 입법활동이다. 국회의원은 4년 동안의 의정활동을 통해 대표로서의 자질을 평가받고 다음 선거에서 승리하거나 떨어지는 식으로 국민의 심판을 받는다. 아직 우리나라 정치 시스템은 거기까지 가지 못했지만 미국만 해도 대체로 의정활동이 바탕이 되어 국회의원 선거의 당락이 결정된다. 반면 행정부는 그렇지 않다. 행정부 수장이라 하더라도 정년이 보장된 공무원을 마음대로 자르지 못한다. 그런데 만약 어느 공무원이 A라는 집단의 이익에 반하는 법안 개정을 통과시켰다고 하자. A 집단은 아무리 손해가 크더라도 법안을 주도한 임명직 공무원을 제도적으로 응징할 방법이 없다. 이는 민주주의의 기본 원칙인 책임성의 원칙에 위배된다. 민주주의의 주권자는 국민이고 이를 위임받은 자가 대통령과 국회의원이다. 그런데 대통령의 권한을 일부 위임받은 관료들이 중요한 의사결정을 하고 한 사회의 그림을 그려나간다. 이런 환경에서는 국민들이 자신의 이해를 주장하고 관철하는 과정이 위축될 수밖에 없다. 과도한 대통령의 권한이 힘 있는 관료조직을 만들어내고, 이들이 민주주의의 핵심인 의회를 억압하는, 기형적인 모습의 대통령제가 나타나는 것이다.

또 한 가지 관료가 강력한 권력을 가지게 되는 이유는 시행령 때문이기도 하다. 우리나라 법체계는 법이 있고 그 하위에 시행령이 있다. 어떤 법안이 만들어지면 그것을 바탕으로 구체적인 지침을 만드는 것이 바로 시행령이다. 그런데 그 시행령 역시도 대통령령에 속한다. 법안까지는 국회가 만들고 그 구체화는 행정부의 몫이다. 만약 국회가 큰 틀에서만 법안을 만들고 세밀한 부분을 열어두었다면 행정부가 시행령을 통해 법안을 완성하는 과정에서 폐해가 나타난다. 사실상의 입법권 행사인 셈이다.

일례로 들 수 있는 것이 최근 문제가 됐던 영유아보육법이다. 무상보육과 관련해서 중앙정부와 지방정부의 부담 비율을 정하는 것이 골자인데, 개정안에는 그 비율을 법안에 명시하고 있다. 서울의 경우 지방정부와 중앙정부가 각각 50%로 나누자는 식이다. 그런데 기재부 관료들이 이 법안을 반대했다. 기재부가 관리하는 법 중에 보조금관리법이 있는데, 이를 통해 기재부는 지방자치단체에게 주는 지원금에 대한 재량권을 가질 수 있다. 그런데 영유아보육법에 지원금 비율이 명시되면 자기들 마음대로 정할 수 있는 권한을 빼앗기기 때문에 개정안을 반대하고 있다. 박원순 서울시장은 '왜 여야합의로 마련된 법안을 통과시키지 않느냐'고 주장하고 관료들은 '실제로 그만큼 주겠으니 대신 법안에 비율을 명시하지 말고 시행령으로 정하자'고 주장한다. 박원순 시장은 그때그때 달라지는 시행령은 안정성이 없다며 법에 명시해달라고 싸우고 있다. 이처럼 관료의 힘이 지나치게 비대해졌을 때, 관료이기주의가 나타난다는 것을 여실히 보여주는 사례다.

법안도 제출할 수 있고, 입법부가 정한 법안에 시행령도 만들 수 있다는 것, 대한민국 관료가 갖는 힘은 여기서 온다. 고시 출신 엘리트 관료들을 양산했던 이러한 제도는 관료에게 의회를 뛰어넘는 힘을 실어주었다. 권한이 많은 관료조직에는 더 뛰어난 인재들이 몰려든다. 그리고 몇 년 후, 이들은 관련 법안에 대해 최고의 전문가로 성장하게 된다. 국회와 달리 매일 이해관계자들의 민원을 청취하고 어떻게 법안을 집행할지 고민하니 당연한 일이다. 실제로 어떤 법이 만들어졌을 때 집행 단계에서 현실적으로 어떤 현상이 일어날지 제일 먼저 체감하는 이들 역시 관료다.

●

한계에 부딪힌 관료주의

관료 중심의 국가발전은 어느 정도의 소득 수준으로 성장하는 데는 매우 유효한 전략이다. 조직이 전문화될수록 더 큰 역량이 발휘되기 때문이다. 그러나 어느 시점에 접어들어 사회가 다원화되기 시작하면 관료 중심체제는 제대로 효력을 발휘하지 못하게 된다. 법안을 만들어내는 전문적인 테크닉보다 서로의 입장이 상충되는 이해관계자들이 집단적으로 자기 의견을 표출하고 걸러내는 작업이 더욱 중요해지기 때문이다. 옳고 그름의 문제가 아닌 다름의 문제에서 합의를 이끌어내는 일은 전문화된 관료들이 감당하기 어려운 문제다. 이 일은 행정부가 아닌 의회의 몫이다. 국민에 의해 선출된 대표자들의 논의를 통해 걸러져야 한다. 따라서 한 사회가 발전할수록 관료의 손에서 선출직 대표에게로 권한이 넘어가는 것은 자연스러운 일이다.

> 그가 어떤 사람인지 알려면 주위의 평가를 들어봐야 한다. 멀쩡한 사람도 방심과 오만에 빠져들게 하는 게 권력의 속성이다.

대통령제의 모범인 미국을 들여다보자. 미국의 공무원들은 우리나라처럼 권한이 크지 않다. 그들은 그저 의회가 정해주는 법안을 단순히 집행하는 역할을 한다. 이해관계자들을 불러 법안에 대해 고민하는 일은 국회의 영역이기 때문에, 법안에 대해 고민할 필요도 없다. 덕분에 입법부와 행정부 간의 견제 기능이 자연스럽게 형성된다. 반대로 우리나라는 대통령이 사실상 거의 무제한의 입법 권한을 가지고 있다. 법안 제출권도 가진데다 다수당인 여당을 지휘해 국회에서 법안을 통과시키기도 한다. 대통령이 행정권과 입법권을 동시에 가지게 되니 권력이 지나치게 막강해진다. 그런 까닭에 그 힘을 지원하는 관료들도 엄청난 힘을 행사할 수밖에 없다. 문제는 이게 사회의 변화에 부합하지 않는다는 점이다. 의회의 토론을 통해서 집단적으로 결정되어야 할 사안들을 여전히 관료적 방식으로 결정하려는 탓에 갈등을 키운다. 여전히 관료들이 주도권을 쥐고 놓지 않으려 한다.

개별적 관료가 아무리 뛰어나다 할지라도 이같은 관료이기주의는 폐해를 부른다. 전체 집단으로 나타나는 관료이기주의는 관료의 영향력이 줄어들어야 하는 영역에서도 자신들의 이익을 위해 민주적 의사결정 방식을 따르지 않도록 만든다. 그들의 의사결정 방식은 전문기술주의다. 그러나 어느 정도 소득 수준이 올라간 사회에서는 전문기술주의로 해결할 수 있는 문제가 별로 없다. 일례로 밀양 송전탑 문제를 보자. 밀양이 송전탑 건설에 최적의 장소이므로 그곳에 세워야 한다는 것이 전문기술주의에 입각한 관료적 해결방식이다. 그러나 어느 정도 민주주의가 발전한 사회에서는 이것이 합리적이고 효율적이니 무조건 양보하라고 말할 수 없다. 문제해결을 위한 접근방식을 민주적으로 바꿔야 한다. 그런데 관료들의 역량과 입지가 현실적으로 줄어들고 있는데도 불구하고, 그것을 인정하지 않고 여전히 관료 주도론의 망상에 빠져 있다. 이는 분명 극복되어야 할 과거의 잔재다. 소득 2만불 시대, 26년차 민주주의 역사를 가진 대한민국에서 관료주의는 사회를 움직이는 주요 패러다임이 되기 힘들다.

실제로 관료주의는 민주화 과정과 함께 퇴조하기 시작했다. 대한민국을 경영한 주역은 정치인이 아니라 관료들이었다고 할 정도로 노태우 정권까지는 관료가 국가의 중심이었다. 최초의 문민정부로 출범한 김영삼 정권에서도 별로 달라지지 않았다. 그동안 관료들의 역할이 워낙 방대해졌기 때문에 어찌할 도리가 없었기 때문이다. 그런데 이토록 공고한 관료 시스템에 반기를 든 것은 관료 자신들이 키워낸 시장권력이었다. 산업화와 함께 확대된 시장은 점차 자신의 요구를 주장하며 관료와 충돌하기 시작했다. 한때는 재무부 출신 관료들이 금융권 요직을 모두 차지해 이들을 가리켜 '모피아'라고 할 정도였는데, 이제는 금융에서조차도 관료의 입김이 강하게 작용하기 힘든 관료 퇴조의 시대로 접어든 것이다.

결정적인 것은 IMF였다. IMF 사태를 불러온 장본인이 바로 산업화를 이끌었던 관료들이라 해도 과언이 아니다. 그들이 계속 자신들의 방식대로 국가운영을 끌고 가려다 막다른 골목에 이르렀던 것이다. 국가 부도 사태인 IMF를 통해 관료 신화는 처절하게 깨지고 만다. 더 이상은 나라 살림의 큰 틀을 그들에게 맡기면 안 된다는 문제가 제기된 것이다.

IMF 이후로는 행정권력 대신 경제권력의 힘이 본격적으로 강해지기 시작했다. 예전에는 행정부로 몰리던 인재들도 이제는 대기업으로 발길을 돌렸다. 과거에는 안정성과 권력이라는 가치를 지향했다면 지금은 돈이 우선인 시대가 됐고, 권력도 경제권력이 더 세졌기 때문이다. 경제권력을 처음 만들어낸 것이 행정권력인데, 어느 시점이 지나면서 경제권력이 행정권력을 압도하게 됐다. 전경련이나 경제단체가 어떤 사안에 대해 문제제기를 하고 의제를 던지면 관료들이 대놓고 반대하지 못하는 상황까지 왔다.

독재 시대처럼 정치권력이 행정권력을 지켜줄 수 있느냐 하면 그도 아니었다. 이렇게 행정권력이 위축된 것은 대단히 자연스런 흐름이었다. 그런데 박근혜 정부의 출범과 함께 이 흐름이 다시 역전되고 있다. 관료 출신들이 행정부의 요직을 다시 차지하고 있다.

관료주의로 회귀하는 박근혜 정부

어떤 어젠다를 중점으로 국정을 운영할 것인가를 결정하는 것은 선출된 정치인의 몫이다. 그들이 선거를 통해 평가를 받았기 때문이다. 행정부로 치자면 5년간의 어젠다를 결정하는 사람은 대통령이다. 그리고 국민에 의해 평가받은 선거에서 대통령과 팀을 이뤄 공약을 만든 사람들이 대통령이 제시한 공약에 책임을 져야 하는 사람들이다. 엄밀히 따지면 국가 경영의 우선순위를 정하는 일은 선출직이고, 이를 성실히 집행하는 일은 관료의 역할이다.

그런데 박근혜 정부에 들어와서 이런 구도가 뒤집혀버렸다. 과거로 되돌아갔다고 할 정도로 주요 관직에 관료 출신들이 앉았다. 이명박 정부 때도 이 정도는 아니었다. 그래도 의사결정은 선출직 공직자가 하게끔 만들었는데 그런 기준마저 흔들어버렸다. 관료 정상의 시대가 됐다.

극명한 예가 기초연금법 사태와 진영 전 보건복지부장관의 사퇴를 통해 드러났다. 진영 장관은 기초연금을 소득수준과 연계해서 차등 지급하겠다는 안을 대통령에게 보고했다. 그런데 최종 정책으로 결정된 것은 국민연금과 연계하는 법안이었다. 일련의 과정이 밝혀지며 청와대와 주무장관 사이의 소통 부재가 드러나고 진영 장관은 사퇴를 선언했다. 이 사건은 현 정부의 운영 시스템의 심각한 결함이 드러난 사례다. 주무장관도 대통령 임명직에 불과하고 결과적으로 대통령이 책임을 지니 대통령의 의사만이 중요하다고 볼 수도 있다. 그러나 국무의원도 헌법에 의해 보장된 자리다. 그렇다면 국무의원의 동의 없이 청와대 수석비서관이 장관을 제치고 관료들을 움직여서 새로운 안을 통과시켰다는 것은 우리 헌법에 정해진 행정운영시스템을 위반한 셈이다. 매우 심각하고 중요한 사례로 다뤄졌어야 할 사안이다.

또 박근혜 정부의 정부조직 개편안에서도 행정권력의 부활 조짐이 엿보였다. 2013년 초에 발표된 박근혜 정부 인수위의 정부조직 개편안을 들여다보면 재정경제부가 기획재정부로, 외교통상부는 외교통일부로, 행정자치부는 행정안전부로, 문화관광부는 문화부로 바뀌는 등 이명박 정부 때와 이름만 조금씩 달라졌을 뿐 특별한 이유 없는 개편이 눈에 띄었다. 그런데 이는 박근혜 정부가 관료주의를 중심으로 삼겠다는 것을 반증하는 대목이다.

왜 그럴까? 미국을 비롯해 다른 나라들에서는 대대적인 조직개편을 좀처럼 볼 수 없다. 만약 미국의 닉슨 대통령 때 만들어진 환경에 관련된 정부조직이나 부시 대통령 때 만들어진 국토안보에 관한 부처처럼 새로운 수요가 생겼을 때 관련 부처를 만드는 것은 그리 큰 문제가 아니다. 또한 행정부 조직을 어떻게 재편할 것인가를 두고 여야가 정파의 이해를 초월한 기구를 통해 논의해서 결정하는 것이 다른 나라에서는 자연스러운 방식이다. 대통령이 행정조직 개편에서 자신의 의지를 밀어붙이는 것은 아주 비정상이다. 그런데 우리는 매번 정권이 바뀔 때마다 전체를 뜯어고쳐서 새롭게 운영하려고 한다. 이는 반대로 조직을 바꿔야만 일이 된다는 논리다. 그만큼 관료들이 막강한 힘을 가졌다는 의미다. 이 얼마나 구시대적인 발상인가. 이름을 바꾼다고 해서 얼마나 조직이 효율적으로 바뀔지는 둘째 치더라도 고작 5년 동안의 임기를 위해 거대한 정부 조직을 개편하는 것은 예산 낭비, 시간 낭비일 뿐이다.

박근혜 정부가 신설한 미래창조과학부도 마찬가지다. 이 부처가 있는 것과 없는 것이 얼마나 차이나 날지 계량화도 쉽지 않겠지만 나는 그 차이가 얼마 되지 않으리라 생각한다. 조직 개편보다 중요한 것은 대통령이 자신의 어

아무도 모르는 세 가지가 있다. 김정은의 속내, 안철수 의원의 새 정치, 박근혜 대통령의 창조경제가 바로 그것이다.

젠다를 무엇으로 삼고 어떻게 선명하게 드러내서 자원을 집중시켜나가느냐. 만약 이명박 정부가 4대강 사업을 추진하기 위해 4대강 부처를 만들었다면 논리적으로 말이 된다. 하지만 그는 만들지 않았다. 그러고도 20조가 넘는 예산을 쏟아부었다. 설사 관료들이 강력한 힘을 가지고 있고, 이들을 제어해야 할 필요가 있다 하더라도 문제를 풀어가는 방식은 달라져야 한다. 백년대계를 위한 정부조직 개편이 아니라 자신의 어젠다를 효율적으로 관철하기 위한 것이라면 자신의 어젠다를 잘 드러내고 국민적 동의를 이끌어내 예산을 투입하는 일에 힘을 모아야 할 일이다.

●

관료사회의 폐해

우리 사회를 움직이던 관료주의의 폐해는 여전히 남아 있다. 특히 공공기관을 보면 뚜렷해진다. 공무원을 하다가 고위급으로 퇴직하면 산하 공공기관장으로 옮겨간다. 국토해양부 출신이라면 LH공사나 도로공사로 가는 식이다. 숱하게 많은 공사와

공단이 거의 대부분 관료들의 퇴직 후 일자리가 되고 있다. 공무원 출신들이 중앙관료제 안에서 임기를 보장받고 권한을 행사하다가 퇴직하면 그 아래 단위의 공공기관에서 또 권한을 행사한다. 거기서도 물러나면 공공기관의 경력을 인정받아 민간기관이나 로펌으로 간다. 그러다가 더 높은 자리, 차관이나 장관으로 발탁된다. 이게 바로 문제가 되는 회전문 인사다. 공무원이 한국사회 발전에 기여한 바를 십분 인정하더라도 관료 위주의 시스템이 지나치게 공고화되어버렸다.

관료주의의 또 다른 폐해는 지방자치단체장을 통해서도 엿볼 수 있다. 과거에는 서울시의 각 구청장과 기초단체장들이 내무부에서 파견된 관료들이었다. 전국의 시장, 군수들이 모두 내무부 장관의 명에 따라 움직였다. 그런데 지금은 모두 선출직으로 바뀌었다. 상당한 재량권을 가지게 된 것은 물론이고 누가 선출됐느냐에 따라 잘 사는 도시와 못 사는 도시가 생겨났다. 임명직 기초단체장 시절과 달리 행정의 서비스가 좋아졌다. 동네를 가꾸는 것부터 주민 편의까지 변화는 크고 작은 곳에서 벌어졌다. 이것만 보더라도 우리 사회가 어디로 가야 하는지 대체로 판단해볼 수 있다. 여론에 민감하고 일반 대중이 의사를 발현하는 통로가 되는 선거는 누군가를 대표하고 권한을 위임받아 결과에 책임지는 대표책임체제다. 이것이 민주주의의 작동체계다. 그러나 관료들에게는 그것이 없다.

부처 간의 갈등이 쓸데없이 심화되는 것도 마찬가지다. 이를테면 환경적 관점에서 사안을 바라보는 환경부와 어쨌거나 개발을 중시하는 국토해양부가 충돌했다고 하자. 관료적 방식은 대통령이 결정해 통보하는 것이다. 선출직인 대통령이 최종결정권을 가지고 있기 때문이다. 그러나 갈등의 배경에 서로 다른 가치를 추구하는 집단이 있다면 문제가 다르다. 이는 일방적으로 결정할 문제가 아니라 정치적 시스템을 통해 결정해야 하는 사안이 된다. 그들이 자유롭게 의사를 표현할 수 있도록 열어주고 정책 결정과정에서 끊임없이 피드백을 갖도록 하는 것이다. 이는 정치과정이지 관료적 의사결정의 과정이 아니다. 지금은 관료가 너무 많은 권한을 가지고 있다 보니 기관들이 서로 충돌하고 대통령이 조율하는 모양새다. 그러나 관료의 권한을 더 약화시키면 갈등은 그들의 손을 떠나게 된다. 부처 간의 갈등이 아니라 의회 영역에서 환경론자들과 개발론자들의 대립과 갈등으로 나타나고 이것이 정리되어 부처로 넘어갔을 때는 합의된 안을 가지고 각자의 몫을 집행하게 된다.

●

작은 행정부, 큰 입법부가 답이다

민주주의의 기본 원리에 충실한 구도는 행정부의 몫은 축소되고, 입법부의 몫은 커지는 것이다. 민주주의는 원래 의회가 중심이다. 어떤 정책이든 입법을 통하지 않으면 안 되기 때문이다. 미국으로 대표되는 대통령제는 의원내각제와 또 다른 원칙으로 삼권분립을 내세우고 있지만, 그 역시 핵심은 입법부에 있다. 입법부가 지역으로 쪼개져 있고, 이해관계의 조정이 더디고 효율적이지 않으니 행정을 맡길 사람을 선택하자고 해서 대통령이란 제도를 만들었다. 그런데 선거를 통해 선출된 이들이 권한을 점점 키우기 시작해 지금은 거의 대등한 상태에 놓이게 됐다. 그럼에도 불구하고 미국의 대통령제는 얼마 전의 셧다운에서 볼 수 있듯 입법부가 결론을 내지 못하면 대통령이 어찌할 도리가 없게 되어 있다. 이게 미국 헌법의 정신이다.

그런데 우리나라는 그 반대다. 큰 입법부에서 행정부가 파생된 것이 아니라 원래부터 커다란 행정부가 탄생했고 입법부는 작았다가 조금씩 커져왔다. 미국과 정반대의 과정을 겪고 있는 셈이다. 그래서 우리의 대통령제는 특수성을 띤다. 대통령제와 의원내각제가 조금씩 섞여 있다. 표면적으로는 대통령제이지만 의원내각제의 요소가 있다. 예컨대 국회의원이 장관을 겸직할 수 있다는 점이다. 대통령제인 미국은 의원과 장관을 겸할수 없지만 일본과 같은 의원내각제는 장관이나 차관도 선출직 공직자가 맡는다. 그래서 이들은 관료를 통제하는 힘이 우리보다 훨씬 강하다. 그러니 의원과 장관 겸직을 가능하게 해놨다는 것은 관료를 통제하겠다는 좋은 취지의 제도를 만들어놓은 셈이다. 그러나 문제는 이를 활용하지 않는다는 데 있다. 대통령제와 의원내각제의 장점을 결합시킨 제도를 만들어놓고도 장점보다는 단점이 부각되고 있는 실정이다.

이런 문제점은 특히 박근혜 정부에서 두드러진다. 현재 장관 자리에 오른 국회의원 출신이 고작 유정복 장관 한 명 뿐이다. 선출된 사람들이 임명된 관리를 통제할 수 있는 힘이 그만큼 줄어들었다. 만약 선출된 사람들을 각부 장관으로 임명해 내각제의 장점을 받아들인다면 관료에 대한 통제력이 훨씬 강해지는데도 그렇게 하지 않고 있다. 이대로 간다면 한국 사회의 관료주의와 이로 인한 갈등은 더욱 심해질 수밖에 없다.

우 리 가 바 라 는 정 치

여론조사와
선거 사이

●

여론조사는 교과서가 아니라 참고서다

　　　　　　　우리나라 5천만 인구 중에서 투표 대상자
는 약 3천만 명으로 추산한다. 그렇다면 이 3천만 명이 대체로 어떤
정치적 관점을 가지고 있는지 알아보기 위한 방법은 어떤 것이 있을
까? 크게 네 가지로 요약해볼 수 있다. 천재적인 직관과 지인 그룹에
서의 평가, 그리고 언론의 분위기와 여론조사가 있다. 이 중에서 가
장 과학적인 방법은 단연 여론조사다. 그 자체가 과학적으로 설계된
방식이기 때문이다.

　　그러나 통계는 거짓말이라는 말이 있듯이 통계적 방식으로 처리
된 여론조사도 잘못 읽으면 거짓이 되기도 한다. 여론조사는 믿느냐
안 믿느냐가 아니라 활용할 것이냐 아니냐로 생각을 바꿔야 하는 이
유다. 만일 대통령 선거에서 10가지 이슈가 제기됐다면 그 모두에서
다수를 차지하는 쪽의 의견을 채택한다면 표를 얻는 데 결정적인 조

건이 될까? 그렇지 않다. 여론조사에서 다수설을 취한다고 해서 그것이 꼭 지지로 이어지지는 않는다. 따라서 여론조사는 교과서가 아니라 참고서로 삼아야 한다.

여론조사를 숫자로 보면 오독의 위험에 빠진다. 만약 지지율 조사에서 두 후보가 오차범위 ±5% 내에서 각각 28%, 31%로 접전을 벌이고 있다고 하자. 이 숫자를 절대치로 믿으면 안 되는데, 그 구간 사이 어디에 위치할지는 아무도 모르기 때문이다. 지지율이 28%인 사람은 사실 23%가 될 수도, 33%가 될 수도 있다. 31%의 지지를 얻는 사람도 마찬가지로 25%가 될 수도, 36%가 될 수도 있다. 이기고 지는 것이 오차범위 안에 있다. 그런데 우리는 28% 대 31%라고 하면 31%가 상당히 앞서 있는 것으로 해석한다. 그러나 이는 잘못된 해석이다. 여론조사는 표본오차를 고려해 구간으로 읽어야 한다. 또 신뢰수준 95%라는 것에도 주목할 필요가 있다. 이는 100번 조사하면 95번 이런 결과가 나온다는 뜻으로 반대로 해석하면 나머지 5번에서는 아예 다른 결과가 나올 수 있다는 의미다.

그러니 숫자 자체보다는 그 조사의 전체적인 맥락을 따져봐야 하는 것이 정답이다. 정권 초기, 박근혜의 지지율은 갤럽 조사에서 56%로 나왔다. 그런데 지지율을 읽을 때 정권 초기의 56%와 4년 차의 56%는 전혀 다른 의미를 가진다. 임기 1년 내 56%는 성과가 반영되어 있다기보다 잘해줬으면 좋겠다는 기대치가 들어간 것이고 4년 차의 56%는 기대치가 아니라 성과가 반영된 수치이다. 어떻게 해석하느냐에 따라 내용이 완전히 달라진다.

임기 초 박근혜의 여론조사 지지율을 보면 외국 순방을 나갔을 때 상승했다. 대통령이 외국에 나가 조국을 위해 애쓰는 모습을 보여주면 국민들이 긍정적으로 평가하고 지지율에 긍정적 요소로 작용하는 현상은 전 세계적인 현상이다. 문제는 매번 외교만 할 수 없다는 사실이다. 외교는 장기적이고 폭넓게 영향을 미치기는 하지만 보통 사람의 삶을 개선하는 방식이 아니다. 그런 점에서 보면 외교보다 당장 국내 문제, 특히 먹고사는 문제해결에 초점을 맞춰야 한다. 그런데 그것에 대한 성과 없이 외교로만 지지율을 끌어올리려고 한다면 지지율이 아무리 높더라도 실제로 얼마나 튼실할지는 장담할 수 없다. 지지율을 단순히 숫자로 읽으면 민심과는 다른 뜻으로 읽어낼 수 있다는 것이다. 이것이 좀 더 세심하고 신중하게 여론조사 데이터를 읽어야 하는 이유다.

여론조사에서 중요한 포인트는 추세, 흐름을 읽는 것이다. 대개 여론조사는 한 기관이 실시한 것을 읽어야 흐름이 잡힌다. 기관마다 면접원도 제각각이고 답하는 과정에서 편차가 있을 수 있다. 누구를 지지하느냐고 물었을 때 지지한다 혹은 아니다라고 모든 사람이 쉽게 대답하면 좋겠지만 일부는 모르겠다고 대답한다. 그럴 때 재질문하는 회사가 있고 아닌 곳도 있다. 재질문도 1차에 한하느냐, 두세 번 더 붙느냐에 따라 결과는 달라진다. 따라서 동일한 기관의 여론조사를 통해 추세를 파악해야 한다. 한 기관의 조사를 가지고 바라봐야 비교평가가 유효하기 때문이다.

어느 날 갑자기 지지율의 흐름이 바뀌었다고 하자. 상승세에서 하락세로 갑자기 바뀔 수도 있고 반대일 수도 있다. 그러면 그 이유가 무엇인지 찾아야 한다. 이유를 찾는 건 단순히 수치가 얼

여론조사는 조작할 수 없다. 그러나 조작할 수 있다. 여론조사는 수치가 아닌 구간과 추세를 봐야 한다.

마인지, 오르고 있는지 내려가고 있는지를 따지는 것 이상으로 중요하다. 정치는 상대가 있는 게임이기 때문에 절대평가가 아닌 상대평가다. 그러므로 여론조사를 통해 주변의 정치 상황과 관련된 변수들을 잘 해석해야 한다. 예를 들어 대통령 지지율이 갑자기 하락했다고 하자. 만약 이것이 여야 간의 정쟁 때문이라고 판단했을 때와 인사 실패 때문이라고 판단했을 때, 그 처방이 달라진다. 정쟁 때문이라면 타협하거나 더 강한 압박의 전략을 취할 것이고 인사 실패 때문이라면 대국민 사과를 통해 국민의 마음을 달래야 한다.

여론조사를 잘 읽어내는 게 말처럼 쉬운 일은 아니다. 잘못 해석하면 오히려 흉기가 되어 돌아오기 일쑤다. 그런데 조사방식은 점점 더 발전되고 있지만 그만큼 실력 있는 조사 분석가가 등장하지 않고 있다.

●

여론조사는 풍향계다

미국의 유명한 정치가 딕 모리스^{Dick Morris}의 유명한 말이 있다. "정치는 돛단배, 즉 엔진이 없는 세일보트^{Sailboat}"라는 것이다. 오직 바람으로만 배를 움직여야 한다면 목적지에 도달하기 위해서는 바람의 방향을 잘 읽어야 한다. 배는 바람을 거스를 힘을 가진 엔진이 없기 때문이다. 그것이 바로 민주주의다. 그렇다면 여론조사는 바람의 방향을 가늠하게 해주는 풍향계다.

풍향계는 바람의 방향을 알려줄 뿐, 그 자체로 엔진이 될 수는 없다. 다수가 살아가는 현대 사회에서 지금 이 순간 어떤 이들이 무엇을 더 지지하느냐를 근거로 정치를 한다면 더 좋은 세상을 실현할 수 있을까? 그렇지 않다. 그렇다면 지도자가 존재할 필요가 없다. 그러나 지도자는 선견지명과 통찰, 비전을 갖고 있다. 지도자에겐 풍향계, 즉 여론조사를 어떻게 활용할 것인가를 고민한다.

북한의 연이은 핵실험으로 인해 대북 정서가 좋지 못한 상황에서 햇볕정책을 추진해야 하는 상황을 가정해보자. 대 국민 정서가 좋지 않으니 반대에 부딪힐 것은 뻔한 일이다. 그렇다면 여론조사 결과를 보고 포기할 것인가? 아니면 여론조사조차 하지 않고 추진할 것인가? 문제는 거기에 있지 않다. 이러한 여론의 구도 아래에서 해당 정책을 어떻게 설득할 것인가 하는 방법과 언제 이 문제를 제기할 것인가 하는 시점을 찾아야 한다.

이렇게 여론조사를 잘 활용한 이가 미국의 루스벨트 대통령이다. 당시 미국은 제2차 세계대전 참전을 두고 격렬한 반대에 부딪혔다. 타국 간 전쟁에 개입하지 말자는 고립주의가 대두됐기 때문이다. 그러나 루스벨트는 미국의 참전이 필요하다고 생각했다. 그러나 이를 먼저 드러내기보다는 여론을 형성해나가는 데 주력했다. 단순히 여론을 따라가지 않고 참전 쪽으로 향하도록 끌고 갔다. 이렇게 지도자는 여론조사를 제대로 활용할 줄 알아야 한다.

대통령으로서 가장 위험한 태도는 두 가지다. 하나는 여론을 신경 쓰지 않는다는 것이다. 이처럼 주권자가 어떻게 생각하는지 관심 없다는 태도는 선출직 공무원으로서 대단히 위험한 발상이다. 반대로 국민이 원하기 때문에 어쩔 수 없다는 식으로 여론에 끌려가는 것도 위험하긴 마찬가지다. 루스벨트처럼 양 극단의 사이에서 창조적 아이디어를 내놓는 것이 지도자의 몫이고 리더십이다.

●

악용되는 여론조사

철학자이자 소설가인 움베르토 에코^{Umberto}

^{Eco}는『민주주의가 어떻게 민주주의를 해치는가』라는 책을 통해 여
론조사를 이렇게 정의했다. "여론조사는 어느 순간 갑자기 어떤 문제
에 대해서 질문을 던졌을 때 나온 말을 모아놓은 것일 뿐이고 그 순
간의 정서가 반영된 것일 뿐, 응답자가 제기된 문제에 대해 얼마만큼
알고 있는지 알 수 없다. 때문에 여론조사를 할 때 응답하는 내용과
오랫동안 고민한 뒤 투표장에 들어가서 내리는 결론은 질적으로 다
르다." 맞는 말이다.

이러한 맹점 때문에 여론조사는 의도적으로 악용되기 쉽다. 실
제로 권력이 여론조사를 이용한 예는 부지기수일 것이다. 그 중에서
매튜 A. 크렌슨^{Matthew A. Crenson}과 벤저민 긴스버그^{Benjamin Ginsberg}가
쓴『다운사이징 데모크라시^{Downsizing Democracy}』에 나오는 사례를 소개
한다. 여론조사를 계기로 뒤집어진 미국의 노동관계법에 관한 이야
기다. 1935년 미국에서 뉴딜 개혁이 이뤄질 당시 노조 설립을 쉽게
하도록 돕는 '와그너 법^{Wagner Act}'이 생겨났다. 법률을 제안한 상원의
원의 이름을 본떠 만들어진 와그너 법은 근로자의 단결권과 단체교
섭권을 보호하자는 내용을 담고 있다. 친 노동자 법인 것이다. 그런
데 뉴딜이 끝나가던 1947년 해리 트루먼^{Harry Shippe Truman} 대통령 시
절, 공화당이 와그너 법을 없애야 한다고 주장하고 나섰다. 노조를
약화시켜야 보수정권인 자신들에게 정치적으로 유리했기 때문이다.
그래서 내놓은 안이 '태프트-하틀리 법^{Taft-Hartley Act}'이라는 이름의

반 노동 법안이다. 파업권을 제한하고 대통령이 법원의 허가를 얻어 노동자들의 직장 복귀를 명령할 수 있게 하는 등, 노조의 힘을 꺾는 내용이다. 상원에서 통과된 태프트-하틀리 법은 그러나 트루먼 대통령이 거부권veto을 행사하는 바람에 난항에 빠지게 된다. 미국 법에 의하면 대통령이 거부한 법안은 국회의원 3분의 2의 재의결을 통해 거부권을 무효화하고 국회에서 통과시킬 수 있다. 그런데 다시 국회에 넘어간 이 법안에 대해 미국의 전국단위 노조인 전미노동자연합AFL-CIO이 낙선운동까지 언급하며 강경하게 반대하고 나섰다. 그렇게 국회가 태프트-하틀리 법을 가지고 우물쭈물 하는 동안, 어느 날 신문에 한 여론조사가 등장해 상황을 역전시켰다. 국민에게 이 법에 대한 찬반을 물었더니 찬성이 훨씬 높게 나왔던 것이다. 이를 계기로 국회는 태프트-하틀리 법안을 통과시키고 말았다. 그렇게 만들어진 법이 지금의 미국 노동관계법이다.

그 여론조사에 응답한 사람은 누구였을까? 만약 응답한 사람이 노동자였다면 자신의 이익에 반하는 법안에 대해 반대하는 게 당연한 일이다. 그런데 노동자는 조직적으로 묶였을 때와 달리 고립된 개인이 되었을 때는 정체성이 흐려지고 만다. 노동자라는 인식보다는 여론에 휩쓸려, '그래도 괜찮은 거 아니야?'라고 쉽게 결정해버린다. 실제 응답자의 정체성과 전혀 다른 대답이 나오고 이를 통해 만들어진 데이터는 일종의 가공된 여론이 되는 셈이다. 그렇게 해서 마치 노동자들도 노동관계법 개정을 선호하는 것처럼 호도되었고, 노동자들은 자신의 이익에 반하는 법안을 지지하는 꼴이 되어버렸다.

우리나라에서도 여론조사를 정권 마음대로 해석하며 이용하는 사례가 적지 않다. 4대강 사업을 추진한다고 했을 때 여론조사를 해보면 절대다수가 반대를 표명한다. 그러나 그럴 때는 정부도 언론도 별로 중요하게 다루지 않는다. 반대로 여당이 추진하는 일에 대해 찬성이 높게 나타나면 대서특필된다. 얼마 전 헌법재판소에서 열린 통합진보당 위헌정당 해산 심판 청구에서도 여론조사가 인용됐다. 그게 어떻게 이뤄진 여론조사인지도 정확하지 않은데 그저 자신에게 유리하다는 이유로 그냥 갖다 썼다. 법무부는 정당해산 심판 청구서에 TV조선, JTBC, 문화일보의 여론조사를 인용했는데 모두 찬성 여론이 60%를 웃돌았다. 만약 자신들에게 유리하지 않았다면 여론조사를 인용했을까?

이는 역대 여당도 모두 마찬가지다. 대통령 지지율이 높으면 굉장히 크게 홍보하고, 또 추진하는 정책에 이용한다. 대통령 지지율이 이렇게 높은데 왜 반대하느냐며 상대를 압박하는 데 쓴다. 반대로 지지율이 낮으면 여론의 흐름은 언제든지 바뀌는 것이니 우리는 연연하지 않는다며 의연하게 나온다. 이런 세태는 굉장히 위험하다. 선출직 공직자가 자신을 선출한 사람들에게 책임지는 자세를 갖지 않기 때문이다.

그렇다면 책임지는 방식은 무엇일까? 뜻을 알아야 책임도 질 수 있다. 그 뜻을 보여주는 방법이 여론조사다. 그러니 여론조사는 신중하게, 일체의 편견 없이 읽고 민심을 이해하는 바로미터로 활용해야 한다. 더불어 여론조사가 전부는 아니라는 사실 또한 알아야 한다.

●

여론조사는 선거가 아니다

여론조사를 할 때는 인구통계학적 구성에 맞춰 표본을 설계한다. 10년 단위로 연령을 나누고 남녀의 비율을 맞추고 지역 구성도 고려한다. 그러나 투표율은 선거에 참여한 사람을 대상으로 한다. 구성을 맞춘 선거인단이 대상이 아니라 직접 투표한 사람을 대상으로 한다. 대략 우리나라 선거 대상자 가운데 전체의 70%만이 투표를 한다. 그런데 이 70%의 사람들은 인구통계학적 구성에 맞춰서 투표장에 오지 않는다. 그러니 당연히 구성비도 달라진다. 때문에 일반 여론조사가 선거 결과를 맞히는 게 쉬운 일은 아니다.

2012년 미국 대선이 그랬다. 공화당의 미트 롬니 Mitt Romney 와 현직 대통령 오바마와의 여론조사 대결에서 두 후보는 박빙의 상황이었다. 그러나 실제 뚜껑을 열어보니 오바마가 완벽하게 이기는 선거였다. 여론조사와 실제 투표장에 나온 투표자 사이에 차이가 있었기 때문이다.

선거는 투표장으로 나오는 과정이 전제되어 있기 때문에 여론조사와 근본적으로 다른 문제가 된다. 여론조사에서 50% 지지를 받더라도 그 지지자들이 다 투표장에 나오는 것이 아니기 때문에 언제든지 소수가 될 수 있다.

또한 선거는 단순히 하나의 판단근거로 이뤄지지 않는다. 어떤 이가 누군가를 지지하고 표를 줄 때는 나름의 이유가 존재한다. 공약이나 정책을 꼼꼼히 따지는 사람이 있는 반면 무조건 보수를 지지하는 사람도 있고, 후보자의 인물됨을 보는 사람도 있다. 그 모든 이유를 정교하게 읽어내 누가 왜 그를 찍었는지 알아낼 방법은 별로 없다. 전체적인 결과가 나왔을 때, 이것이 어떤 의미를 갖는다고 해석할 수는 있다. 때문에 선거라는 과정은 단순히 여론의 흐름만으로 알수 없는 아주 복합적 방정식다.

여론조사 응답과 투표장에서의 행위는 질적으로 다르다는 점, 전체 모집단의 대상자 모두가 투표장에 나오는 것이 아니고 투표자의 구성비는 여론조사의 구성비와 다르다는 점, 이 두 가지 점 때문에 여론조사와 선거는 다른 맥락에서 읽어야 한다. 설사 두 가지가 깊은 상관성을 갖는다 할지라도, 선거에서 어떤 후보를 내세울 것인가의 문제를 여론조사만을 근거로 결정짓는 것은 어리석은 일이다.

실제 그렇지도 않지만 무조건 이길 가능성이 높은 후보를 내는게 정치의 정답일까? 꼭 그렇지 않다. 정치란 다수의석을 차지해 본인이 원하는 바를 추진하는 게 다가 아니다. 설사 다수의석을 차지했더라도 내부 사람들 간의 생각이 다르면 더 이상 다수의석이 아니다. 따라서 어떤 후보를 낼지는 더욱 조심스러워해야 한다.

●

여론조사를 제대로 읽어야 승리한다

우리나라는 지나치게 여론조사에 의존하는 경향이 있다. '여론조사 민주주의'라고 할 정도로 여론조사를 통해 너무 많은 결정을 한다. 특히 대선 후보를 결정하는 과정이 그렇다. 대통령 후보를 여론조사를 통한 대통령 후보 선출도 모자라 여론조사를 통한 후보 단일화는 슬픈 코미디다. 정치의 기본 문법에도 맞지 않는 일이다. 그런데 2002년 대선에서 그런 일이 일어났다. 당시에는 별다른 수단이 없었으니 어쩔 수 없었다 하지만, 정치적 상상력을 시도조차 해보지 않은 것은 안타까운 대목이다. 문제는 여론조사가 절대로 과학적이지 않다는 사실이다. 두 후보가 합의하는 하나의 방식으로서 의미가 있을 수 있겠지만 두 후보 중 누가 더 경쟁력이 있는 사람인가를 가늠하는 과학적인 방법으로 보기엔 무리가 있다. 앞서 말한 바와 같이 선거라는 게 단순한 호불호의 차원을 넘어서기 때문이다. 또한 여론조사는 지지율만 보는 것이 아니라, 그 데이터 안에 숨겨진 이야기들, 대중이 선호하는 후보자, 대중이 인식하는 후보자의 경쟁력, 여러 현안에 대한 대중의 의견 등을 잡아내야 하는데 지금은 그렇지 못하는 게 현실이다. 여론조사는 기술의 영역이며, 선거를 결정짓는 것은 후보와 그를 둘러싼 사람들의 힘이기도 하다.

이렇게 선거에서 여론조사를 지나치게 활용하는 관행, 특히 정당이 어떤 후보를 내세울지를 결정하는 여론조사 민주주의는 결국 민주주의를 후퇴시키는 행위다. 여론조사를 통해 후보를 뽑는다면 인지도가 가장 높은 사람이 유리할 수밖에 없다. 대중은 일단 아는 사람에 대해 긍정적인 응답을 하기 때문이다. 여론조사 민주주의의 폐해는 이렇게 드러난다. 2009년 노무현 서거 직후 행해진 2010년 지방선거는 노무현 향수가 여론조사에 강력한 영향을 미쳤다. 여론조사를 할 때 후보들의 경력을 불러주는데, 이때 노무현 정부에서 어떤 일을 했는지를 넣는 사람과 안 넣는 사람의 지지율이 천지 차이로 달랐다. 후보 아무개는 모르는 사람이지만 노무현과 관련된 타이틀이 후보의 호불호를 결정하는 관건이 된 것이다. 당연히 여론조사 문구를 놓고 격렬한 싸움이 벌어졌다. 각자 유리한 타이틀을 쓰기 위해서다.

여론조사에서는 무조건 인기 있는 사람이 선두에 나설 수밖에 없다. 지금처럼 정치인과 대중이 직접 소통하는 것이 아니라 미디어를 통해 간접 소통하는 상황이라면 더욱 그렇다. 이렇게 되면 어떤 후보의 지지율을 높이는 열쇠는 미디어, 즉 언론이 쥐게 된다. 언론이 과도한 권한을 행사할 수 있는 여지를 준다. 실제로 TV를 통해 이미 얼굴을 알린 사람이 후보로 나오면 선거에서 유리하다. 선거가 정책 대결이 아니라 서로 인지도 높은 사람을 내는 게임, 또는 스펙이 좋은 사람을 내는 게임으로 변질되면 어느 당에 있어도 전혀 어색하지 않은 사람이 난무하고 결과적으로 당이 제 색깔을 내지 못한다. 민주당의 누군가가 국회의원이 되었는데 오히려 새누리당에 부합하는 정책을 지지하는 식으로 정체성이 마구 뒤섞여버린다. 또한 정당이 자기 당을 대표하는 사람들을 위한 정책 대결보다 인기 있는 사람을 서로 영입하려고 경쟁하는 웃기는 정치를 펼치게 된다. 누구를 대표하는지도 모르는, 그저 명망가일 뿐인 사람들이 무대 위에서 대중 없는 정치를 하게 되는 꼴이다.

이는 민주당이 반성해야 할 대목이다. 민주당이 그동안 여론조사를 적극 활용한 이유는 사실 기존 정당의 틀 안에 갇혀 대중과의 소통이 부족했다는 자기 반성 때문이다. 그럼에도 불구하고 제한적인 수단으로 써야 할 여론조사를 너무 일반화시켜버린 까닭에 여론조사 민주주의를 초래하고 여론조사와 선거를 같은 차원으로 만들어버렸다. 후보 경쟁력을 여론조사로 판별하는 건 결국 인기투표에 다름 아니다. 그것도 경력이나 인지도라는 근거도 없는 인기조사인 경우가 태반이다. 민주당은 여론조사 민주주의에서 벗어나 누구를 대표하고 누구를 대변할지 분명하게 정하고 거기에 충실한 후보를 내세우는, 선거의 본질을 다시 일깨워야 한다. 그렇게 당에 충실한 후보를 뽑아 정당조직과 당원을 통해서 대중에게 알리고 설득하는 과정을 통해 공직자로 선출되도록 해야 정권을 잡더라도 안정적으로 유지해나갈 수 있다.

4장

정치는
우리 삶의
문제이다

정치와 언론의
위험한 관계

●

사회적 어젠다를 좌우하는 언론의 힘

청와대에서 기사를 검열하던 시절이 있었다. 그러나 권력에 의한 언론 개입이 그리 먼 과거의 일이 아니다. 지난 정권인 이명박 정부도 언론사의 인사 문제에 개입한데다 정치 평론가 블랙리스트까지 만들었다고 한다. 현재 박근혜 정부로 넘어오면서는 어떤 구체적인 움직임이 있는지 알 수 없다. 대신 각 언론사가 스스로 자기검열을 하기 시작한 듯하다.

이런 현상은 어찌 보면 진영 간의 대결이 낳은 폐해 중 하나다. 진영이 극명하게 나뉘면 언론은 자기 진영 편들기에 우선순위를 둘 수밖에 없다. 보수 언론이라도 어떤 사안에 대해서는 다른 목소리를 낼 수도 있지만 진영 대결이 심한 상황에서는 그조차도 힘들다. 진영 대결이 극심했던 지난 대선 이후로도 갈등이 계속되는 지금, 우리나라 언론이 언론다운 비판적 역할을 해낼 상황은 아직 아닌 듯하다.

행정, 정치와 거리를 둔 비판자로서의 기능이 불가능해 보인다.

그러나 진영 대결을 논외로 하더라도 우리나라 언론이 크게 편향되어 있는 것만은 사실이다. 일례로 지난 대선 와중에 벌어진 국정원의 선거 개입에 대한 경찰의 중간수사 결과 발표를 들 수 있다. 만약 언론이 대선에 끼어들지 않아야 한다는 판단을 했더라면 중간수사 결과에 대해 대서특필하지 않았을 것이다. 게다가 최종 결과도 아닌 중간수사 결과를 밤 11시가 넘은 시간에 보도자료로 배포한 경찰의 의도를 읽었더라면, 보도가 선거에 미치는 영향을 언론도 감지했을 것이다. 그렇다면 제삼자의 입장을 취해야 할 언론으로서는 보도 자체를 최대한 줄이고 가급적 선거에 영향을 주지 않는 방향으로 이끌어야 했다. 그러나 결과는 그 반대였다. 실제로 얼마나 영향을 미쳤는지는 아무도 모를 일이지만 많은 사람들이 봤을 때 불공정하다고 느끼기에 충분한 상황을 언론이 스스로 연출했다.

대선은 흔히 '프레임 전쟁'이라고 말한다. 진보가 후보 단일화를 하면 보수는 야합이라고 압박하고, 반대로 진보는 보수의 과거사를 들쑤시며 프레임 전쟁에 나선다. 이 프레임을 만들 때 언론의 역할이 무척 크다. 2013년 가을 대두된 채동욱 전 검찰청장 혼외자식 문제를 들여다보자. 처음 「조선일보」가 혼외자식 문제를 거론했을 때 많은 언론이 「조선일보」의 단정적 보도가 과했다고 비판했다. 그러나 「조선일보」가 잇달아 여러 정황증거를 들이밀자 보수와 진보 두 프레임은 팽팽한 정면충돌의 양상으로 이어졌다. 「조선일보」를 비롯한 보수 언론은 도덕성 프레임을 설정했다. 반대편인 진보 언론은 이 문제가 권력의 전횡으로 인한 채동욱 찍어내기라고 보고 검찰의 독립성 프레임을 내놓았다. 그런데 정부가 나서 이 문제를 도덕성 프레임

우 리 가   바 라 는   정 치

으로 규정하자, 나중에는 다들 그 쪽으로 휩쓸려가고 말았다.「한겨레」,「경향신문」등이 여전히 검찰의 독립성 프레임을 내세웠지만 점점 밀리고 말았다. 프레임을 제시함으로써 그에 대한 결과를 만들어내는 '프레이밍 효과 Framing Effect'에서 보수언론이 승리했다.

이 프레이밍 효과에 있어 '조중동'이라 일컬어지는 우리나라 보수 언론의 힘은 무척 세다. 이전보다 전체 가구수 가운데 신문구독자의 비중이 점차 줄어들고 있다고 하지만 여전히 이들 유력 신문에 어떤 주제가 등장하느냐에 따라 그날의 어젠다가 형성된다. 수많은 아침 시사방송이 이들의 아이템을 그대로 가져오고, 많은 사람들이 사석에서 이 아이템들을 주제로 대화한다. 심지어 하루 종일 뉴스를 보도해야 하는 종편 채널에서는 그날 아침 메이저 신문의 아이템에 따라 전체 프로그램을 구성하기도 한다. 여전히 신문언론의 힘이 막강한 것이다. 이는 실제로 몇 퍼센트의 독자를 갖고 있느냐와는 별개의 문제다.

물론 주류 언론인 신문권력과 방송권력의 이해가 충돌하기도 한다. 1997년 대선에서는 매 신문마다 대통령 후보들의 TV 토론 활성화를 주문하는 기사가 등장했다. 그러나 실제로 TV 토론이 시작되고 나니 많은 사람들이 TV 토론을 통해 지지할 후보를 결정하게 됐다. 신문권력은 자신들의 힘이 줄어든다는 위기의식을 느끼게 됐고, 그 이후부터는 신문에서 TV 토론 활성화와 관련된 이야기가 등장하지 않는다. 일종의 신문과 방송의 권력투쟁이다. 만약 방송권력이 신문권력과 대결하겠다고 작정한다면 방송권력이 승리할 수 있다. 영상이 갖는 힘이 워낙 강력하기 때문이다.

그러나 지금 방송권력은 그렇게 하지 못한다. 물론 아예 신문을 보지 않는 사람도 많아지고 스마트폰이나 SNS를 통해 메이저 신문이 아닌 자기 판단을 기준으로 이슈를 접하는 사람이 늘어나고 있다. 그러나 방송이나 공론의 장은 이들을 고려해 어젠다를 형성하지는 않는다. 가십과 공적 어젠다는 전혀 다르다. 자생적으로 대중의 관심을 끄는 이슈는 굳이 주류 언론이 어젠다를 설정하지 않아도 화제가 될 수 있다. 그러나 공적인 이슈는 아직도 메이저 언론이 어떻게 가공하느냐에 따라 다르게 만들어진다. 이 때문에 신문언론이 어떻게 움직이느냐에 따라서 사회가 어떤 프레임으로 가느냐가 결정된다. 그래서 지금은 방송권력이 신문권력에 종속되어 있다고 볼 수 있다.

언론의 또 다른 힘은 '프라이밍 효과Priming Effect', 즉 점화효과에서도 나온다. 사람들의 머릿속에는 기억이 차곡차곡 쌓여 있다. 그런데 만약 어떤 사건이 생겼을 때, 언론이 대중들의 기억 속에 들어 있는 과거의 무엇과 연결시켜 설명하느냐에 따라 사건을 바라보는 시각이 달라진다. 이를테면 박정희를 보릿고개에서 벗어나게 해준 지도자로 점화시킬 것인지, 아니면 유신독재를 추진한 사람으로 점화시킬 것인지에 따라 그에 대한 평가가 달라지는 식이다. 노무현을 추억할 때 영화 변호인처럼 정의 콘셉트로 보느냐, 막말 콘셉트로 보느냐는 완전히 다른 느낌을 갖게 한다.

●

생각보다 위험한 언론

여론조사가 흉기가 될 수 있듯이 언론도 흉기가 될 가능성을 내포하고 있다. 언론은 어쨌든 비판적 기능을 하기 때문에 정부를 견제하는 수단으로써 절대적으로 필요한 존재이긴 하다. 그러나 지금은 언론도 산업이다. 그 속에 자본의 논리가 들어 있을 수밖에 없다. 언론이 독자들의 구독료가 아니라 광고시장에 의해 굴러가는 현실이라면 자연히

> 뉴스를 보되, 어느 시점부터는 판단을 해야 한다. 애매한 중립, 애매한 무결정이 아닌 스스로 판단을 했으면 좋겠다.

자본의 눈치를 보기 마련이다. 이 문제는 사실 언론이 정권의 편을 드는 것보다 훨씬 더 심각하게 바라봐야 할 사안이다. 친 기업의 태도가 친 정권보다 더욱 강고하기 때문이다. 정권과 언론의 관계는 언제든지 바뀔 수 있다. 당장 노무현 정권 때만 하더라도 조중동이 정권에 맞섰다. 그래도 언론사는 유지될 수 있었다. 광고가 있었기 때문이다. 과거에는 권력이 힘을 써서 밉보인 언론사에 광고를 못 주게 했다지만 지금은 그럴 수 있는 시대도 아니다. 그러니 사실을 들여다보면 언론은 사회의 공기인 동시에 경제논리에서 자유로울 수 없는 하나의 산업임을 기억해야 한다.

언론이 산업이란 태생적 한계를 안게 되면 비판적 기능에 문제가 생긴다. 경제권력은 독점화될수록 커진다. 그래서 이런 경제권력의 질주를 제어하기 위해 정치권력은 반 독점 정책을 통해 경제권력을 분리시킨다. 그러나 지금 우리 사회는 경제권력을 견제하는 기능이 잘 돌아가지 않고 있다. 정치권력의 힘 역시 경제권력을 제어할 수 있을 만큼 크지 않다. 이런 상황에서 두 권력이 대립한다면 당연히 언론은 경제권력의 눈치를 먼저 보게 된다.

더 큰 문제는 정치권력, 경제권력, 언론권력이 완전히 일치했을 때다. 진보가 권력을 잡은 상황에서는 언론과 권력이 팽팽한 긴장관

계를 유지한다. 그러나 보수 정권 아래서는 이렇게 되기 힘들다. 이미 언론시장의 70~80%를 보수가 쥐고 있기 때문이다. 권언유착은 당연하고 여기다 경제권력이 더해져 3자 동맹을 맺는다. 보수적 성향이 강할 수밖에 없는 관료까지 가세한다면 이는 실로 어마어마한 위력을 갖게 된다. 이것이 기울어진 운동장이란 말의 실체다.

언론과 정치는 이해관계가 충돌할 가능성이 있다. 특히 진보정치 세력과는 충돌의 가능성이 더 커진다. 국회의원 수 늘리는 것을 제일 싫어하는 세 집단이 있다. 바로 언론, 기업, 관료들이다. 일단 관료는 감시를 받으니 싫다. 기업은 정치인이 많아지면 이것저것 따지고 들어오니 싫다. 언론도 마찬가지다. 정치인이 국민을 대표해서 행정부를 감시하면서 그 사회의 문제점을 지적하기 시작하면 언론의 역할이 줄어든다. 언론이 아니라 정치가 사회적 공기, 파수꾼으로서의 역할을 대신하게 되기 때문이다.

많은 학자들이 우리나라의 국회의원 수 300명이 다른 나라에 비하면 턱없이 적다고 한다. 그럼에도 불구하고 이 세 집단은 요지부동 국회의원 확대를 반대한다. 지난 대선에서 대통령 후보로 나선 안철수도 국회의원 수를 줄이겠다는 공약을 내세웠다. 그러나 사실상 그 공약을 내세우면서 안철수의 기세도 꺾였다. 국회의원 축소를 주장하는 걸 보고 그가 정치를 잘 모르는 사람이란 평가가 흘러나오기 시작했기 때문이다. 일반 국민들이야 국회의원은 밥값도 못하는 사람들이라고 생각하며 정서적으로 거부감을 가질 수 있지만 실제 정치를 하겠다는 사람은 그렇게 말해서는 안 된다. 국회의원이 줄어들 때 가장 큰 이익을 보는 쪽은 현실의 기득권자이기 때문이다.

정치를 뒤흔드는 언론의 힘

언론이 정치와 충돌하는 수준을 넘어서 아예 정권을 움직인 사례도 있다. 영국의 노동당은 제2차 세계대전 직후인 1945년 총선거에서 압도적인 차이로 보수당에 승리했다. 그러나 1979년 총선을 시작으로 내리 세 번이나 총선에서 패배했다. 그러던 중 1992년 총선이 돌아왔다. 그 선거의 사전 조사 결과, 노동당이 보수당보다 유리하다는 의견이 나왔다. 그런데 영국의 황색 언론이 선거를 며칠 앞둔 시점에서 대대적인 반 노동당 공세를 시작한다. 노동당이 집권하면 세금폭탄을 각오해야 한다는 식으로 노동당 집권을 부정적으로 묘사하면서 유권자들의 공포감을 조성하기 시작했다. 결국 노동당은 1992년 총선에서 패배했다. 언론의 힘이 정치를 뒤집어버린 것이다.

우리 언론도 유력 언론이 특정 편향으로 경도되어 있기 때문에 상황은 크게 다르지 않다고 본다. 이런 편향성은 특히 민주 정부 시절 정권과의 대립으로 나타났다. 김대중 정권 때, 호남에서 처음 정권교체가 이뤄져 각 방송사마다 호남 출신이 약진하기 시작했다. 그러나 조중동 등 주류 언론과는 여전히 관계가 좋지 않았다. 일단 IMF를 극복해야 하는 상황이니 초반에는 큰 무리 없이 지냈지만 어느 순간 호남 세력이 약진하자 영남 중심으로 형성되어왔던 기득권 세력들은 심기가 불편해질 수밖에 없었다. 나중에는 김대중 정부가 언론사 세무조사를 벌인 탓에 결정적으로 갈등이 불거지기 시작했다. 이전까지 잘 들어주던 언론사 민원을 김대중 정부가 거부한 것도 갈등의 원인이 됐다.

노무현 정권 시절의 언론과의 갈등은 알다시피 최악이었다. 「조선일보」와의 갈등을 시작으로 보수와의 전면전이 펼쳐질 정도였으니 노무현은 임기 내내 보수언론의 공세에 시달려야 했다. 먼저 빌미를 준 점을 감안하더라도 필요 이상으로 언론의 뭇매를 맞은 면이 없지 않다. "대통령 힘들어서 못해먹겠다"는 말을 하면 "오죽하면 저런 말을 할까"가 아니라 "대통령 자격이 없다"고 공격했다. 그렇게 대립이 첨예해지다 보니 한쪽으로 쏠린 것도 사실이다. 편향성이 굳어졌다. 나중에 가서는 청와대가 기자실을 폐쇄해버리는 초강수를 두기도 했다. 철천지원수가 됐다.

물론 집권자가 언론과의 관계를 어떻게 설정할지는 중요한 문제다. 지방행정까지 쥐고 있던 과거와 달리 기초단체장이 모두 선출직으로 교체된 지금은 정부가 언론을 통하지 않고 자기 메시지를 대중들에게 직접 제시하기가 쉽지 않다. 그만큼 언론이 중요해졌다. 그러나 반대로 언론도 자기 중립성을 다시 세워야 한다. 예전에는 선거를 하면 보수와 진보 사이에 기계적 균형이라도 맞췄는데 요즘은 그조차 하지 않는 경우가 많다. 공중파에서는 기계적 균형 맞추기도 포기했는지 아예 정치뉴스를 줄여버렸다. 이를 대신 종편이 가져갔고 지금의 종편은 남들이 뭐라 하든 자기주장 하기 바쁜 모습이다. 언론의 편향된 성향, 저급한 수준은 매우 심각한 문제다. 이는 사회적 의제화로 만들어져 논의되어야 할 일이다.

우리나라의 정치행위는 여전히 많은 부분에서 친 언론행위로 짜여 있다. 이 사안이 언론에 보도될지 여부가 정치적 공과의 잣대가 되고 있다. 새누리당과 민주당은 매일 아침 최고 의사결정기구회의를 한다. 당대표부터 모든 의원들이 모두 발언을 하는데, 이때 각 언론사의 카메라 기자와 취재기자들이 모여 그들의 말을 받아 적는다. 회의는 어느새 언론을 의식한 행위가 된다. 그러면 언론이 새누리당과 민주당의 발언 가운데 몇 가지 주제를 뽑아서 대립구도를 만든다. 매일 아침 쏟아내는 수많은 이야기 가운데 어떤 걸 보도할지 언론이 정한다. 그러면 양당은 또 그 보도를 보고 싸운다. 이 싸움이 다시 뉴스로 재생산된다. 다음날 아침이 되면 전날 화제가 된 이슈가 다시 오늘의 주요 쟁점이 된다. 어제 논의된 사안을 무시하고 아예 다른 얘기를 할 수 없기 때문이다. 그것을 또 언론이 가공해 내놓는다.

이런 과정의 반복을 통해 정치가 보여지다 보니 우리나라 정치는 언론이 한다는 말이 나오기도 한다. 엄밀히 말하면 정치는 정치부 기자, 더 정확하게 말하면 정치부 데스크가 한다. 일선 기자들은 정치를 잘 모르는 상태에서 정치부로 들어와 익숙해질만 하면 출입처를 바꾼다. 계속해서 새로운 사람이 정치부에 투입되는데, 그들이 정치를 잘 모르니 데스크의 요구대로 따라가게 된다. 데스크가 말하는 대로 아이템이 결정되고 심지어 기사 내용이 바뀌기도 한다. 대한민국 정치에서 발언권이 가장 센 사람을 뽑으라면 메이저 언론사의 정치부장, 편집국장, 더 올라가면 사주이다. 사실상 양당 대표보다 이들의 입김이 더 세다. 문제는 이들이 뿌리 깊은 편향성을 가지고 있다는 데 있다.

이런 상황에서 가장 위축되는 쪽은 결국 야당이다. 대통령이나 여권이 어떤 안을 꺼낸다면 아무리 언론이 비판적 입장에 서 있더라도 기사화하지 않을 수 없다. 그런데 야당은 무슨 말을 해도 기사화되지 않는 경우가 많다. 눈에 보이지 않는 차별이다. 그러니 국민들은 늘 야당이 도대체 뭘 하고 있느냐고 질책한다. 야당 입장에서는 자신들은 열심히 하는데 언론이 써주지 않는다고 볼멘소리를 한다. 물론 나조차도 그런 환경을 몰랐던 것 아니지 않냐고 질책한다. 그럼에도 불구하고 언론은 야당이 목소리를 기사화하고 대중에게 전달하기 위해 노력해야 한다.

그러나 막상 기사를 내보내는 당사자의 입장이 되면 이는 굉장히 심각한 문제로 다가온다. 이것이 언론의 게이트키핑 gatekeeping, 즉 기자나 편집자 등 기사 결정권자가 기사를 취사 선택하는 권한이 갖는 무시무시한 힘이다.

종박
vs.
종북

●

빨갱이에서 종북까지

시도 때도 없이 '종북'이란 단어가 횡행하는 시대다. 철저히 정치적으로 기획된 용어인 종북이 등장한 것은 2008년 민주노동당 조승수 의원이 한 언론과의 인터뷰에서 '종북주의'를 언급할 때부터다. 종북이라는 말은 쉽게 말해서 '빨갱이'의 다른 표현이다.

우리나라의 반공주의, 즉 레드 콤플렉스는 상당히 위력적이다. 냉전시대를 통과하면서 한반도는 유사 사회주의 — 현재로서는 사회주의라 할 수 있을지도 의문이다 — 와 자본주의의 대립이 벌어졌다. 게다가 동족상잔의 비극인 6·25 전쟁을 겪었다. 이는 기성세대에게 자신이 실제로 체험한 삶의 영역이 됐다. 그러니 북한이나 빨갱이라는 말에 예민하게 반응하지 않을 수 없다.

한편으로는 남한의 집권 세력 역시 북한을 인정하기 힘들었다.

독립 이후 북한과 정통성 경쟁을 할 수밖에 없었고 자신의 정통성을 내세우기 위해서는 상대방을 용납할 수 없었다. 이런 상황에서 남한의 몇몇 좌파들은 빨갱이라는 주홍글씨를 안고 처절하게 소탕됐다. 북으로 도망을 치지 않은 자들은 빨치산이 되어 죽음을 맞이했으며 잔류 세력은 신분을 숨기고 살아갔다. 분단 체제에서 미국에 의해 조성된 반공 이데올로기와 전쟁이 만들어낸 반북 이데올로기가 강력한 힘을 발휘하게 된 것이다. 그러니 이런 사회 내에서 북한에 동조하는 세력이 배제와 부정의 대상이 되는 것은 당연한 일이었다.

여기에 진영논리가 작동했다. 세계가 동서로 나뉘어 대립하던 냉전시대 당시, 자유 진영의 국가들이 모두 민주주의였던 것은 아니다. 미국은 소련에 반대하는 진영이라면 독재도 용인했다. 저쪽과 경쟁하기 위해서 무리하게 우리 편을 들어주는 것, 즉 진영논리가 작동했기 때문이다. 이것이 우리 사회로 들어오게 되면서 더욱 극단으로 치달았다. 다양성은 인정되지 않고 우리 주장에 동의하지 않으면 무조건 저쪽 편으로 치부해버렸다. 흑과 백 사이에 무수히 많은 색을 무시하고 흰색을 좋아하지 않는다는 말을 흑을 좋아하는 것으로 강제 조작한 것이다. 이런 폐해에도 불구하고, 진영논리가 우리 사회를 움직이게 됐다. 이것이 현 집권 세력에 동의하지 않는 세력을 저쪽 편으로 위조해 처벌하고자 하는 레드 콤플렉스, 빨갱이 담론의 결과다.

그런데 냉전이 끝나고 사회주의 국가가 허물어지기 시작했다. 강력한 상대가 힘을 잃으니 진영논리도 더불어 무너져내리기 시작했다. 남한의 기득권은 이런 상황에 기민하게 대응해 북방정책을 펼쳤다. 시장과 경제논리의 관점으로 상황을 바라보고 북방 시장을 개척하자는 구호를 내걸고 공산국가들과 교류를 시작했다. 냉전 해체 시대를 잘 읽어낸 것이다. 그러나 공산국가와의 문호개방 정책을 쓰면서도 국내에서는 공안 통치를 지속했다. 공산주의 국가와의 교류를 내부적으로는 용인하지 않는다는, 사실상 레드 콤플렉스를 유지하고자 하는 정치적 술수였다. 진영논리가 사라졌지만 북한과의 대결이라는 현실을 이용하겠다는 기득권의 전략이었다.

레드 콤플렉스가 지역주의와 결합해 가장 큰 효력을 발휘한 것은 정치인 김대중 깎아내리기였다. 누군가 우리 사회를 바꿔야 한다고 주장하면 호남 사람이기 때문에, 빨갱이이기 때문에 그렇다고 낙인을 찍어 정당성을 무시하고 짓밟아버렸다. 주장하는 바의 진짜 내용을 들여다보지 못하도록 막고 대중이 문제를 바라보는 포커스를 왜곡시키려 애썼다. 그것이 워낙 강력했기 때문에 보수세력으로서는 이 전략을 그 후로도 버리기 힘들어진 것이다.

그러나 우리 사회가 민주화를 겪고 경제적으로도 발전하면서 더이상 빨갱이라는 단어는 쓰지 않게 됐다. 사실상 사회주의 국가가 무너지고 난 뒤여서 우리나라에서도 사회주의자라고 할 만한 사람이 없기도 했다. 현실 사회주의가 무너지고 나니 그것의 정당성을 주장하기가 무색해진 까닭이다. 사회주의 국가의 몰락은 진보를 아노미 상태에 빠뜨렸다. 더불어 보수 역시 타도의 대상이 사라지자 난감해졌다. 터부의 대상을 유지해야 기득권 유지에 유리한데, 그것을 작동시키기 쉽지 않아진 것이다.

햇볕정책 10년을 거치고 나니 남북 대결이 완화됐고 국민도 이제 북한에 대해서 어느 정도 알게 됐다. 예전처럼 레드 콤플렉스가 정치적 효과를 발휘하지 못하게 된 것이다. 그러니 조금 더 세련된 형태, 제한된 형태가 필요해졌다. 이런 상황에서 종북이라는 단어가 등장했고 보수 진영은 이를 기민하게 이용하고 나섰다. 진보세력의 햇볕정책도 부정하고 내부의 반대파도 제어하는 전략으로서 종북이라는 카드를 다시 꺼내든 것이다.

●

보수와 진보의 발목을 잡는 종북몰이

위험한 것은 종북이란 용어 자체가 점점 싸구려로 쓰이고 있다는 점이다. 앞뒤 가리지도 않고 아무데나 종북을 가져다 붙이고 마음에 안 드는 사람이라는 이유로, 고기 값을 깎아주지 않았다는 이유로 종북이라고 매도한다. 억지가 따로 없다. 이런 상황을 역으로 바라보면 종북몰이가 결국 보수의 발전과 진화를 막고 있다는 것을 알 수 있다. 2007년 대선에 나선 이명박은 중도노선을 표방하고 있었지만 신자유주의를 받아들였기 때문에 개혁적 보수로 보기 힘들었다. 그러나 2012년 박근혜는 경제민주화와 복지를 과감하게 받아들이는 등 개혁적 스탠스를 보여줬다.

하지만 이는 오래가지 않았다. 과거사 논란을 계기로 원래의 정체성으로 되돌아가더니 집권 순간부터 강경보수의 모습을 드러냈다. 이와 더불어 다시 안보보수의 담론이 횡행하는 시대가 도래했다. 보수 내부의 분파 싸움에서 안보보수가 개혁보수를 누르고 승기를 잡았기 때문이다. 이렇듯 종북 프레임은 상대를 옭아매고 있는 것이기도 하지만 반대로 보수의 발목도 잡고 있다. 개혁적 보수로 거듭나지 못하고 과거에 안주하는 보수는 자신을 스스로 위기에 빠뜨리고 있다.

진보 진영도 그 책임에서 완전히 자유로울 수는 없다. 어느 정도는 진보가 빌미를 준 측면도 있기 때문이다. 1980년대 마르크스주의를 공부한 학생들은 혁명을 꿈꾸기 시작했다. 사회주의 혁명, 민중민주주의 혁명이라는 단어와 함께 운동권의 분파인 NL(민족해방 계열), PD(민중민주 계열) 등의 담론이 등장했다. 그런데 혁명은 학생들만의 힘만으로 될 일이 아니었다. 여러 가지 이론이 뒷받침되어야 하는 것은 물론이고 실질적인 자원도 공급되어야 한다. 이런 와중에 사회주의가 흔들리고 결국 무너져버렸다. 지원자는 북한밖에 남아 있지 않았다. 존재의 위기 속에서 혁명 세력 내부의 요구는 북한의 요구와 자연스럽게 만났고 현실적인 운동 세력으로까지 형성됐다.

사회주의가 무너지고 난 이후 대부분의 사람들이 사회주의의 환상에서 깨어났다. 그러나 소수화되고 고립된 NL 주사파들은 더욱 내부의 결속을 강하게 만들었고 이런 상황을 진보 진영은 알고 있으면서도 내버려뒀다. 지금은 보수 진영과 싸워야 할 때고 저들은 우리 편이니까 라는 진영논리 때문에 용인한 것이다. 보수도 '꼴보수'를 싫어하지만 어쨌든 우리 편이기 때문에 감싸안는 측면이 있듯이 진보도 마찬가지 선택을 한 것이다.

진보 진영에게도 책임이 있다는 것은 결국 진보세력이 자기 관리를 제대로 하지 못했기 때문이라는 뜻이다. 민주화 시대가 끝나고 복지와 경제민주화가 시대의 과제로 대두되는 상황이라면 진보세력도 여기에 발맞춰 변화했어야 한다. 민주를 외치는 진보에서 삶의 문

북한 이슈를 통해 여권은 종북 프레임을 계속 가동할 수 있다. 더 큰 이점도 있다. 후퇴를 거듭하고 있는 복지와 경제민주화 어젠다가 쟁점으로 떠오르는 걸 막는 효과다.

제를 외치는 진보로 바뀌었어야 하는 것이다. 그렇게 되면 종북 이슈는 자연히 도태되기 마련이다. 그런데 지난 민주정부 10년 이후 진보도 제대로 진화하지 못했다. 강하게 결속된 소수가 과도한 힘을 발휘하는 환경이 조성되었고 그 안에서 몇몇 개인의 사익까지 결합되다 보니 사안이 엉뚱하게 확대됐다. 이것이 바로 통합진보당 사태 등으로 터지고 만 것이다. 사상의 문제를 정치적으로 탄압하는 것은 분명 헌법적 가치에 위배된다. 그러나 이와 별개로 진보세력의 자기관리 능력 부족은 비판받아 마땅하다.

●

종북몰이는 계속될까?

북한 체제가 없어지지 않는 한 우리 사회의 빨갱이 담론은 계속될 것이다. 그러나 지금 종북이란 단어는 예전 빨갱이만큼의 효과를 발휘하지 못하고 있다. '종북몰이'라는 말이 함의하듯이 대중도 이 사안을 긍정적으로만 보지는 않는다. 종북이 사람들의 인식을 확 바꾸어버릴 정도로 작동하는 담론은 아닌 듯하다.

그렇다면 보수도 이 단어를 제한적으로 써야 하는데, 지금은 좀 지나치게 활용하고 있다. 이석기 내란음모 사건이나 통합진보당 정당 해산 신청 등이 어느 정도 그런 측면이 있다. 실체적 진실과 상관없이 과도하게 종북 프레임을 내세워 '내란음모'라는 법을 적용하거나 정당 해산을 명령하는 것은 절차적 민주주의 관점에서 위험한 선택이다. 또한 이는 종북 프레임의 한계이기도 하다. 그런데 만약 이 문제들에 권력이 개입해서 법원이 무리한 판결을 내린다면 어떻게 될까? 우리의 민주주의는 엄청난 타격을 입게 될 것이다.

문제는 '야권이 이에 어떻게 대응할 것인가'인데, 여기에는 제약이 많을 수밖에 없다. 통합진보당과 연대를 거부하고 종북을 받아들일 수 없다는 입장 선언, 여기에 절차적 문제를 지적하는 소극적 반응 외에는 딱히 대안이 없는 것이다. 이는 또 다른 분단 효과다. 안보 이슈에서만큼은 진보 진영이 갖는 태생적 한계가 있는 것이다.

그렇다면 최선의 해법은 그것을 최소화시키는 것이다. 종북을 극복하는 방법은 프레임을 바꾸는 데 있다. 대북정책을 놓고 진보와 보수를 구분하지 말고 복지 해법을 가지고 구분해야 한다. 진보를 종북으로 덧씌우는 프레임이 작동하지 않도록 주제를 바꾸면 보수와 진보의 대립도 극한 대결구도로 진행되지는 않는다. 서로 다른 두 가지 해법을 가지고 절충할 수 있는 문제들, 예를 들면 소득세 최고세율 부가를 어떻게 할 것인가와 같은 문제를 내세워 타협하는 정치를 펼쳐야 한다. 타협이 되지 않는 남북관계의 문제에 이리저리 끌려 다녀서는 진보와 보수 모두 발전하기 어렵고 우리 정치의 발전 역시 불가능하다.

최근 북한 김정은의 장성택 숙청 사건을 통해 종북을 바라보는 우리 사회의 시선은 더 싸늘해졌다. 사실 종북은 진보가 아니다. 권력을 세습하고 독재 정권을 유지하는 북한이 어떻게 진보일 수 있겠는가. 때문에 진보 세력 중에서도 북한을 추종하는 사람은 진보일 수 없다고 나는 생각한다. 또한 추종을 하려면 설득력 있는 이유가 있어야 한다. 북한이 우리 사회보다 나은 점이 있다는 것을 보여줘야 하는데, 어떤 측면이 나은지 알 수 없다. 경제적으로 우리보다 잘사는가? 민주주의가 잘 작동되고 있는가? 아니다.

이런 맥락에서 박근혜의 통일대박론에 지나치게 민감하게 반응하는 것 역시 어리석은 짓이다. 그 통일론의 구체적인 내용이 어떤 것인가에 따라서는 비판의 여지가 있다. 자본을 앞세운 흡수 통일을 추구해서 북한을 수탈의 대상으로 보겠다는, 하나의 식민지 정책이라고 한다면 문제가 될 수 있겠지만, 통일 자체를 부정해서는 안 된다. 박근혜의 통일론은 앞으로 더 지켜봐야 할 일이지 통일이 대박이냐 아니냐로 싸우는 것은 어리석은 일이다. 저쪽이 '통일이 대박이다'라고 외치면 이쪽은 '복지도 대박이다'라고 접근해야 한다.

●

사람 중심이 아닌 가치 중심으로

불행하게도 지금 우리 사회는 친북과 친박, 종북과 종박의 싸움으로 점철되고 있다. 정상회담 대화록과 NLL 문제, 국정원의 선거 개입 등 정치적 이슈의 대부분이 남북문제에 집중됐다. 그런데 이것을 자세히 들여다보면 결국 친노와 친박의 싸움이다. 친박 강경파와 친노 강경파가 적대적으로 공존하는 구도가 만들어진 것이다.

어떤 어젠다가 사회를 지배하느냐에 따라서 그 분야의 사람들이 주목을 받게 마련이다. 북한 문제가 뜨면 북한문제 전문가의 발언에 이목이 모인다. 반대로 복지 쟁점이 뜨면 복지 전문가들이 주목받게 된다. 그런데 친노의 정체성이 복지는 아니다. 복지 문제를 말하는 데 있어 굳이 친노 정체성을 드러낼 필요는 없다. 참여정부의 핵심적인 담론은 햇볕정책 계승과 지역균형 발전이었고 대개 민주주의와 관련된 것들이다. 그런데 남북 정상회담 대화록이 터지면서 강경보수가 친노를 호출했다.

친노와 적대는 하지만 옛날 주제를 가지고 정치를 하는 게 편한 사람들은 계속해서 친노를 공격하며 안보 담론을 이어간다. 친노 역시 이에 호응한다. 만약 안보가 아니라 경제민주화를 가지고 쟁점이 만들어진다면 친노 세력이 등장하더라도 집단적 정체성을 가지고 움직이진 않을 것이다. 그런데 NLL 문제가 대두되면 친노도 집단적 정체성을 가지고 대응할 수밖에 없어진다. 이렇게 남북문제의 어젠다를 떠받드는 양 축으로서 친노와 친박, 두 세력은 계속 살아가게 된다.

가치를 중심으로 묶이는 것이 아니라 사람을 중심으로 정치세력이 결속됐다는 것은 그만큼 한국 정치가 후졌다는 증거다. 친박의 박은 따지고 거슬러 올라가면 박근혜가 아니라 박정희의 박이다. 박정희의 모델을 존중하는 사람이 친박이다. 친노나 친이 등도 마찬가지다. 대개 권력에 의해 만들어진 세력이고 대선주자를 중심으로 모인 사람들이 대부분이다.

이러한 집단이 변해야 한다. 친 박정희가 될 것이 아니라 그 시대가 구현했던 가치를 중심으로 내세워야 한다. 친노도 노무현의 가치를 계승하겠다면 '참여파' 등과 같은 가치를 내세워야 한다. 친노가 그대로 친문으로 간다면, 이 역시 우스운 일 아니겠는가.

철도민영화는 수류탄,
의료민영화는 핵폭탄

●

민영화 논란의 진실

민영화의 다른 말인 영리화는 신자유주의의 핵심체제다. 신자유주의는 작은 국가, 적은 세금, 민영화와 법치를 내세운다. 얼마 전 대통령이 기자회견을 통해 보건의료·교육·관광·금융·소프트웨어 등 다섯 개 서비스 분야에 대한 규제를 완화하겠다고 발표했다. 대선 때 내세운 개혁적 보수에서 이전의 '줄푸세' 보수로 돌아가겠다는 선언이었다. 규제 완화는 곧 민영화다. 돈 되는 공기업을 살리고 의료시장을 영리화하면 새로운 시장이 창출된다는 논리다. 특히 교육과 의료 분야의 민영화는 관료와 대기업이 꾸준히 요구해온 과제다. 이러한 재계의 숙원사업은 이명박 정권에서도 한 번 시도되었다가 실패한 바 있다. 그런데 이번에도 철도 민영화에 대해 철도노조가 대대적인 파업을 벌이면서 사실상 정부가 지고 말았다. 그런데도 기자회견에서 민영화를 추진하겠다고 하는 것은 다분히 위험한 선택이다. 결국 시장보수의 요구를 안보보수가 받아주기 위해 무리한 선택을 한 것인데, 과연 박근혜 정부가 지금 그 과제를 실행에 옮길 수 있을 만큼 튼튼한지 의문이다.

지금은 먹고 살기도 쉽지 않은 상황이다. 공공성을 강화시켜 삶의 문제를 풀어줘도 모자랄 판이다. 그런데도 정부가 책임져야 할 공공부문 서비스를 개인에게 전가시킨다면 보통사람들이 이를 감내할 수 있을까? 금융의 규제완화도 역풍을 맞았다. 1월 6일 기자회견이 열린 지 얼마 되지 않은 1월 중순, 개인정보 유출 사건이 터져 민심을 잃고 말았다. 여론의 흐름이 돌이킬 수 없는 상황이다.

자본과 기업의 오래된 요구를 지체시켜온 터라 보수 정권에서는 민영화를 밀어붙이긴 해야 한다. 또 성장동력은 없지만 성장도 해야 한다. 그런데 대놓고 민영화를 할 수 없다. 그렇다면 더 큰 담론을 꺼낼 수밖에 없다. 바로 통일대박론이다. 지금껏 여러 논리를 내세웠지만 제대로 통하지 않았다. 그러니 통일을 준비하기 위해 이렇게 가야 한다는 식으로 우회 전략을 쓰는 것이다. 통일에 대한 기대와 환상을 통해 민영화를 추진할 가능성이 있다.

민영화를 하면 서비스의 질은 어느 정도 좋아질 수 있겠지만 보통사람들이 감당할 수 있을까? 물론 민영화 논쟁이 나쁜 것만은 아니다. 이를 잘 활용하면 괜찮은 사회적 쟁점이 형성된다. 바람직한 논쟁일 수 있다는 얘기다. 하지만 과연 현재 정부가 그렇게까지 힘이 있는가에 대해서는 다소 회의적이다.

그렇다면 어느 정도까지 추진할 것인가? 이 문제가 올해와 내년, 박근혜 정부에게 주어진 가장 큰 숙제일 것이다. 완급 조절과 시간 조정이 필요할 것이다. 올해 지방선거가 끝나고 1년 반 동안 선거 없

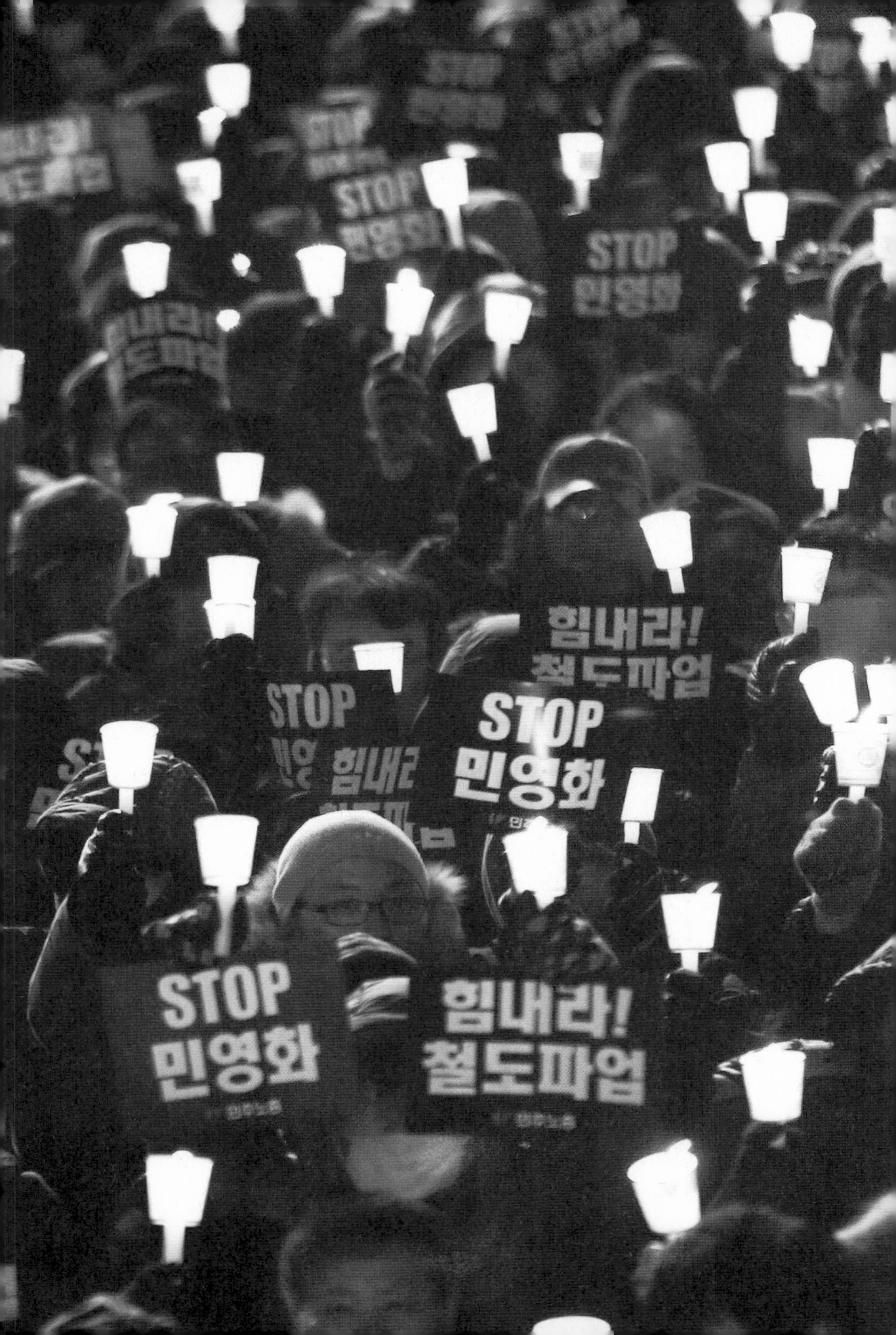
STOP
민영화
힘내라!
철도파업
STOP
민영화
STOP
힘내라!
철도파업
STOP
민영화
STOP
민영화

철도민영화에 반대해 모인 시민들.
삶을 바꾸는 가장 효율적인 방법이 정치라는 각성이 생겨나야 한다.

는 시기를 노려 칼을 뽑을 가능성이 크다. 그렇다 해도 여론의 지지 없이 시작하기는 쉽지 않다.

영국의 대처 총리와 미국의 레이건 대통령도 마찬가지였다. 대처는 포클랜드 전쟁이라는 시기적 배경과 북해석유 개발을 통해 얻은 엄청난 재원을 통해 신자유주의를 추진할 수 있었다. 레이건도 그라나다 침공을 통해 정국을 장악했다. 우리에게는 여전히 대립하고 있는 북한이 있기는 하지만 과연 이것만으로 가능할지 회의적이다.

민영화에 민감하게 반응하는 국민에 대해 정부는 괴담이라고 응수하고 있다. 내용적으로 보면 괴담성 팩트도 있긴 할 것이다. 민영화 이후 철도 요금이 얼마가 될는지는 아무도 모르는 것이다. 그러나 팩트가 괴담이라고 해서 괴담이 확산되는 정서도 가짜는 아니다. 철도 요금 인상을 걱정해야 하는 시대에 살고 있는 것은 분명한 사실이기 때문이다. 국민들이 우려하는 민영화의 미래에 대해 그저 괴담이라고 일축하는 것 외에 뾰족한 대안을 내놓지 못하는 것을 보면 박근혜 정부가 실력 있는 정부는 아니다. 개인정보 유출을 다루는 방식도 마찬가지다. 2차 피해는 없을 것이라고 했지만 카드사 정보가 이미 유통되고 있다는 것이 기사를 통해 확인됐다.

●

의료민영화는 범국민적 문제

앞서 말했듯 민영화 담론이 대두되는 것은 환영할 만한 일이라고 본다. 정치나 도덕적 이슈가 아닌 삶의 문제가 쟁점화될 것이기 때문이다. 그렇다면 진보도 여기에 발맞춰야 한다.

평범한 사람들의 불안에 의존할 것이 아니라, 민영화하면 왜 안 되는지에 대해 더 연구해서 알릴 수 있는 방법을 찾아야 한다.

공공성은 지켜져야 하고 공공영역은 국가가 담당할 몫인 것은 분명하다. 민영화는 결국 사유화다. 그러나 이것은 개개인의 선택의 문제로 바뀔 수도 있다. 덮어놓고 나쁘다고 할 것이 아니라 유권자의 관점에서 왜 나쁜지를 쉽고 간명하게 설명할 수 있어야 한다. 철도 파업이나 지하철 파업 등으로 개인이 고통을 겪는 것은 사실이다. 그러니 그 고통을 감내할 만큼 충분한 설명과 명분이 필요한 것이다.

의료민영화는 이보다 더 예민한 문제다. 철도민영화가 수류탄이라면 의료민영화는 핵폭탄이다. 철도는 이용자의 문제지만, 의료는 범국민적인 문제다. 때문에 섣불리 건드리지 못할 사안이긴

친절하게 설명하지 않고 한 사람이 논점을 계속 바꾸는 것은 얼마나 폭력적인가.

하지만 자본의 요구가 워낙 거세다. 성장과 발전은 해야 하는데 동력이 없다. 이 딜레마 속에서 기업의 요구를 받아들이는 방법은 꼼수를 쓰는 것이다. 이는 의료법인 자회사를 열어주는 방식이다. 이러한 물꼬를 타고 민영화가 어디로 흘러갈지는 아무도 모른다. 앵무새처럼 민영화는 안 된다는 뻔한 말만 번복하면 일단 여론에서 밀릴 수 있다. 정부가 미디어를 총동원한다면 서서히 뒤집힐 수도 있다는 위기의식을 가지고 다른 대안을 준비해야 하는 것이다. 상대 진영뿐 아니라 일반 유권자의 입장에서 민영화를 바라보는 것이 중요하다.

세제개편안과
연금정책의 향방

●

복지정책의 무능이 아닌 복지정치의 무능

　　　　　　　　박근혜 정권 초기, 기초노령연금 개편으로
한바탕 홍역을 치른 적이 있다. 애초 만 65세 이상 노인들에게 월 20
만 원씩을 지급하겠다는 공약을 깨고 국민연금과 연동시키는 방안을
추진한 것이다. 이 방식은 박근혜 재임 기간 동안은 돈이 덜 들어가
지만 장기적으로는 더 들어간다는 허점을 안고 있다. 때문에 공약 파
기와 재정건전성 관점에서 문제가 있는 것은 사실이다.

　　그러나 나는 이 선택이 박근혜 정부가 할 수 있는 가장 안정적인
정치적 선택이었다고 생각한다. 지금과 같이 국민연금과 연계시키는
방식에 따르면 65세 이상 노인의 대부분이 월 20만 원을 받을 수 있
다. 손해 보는 사람의 숫자가 줄어드는 것이다. 또한 박근혜 정부 기
간 동안에는 돈이 덜 들어간다. 이 두 가지 중요한 정치적 포인트에
맞춰 기초노령연금안이 만들어졌다. 공약이 뒤집어진 것은 사실이나

이 문제만으로 국민적 분노를 사는 일은 없을 것이다. 또한 공약 파기라는 신뢰성 문제에 대해서도 본인이 나서서 사과 아닌 사과를 하며 신속하고 예민하게 대응했다.

그런데 이 사안을 공략하는 야권의 태도는 적잖이 아쉬웠다. 전체 복지 플랜에서 연금문제를 어떻게 풀 것인가의 문제는 뒤로 하고 처음의 공약을 지키라는 주장에만 매몰돼 있었던 것이다. 이런 방식이 유효한 공격이 되지 못하는 것이 당연했다. 공약 파기에 대한 문제제기는 하되 복지의 각론 중에 국민연금을 연계시킨 것이 문제이니 이를 보완할 수 있는 자기 대안을 제시했어야 했다. 그렇게 해야 진보가 대중적 신뢰를 얻을 수 있다.

복지정책을 학문적, 이론적으로 만들어내는 것은 물론 중요하다. 그러나 이미 그런 연구는 충분히 이뤄지고 있다고 본다. 문제는 이것을 정책으로, 현실의 문제로 풀어내는 것이다. 이를테면 복지 창고라 하는 곳에 천 개의 정책집이 꽂혀 있다고 하자. 지금 이 순간 어떤 것을 꺼낼 것인지 결정하는 것은 바로 정치다. 일련번호대로 꺼내는 것이 아니라 여론의 방향과 국민 정서에 알맞은 정책을 꺼내 쟁점을 형성하고, 그것이 잘 풀리면 두세 개 더 끄집어내 확장하는 것이다.

지금 진보 세력은 이러한 정치적 행동을 잘해내지 못하고 있다. 어느 것을 가지고 나와야 대중에게 어필할 수 있는지 파악하지 못하고 있다. 복지정책은 정책 전문가만 알고 있지 실제 정치 현장에 있는 사람들은 잘 알지도 못한다. 게다가 그것을 어떤 정책 디자인을 통해 꺼내놔야 할지도 모른다. 지금 우리 사회의 복지가 안 풀리는 것은 복지정책의 무능이 아닌 복지정치의 무능이다.

●

복지와 증세는 불가분의 관계?

증세 없는 복지는 불가능하다고 하지만 꼭 그렇지는 않다. 어떤 복지인가에 따라 다른 문제다. 물론 우리가 꿈꾸는 복지국가의 모습은 세금을 올리지 않고서는 불가능한 일이다. 그러나 이것을 복지정책이라는 관점에서 다시 생각해보자.

우리나라 사람들은 대부분 내가 낸 세금이 내게 되돌아온다는 생각을 하지 않는다. 특히 회사원의 지갑을 탈탈 털어가 저들 마음대로 쓴다는 생각이 지배적이다. 그러니 세금을 더 내라고 한다고 흔쾌히 더 낼 사람이 누가 있겠는가. "이 세금을 당신에게 돌려줄 테니 믿고 내세요"라는 말이 통하지 않는 것이다. 국민의 신뢰가 형성되지 않은 상황에서 조세 저항이 있는 것은 어찌보면 당연하다.

그래서 복지는 무엇보다 체험이 중요하다. 국민이 피부로 체험할 수 있는 정책이어야 한다. 실제로 '이런 복지가 가능하구나' '이런 정도의 복지라면 더 확장해도 되겠다'는 생각이 자연스레 들 때 복지 확대가 가능하다. 그 대표적 예가 의료보험이다. 일상생활에서 의료보험의 효과를 체험하고 있으니 의료민영화 등으로 혜택이 줄어드는 것에 대해 완강하게 거부하는 것이다.

또 하나는 조세 형평성의 문제다. 더 가진 사람이 더 많은 세금을 내게 하는 조세 정의, 형평성에 대한 신뢰가 생기면 대중도 세금을 더 낼 생각을 하게 될 것이다. 그래야 내가 손해 보는 느낌이 없기 때문이다. 이 두 가지 점, 복지 체험과 형평성에 대한 확신이 있을 때 반발 없는 증세가 가능해지는 것이다.

마지막으로 투명성도 필요하다. 핀란드는 옆집 아저씨가 세금을 얼마 내는지 관공서에서 다 찾아볼 수 있을 만큼 투명하다. 하다못해 식당에서 밥을 얼마짜리 먹었는지도 알 수 있다. 그러다 보니 신뢰할 수밖에 없다.

그러나 우리는 어떠한가? 공공기관의 판공비가 어디에 쓰이는지 알 길이 없다. 그런 상황 속에서 학자들이 말하는 증세의 필요성을 정치세력이 그대로 떠안아 주장하는 것은 어리석어 보인다. 형평성, 투명성이 전제되지 않으면 증세가 어렵다는 현실을 무시하고 무조건 증세 없는 복지는 사기라고 외치는 진보의 목소리에서는 최소한의 전략도 찾아볼 수 없기 때문이다. 대개 정치 세력이 집권을 한 뒤 세금을 올리는데 집권 전부터 세금을 올리겠다는 세력에게 어떻게 지지를 보낼 수 있겠는가. 궁극적으로는 복지국가로 나아가기 위해서 세금을 올려야 한다는 큰 방향은 맞지만 어느 시점에 어떻게 주장하느냐는 다른 문제로 바라볼 일이다.

진보 세력은 진보라 불린다고 해서 진보가 되는 것이 아니다. 왜 진보인지 정확히 설명할 수 있어야 한다. 구체적인 정책이나 개혁안을 내세워 자신들이 진보임을 설득해야 한다. 자신들이 무엇을 주장하는지 설명도 하지 않고 '진보입네' 하는 것은 얼마나 비겁한 태도인가.

또한 꼭 증세가 있어야 복지가 가능한 것도 아니라고 본다. 세출 예산을 들여다보면 일련의 경직성이 보이는데, 국방비처럼 절대 건드리지 못하는 예산이 있다. 그러나 이명박 정권은 4대강 사업을 위해 이를 모두 쥐어짰다. 그렇게 모인 돈이 20조 원이다. 게다가 영국 케임브리지 대학의 장하준 교수가 지적했듯이 박근혜 정부가 주장하는 정도의 복지에 꼭 증세가 필요한지도 의문이다. 정부가 좀 더 직접적으로 설득하겠다는 자세로 나오지 않으면 이 문제는 계속 꼬일 거라는 생각이 든다.

배려와 공존의
리더십이 절실하다

●

수평적 네트워크 시대

'배려가 있다.' 개그맨 유재석에 대한 얘기
다. 방송을 하다 보니 방송 현장에서 들리는 얘기를 귀동냥으로 듣게
된다. 많은 사람들이 그에 대해 '함께 가려고 애쓰는 사람'이라고 평
가한다. 이른바 여러 명의 패널이 나와서 떠드는 '떼 토크'를 보면 튀
는 경쟁이 인정사정없이 이뤄진다. 점잔 빼고 있다가는 말 한마디 못
하고 끝나버린다. 그런 현장에서 그는 배려로 최고가 되었고, 배려로
최고의 인기를 누리고 있다. '새해 첫날 해돋이를 함께 보고 싶은 남
자 연예인 1위'에 선정된 것도 그의 배려 마인드 덕분이리라.

방송에서 만난 한 친구는 컨디션이 좋지 않거나 자신이 없을 때
주눅이 들어 우물우물하는 경우가 있는데 그럴 때 다른 사회자들은
시청률을 위해 말을 자르거나 무시해버리지만 유재석은 그렇지 않다
고 한다. 그는 작은 목소리로 조심스럽게 꺼낸 얘기도 들어주고, 그

걸 토크의 소재로 만들어주는 사람이라고 말한다. 이 친구의 말에서 확인되는 유재석의 마인드는 약자에 대한 강자의 배려다. 더불어 같이 가자는 얘기다. 일종의 부드러운 카리스마라 할 수 있다. 그와 일면식도 없지만 이런 리더십을 가진 친구라면 마주 앉아 술이라도 한잔 기울이고 싶다.

텔레비전이나 영화를 보더라도 이젠 주연만 대접받는 시대가 아니다. 역할은 조연이지만 그 개성이나 존재감, 인기는 주연을 앞지르는 경우가 적지 않다. 개인도 이제는 SNS를 통해 거대 매스미디어에 의존하지 않고 얼마든지 주체적으로 공론장에 참여할 수 있다. 그야말로 수평적 네트워크 시대가 된 것이다. 이런 시대엔 나를 따르라는 식의 권위주의나 일방적 강요는 먹혀들기 어렵다. 따라서 리더십도 시대 흐름에 맞게 바뀌어야 한다. 유재석이 보여주는 진행 스타일, 좀 더 거창하게 말하면 리더십 스타일은 시대 흐름에 정확하게 부합한다.

●

메르켈의 엄마 리더십

박근혜 대통령의 리더십 스타일을 평가할 때 '메르켈에서 대처로'라고 표현하곤 한다. 독일 총리 앙겔라 메르켈의 리더십은 무티Mutti, 곧 엄마 리더십이다. 지난 9월 총선에서 3연속 집권에 성공한 메르켈은 대부분의 정책을 양보하면서까지 사민당과의 대연정을 이끌어냈다. 게다가 사사건건 자신에게 대들던 폰데어라이엔을 독일 역사상 최초의 여성 국방장관에 임명했다. 놀라운 포용력이다. 가족을 위해 참고, 인내하고, 포용하는 '마더십mother ship' 을 보여주니 엄마 리더십이라는 말이 전혀 어색하지 않다. 메르켈의 포용이나 유재석의 배려는 같은 것이다. 더불어 같이 살자는 의미다.

영국 총리 마거릿 대처는 어떤가. '여인은 돌아서지 않는다The Lady's not for turning' 이는 그의 소신정치를 표상하는 모토다. 그는 소신 과 원칙을 입에 달고 살았지만, 집권 후기에는 설득이 없는 일방통행 의 리더십을 펼친 탓에 '선출된 독재elective dictatorship'라는 말까지 들 었다. 그의 몰락을 낳은 주민세도 홀로 고집 피워 관철시킨 것이었 다. 그 결과 대처 내각에서 재무장관과 외무장관 등 온갖 요직을 섭 렵한 제프리 하우와 같은 측근조차도 그의 곁을 떠났다. 하원의장으 로 있던 그가 사임하면서 던진 메시지는 의미심장하다. 대처 정부의 각료들은 대처 개인이냐 혹은 국익이냐의 '충성의 갈등'에서 선택을 해야 한다. 그의 사임 이후 3주 뒤 대처는 총리 자리에서 물러났다.

제아무리 현자라도 언제나 옳은 사람은 없다. 설사 그가 언제나 옳다고 할지라도 다수가 뜻을 모아서 함께 살아가는 사회라면 그 옳 음을 강요할 수 없다. 대통령을 비롯해 그 누구에게도 옳고 그름의 판정권을 허용하지 않는 게 민주주의다. 그렇다면 민주주의는 결국 공존이고 타협이다. 박 대통령이 짬을 내 〈무한도전〉을 보면서 배려 와 공존의 유재석 리더십을 좀 배웠으면 좋겠다.

정치가 당신 삶에서 중요한 이유

●

세대보다 계층 프레임으로 가야

자신의 삶을 바꾸기 위해서는 꼭 투표를 해야 한다는 말을 귀가 따갑게 들어왔다. 하지만 이 당연한 말은 사실 아무리 해도 별 효과가 없다. 특히 젊은층에서 그렇다. 그러니 젊은 유권자에게 의존하려는 특성을 가진 진보 진영은 우선 이 고정관념부터 깨야 한다. 만약 복지가 진보의 어젠다라면 노인복지로도 혜택을 받는 사람들이 있다는 것을 깨달아야 한다. 노인들도 친 복지정책을 이유로 진보를 지지할 수 있다는 얘기다. 젊은층에 의존하는 우리나라의 진보 정치 구도는 지나치게 미국적이다. 그런데 미국에서는 젊은층에게 인기 있는 정치인을 '루저 Loser'라고 한다. 선거에 지는 사람이라는 뜻이다. 투표장에 나오지도 않은 사람들의 지지를 받는 것은 소용이 없다는 얘기다.

나이가 들어서 보수적으로 변하는 것을 연령효과라 한다. 또 젊은 시절에 어떤 경험을 했느냐를 세대효과라고 한다. 그런데 지금 우리 사회 55세 이상 국민의 대부분은 박정희 신화에 지나치게 매몰되어 있다. 이들은 산업화 시기의 고도성장을 체험했고 그 과정을 통해 자신의 삶이 바뀌었다고 생각한다. 실제로 절대 가난에서 벗어나 텔레비전, 세탁기, 냉장고, 전화기 등을 소유할 수 있었다. 이런 사실은 세대효과에 연령효과까지 더해져 그들을 점점 더 보수적일 수밖에 없도록 만든다.

진보 진영이 직시해야 할 것은 이들이 다수가 되어간다는 사실이다. 지금처럼 "당신들 세대는 으레 보수적이니 계속 그렇게 투표하라. 우리는 젊은층의 지지를 바탕으로 힘을 모으겠다"고 주장하는 것은 결코 이기는 해법이 될 수가 없다. 세대별 인구구성이 달라진 요즘, 젊은 세대를 집중 동원해서도 노인층을 이길 수 없게 됐다. 이것이 바로 고령화 사회의 효과다. 우리 사회가 갈수록 고령화되고 연령효과에 세대효과까지 더해진 상황이라면 그렇게 큰 덩치를 가진 노인층을 빼놓고 무슨 승부가 되겠는가.

그러니 진보 진영이 젊은 사람들을 투표장으로 이끌어내기보다 더 집중해야 할 점은 젊은이든 노인이든 상관없이 보수 정권으로부터 실질적인 도움을 받지 못하는데도 여전히 그들을 지지하는 사람들을 설득해내는 작업이다. 이제는 어차피 박정희가 했던 고도성장은 불가능한 시점에 도달했다. 그러나 박정희 시대 도입했던 건강보험 같은 기본적인 복지조차도 지금의 보수정권은 공약을 온전하게 실천할 생각이 없어 보인다. 보수의 지지자들은 이런 사실을 알면서도 보수를 지지한다. 거기에는 나름의 이유가 있을 것이다. 그렇다면 그 생각을 어떻게 바꿔줄 것인가?

이들에게는 세대적 접근보다는 새롭게 계층적 접근을 해야 한다. 저소득층이 못사는 사람의 정체성을 가지고 투표하게 만들어야 한다. 물론 변화에 대한 열망이 큰 젊은이들을 투표장으로 이끌어내는 노력은 지속되어야 한다. 그러나 그것은 전략의 일부로 써야지 젊은층을 통해 승부를 내겠다는 세대전략은 버려야 한다.

계층 프레임을 확장해야 한다. 계층 프레임은 좋은 정당과 그 정당이 내세운 좋은 인물을 통해 구현된다. 이들이 지금 이 사회의 기본 갈등이 무엇인지를 설정하고 여기에 대해 알맞은 대안까지 가지고 있다면 설득할 수 있다. 내 삶을 개선하는 데 보수적 해법과 진보적 해법이 각축을 벌이고 있고, 그중에서 이게 더 도움이 되겠다는 식의 선택이 가능하도록 만들어주는 것이 진보 진영에 유용한 전략이다.

●

지금은 정치를 발견해야 할 때

앞에서 언급했듯이 정치의 기능은 가난한 다수가 1인 1표에 의해 정치적 다수를 형성함으로써 1원 1표에 의한 시장의 불평등을 해소하는 것이다. 그러니 정치가 활성화되지 않고서는 시장의 불평등이 완화되지 않는다. 정치가 달라지지 않으면 보통사람의 삶이 달라지지 않는다. 정치가 결국 내 삶의 질을 결정한다. 정치는 주어진 그 사회의 재화를 어떻게 나누는가에 대한 갈등이고 싸움이다. 산업화 시대가 재화의 전체규모를 늘리는 싸움이었다면 이제 우리 사회는 재화를 나누는 싸움이 본격화될 수밖에 없는 시점이다. 지금 우리 사회에는 너무 많이 가진 사람이 있는 소수가 한 편에 있고, 너무 적게 가진 대다수가 다른 한편에 있다. 이것이 양극 화다. 그렇다면 누가 양극화를 해소할 것인가. 바로 정치다.

절대 가난의 시대에는 효율성이 중요했다. 독재든 권위주의든 어느 정도까지는 성과를 낼 수 있다. 그러나 지금은 소득 2만불 시대에서 3만~4만불 시대로 나아가는 시점이다. 우리가 그토록 바라는 선진국에 진입한 나라들 가운데, 권위적인 방식으로 그것을 이룬 나라는 없다. 모두 다 민주적인 방식으로 선진국이 됐다. 여기서 민주적 방식이란 바로 정치가 제대로 굴러간다는 의미다. 정치가 제대로 굴러간다는 것은 정치 세력 간의 타협이 이뤄지고 있다는 얘기다. 그러니 역으로 지금 정치가 제대로 안 된다는 것은 타협이 이뤄지지 않고 있다는 말이다. 타협이 되지 않는 권위적인 방식으로 소득 3만불 시대로 가는 것이 가능할까? 전세계적으로 그런 예는 없다.

그렇다면 선진국들 가운데 민주주의의 질을 좀 더 따져보자. 학자들은 미국 모델보다 유럽 모델이 더 좋은 민주주의의 모델이라고 한다. 그중에서도 스웨덴, 핀란드, 노르웨이 등 스칸디나비아 모델은 가장 발전된 복지국가로 손꼽힌다. 미국은 래리 바르텔스 Larry M. Bartels 교수가 얘기한 바와 같이 '불평등 민주주의'의 나라다. 잘사는 사람은 엄청나게 잘살고 못사는 사람은 엄청나게 못사는데, 그 못사는 사람들이 절대다수다. 극소수가 지나치게 많은 부를 독점하고 있기 때문이다.

반면 북유럽은 한 사람이 많이 가지지 말고 조금씩 나눠가지자는 시스템이다. 그러나 우리에게 북유럽 모델은 아직 멀기만 한 이야기다. 일각에서는 조금 더 현실적인 다른 모델을 찾아보자고 해서 독일

1990년 고려대 게시판에 나붙은 3당통합을 규탄하는 대자보. 23년이 흐른 후,
같은 장소에 '안녕들 하십니까' 대자보가 붙었고 이는 전국적으로 퍼졌다.
최초의 '안녕들' 대자보가 울림이 있었던 것은
'대학생'이나 '청춘'을 강조했기 때문이 아니라
스스로가 사회경제적 약자라는 사실을 자각했기 때문이다.

안녕하지 못합니다

친구에게 물었습니다. 선배에게 물었습니다.
후배에게 물었습니다. "요즘 잘만합니까?"
돌아온 것은 죽겠다는 대답 하나였습니다.
미래를 바라보며 꿈을 가져야 할 젊은이들에게
희망이 있었겠습니까. 그동안 우리들은 스스로를
굴레에 묶어 대학을 바라보며, 취업을 바라보며,
청춘을 바라보며 꾸역꾸역 살아왔지만
지금 이 시점, 꿈을 포기하고 조금 나은 삶을
하나가로 한 이러한 우리의 인생마저
위협받는 안녕하지 못한 상황이 되었기 때문입니다.

약속하지못하는 높으신 분들의
~가 청춘이다"라는 어처구니 없는 말은
~을 개개인의 책임으로 전가하며

청춘들을 본질에서 멀어지게 만들었습니다.
그 순간 대한민국은 상식이 통하지 않는
사회가 되었습니다. 정의가 빛을 바란 사회가
되었습니다. 부정과 비리를 저지른 자들이
떳떳하게 공직에 앉아 정치라는 것을 한다고 합니다.
그들의 자식들 밥그릇을 가득 채우겠다는 욕심이
수 많은 사건들을 일으켰습니다만 내 일이 아니라는
이유로 무시하였습니다.
무관심이 만연 해지자 그들은 민영화라는 빨대를
국민들에게 꽂으려 합니다. 친일 교과서를 만든다고합니다.
의문을 제기하면 빨갱이라고 합니다. 남의 일일뿐이라는
생각은 결국 부메랑이 되어 돌아왔습니다. 이러한
현실속에서 언제까지 분노하지 않고 속으로 삭혀야
하는지 궁금합니다. 감히 묻고 싶습니다.
이대로 괜찮으신건 맞습니까?

정말 안녕들 하십니까?

기계로봇09 손건, 무역08최○○, 경제09전해림,운정08고준우

모델을 내세우기도 한다. 그런데 독일마저도 사회민주주의 복지국가다. 독일의 메르켈 총리는 야당인 사회민주당의 의제를 자기 것으로 만들기도 한다. 그 사회 기본질서에 대한 합의가 더불어 같이 살자는 공존이다. 내가 더 많이 가지겠다는 싸움이 아니라 공존이라는 합의가 있기 때문에 유로존 위기 극복을 주도할 수 있었다.

독일에서 볼 수 있듯이 정치의 질은 그 사회가 어떤 사회인지를 결정하는 바로미터가 된다. 정치가 우리 삶의 질을 결정한다는 명제가 뜻하는 바는 우리 사회의 문제점들, 이를테면 빈곤과 불평등, 양극화 같은 문제들을 개선하는 수단으로 정치를 활용한다는 것이다. 정치가 활용되려면 좋은 정당과 좋은 정치인이 필요하다. 그것이 지금 우리나라 정치의 숙제다.

지금껏 수많은 국회의원 선거와 대통령 선거를 치뤄왔지만 아무리 사람을 바꿔도 별로 달라지지 않았다는 점이 한국 정치의 현실이다. 그러니 이제는 진짜 달라져야 할 시점이다. 정권을 바꾸는 것이 중요한 게 아니라 어떤 사람을 어떤 프로세스로 배출하느냐의 문제에 관심을 기울여야 한다. 그런 점에서 지난 2012년 대선은 실패한 선거라기보다 무능한 정치였다고 생각한다. 어느 정당이건 한 사회의 과제를 감당할 만한 검증된 후보를 내세워야 양쪽 모두에게 의미 있는 싸움이 된다. 단지 그 시점에 등장한 괜찮은 사람, 상대편보다 조금 더 착한 사람을 낸다고 해서 될 일이 아니다. 이는 한국 정치가 반드시 염두에 두어야 할 문제다.

가난한 민주주의의 시대

우리나라는 지금 '가난한 민주주의'의 시대를 살고 있다. 민주주의인 것은 분명하지만 절대 다수가 가난한 민주주의 환경에서 살고 있다. 이제 소득 2만불 시대이기 때문에 굶어 죽는 사람은 나오지 않을지 모른다. 하지만 부의 편중은 더욱 심해졌다. 이것을 다수가 행복한 민주주의로 바꿔야 하는 것은 당연한 일이다.

행복한 민주주의로 가는 결정적인 키는 정치다. 그리고 범위를 좀 더 좁혀보자면 결국 진보정치 세력의 역량이라고 나는 생각한다. 진보정치가 잘해내면 유럽 모델로 가고 그렇지 못하면 미국 모델로 가게 된다. 진보 세력이 제대로 된 정당을 가지고 차세대 세력을 보여준다면 미래도 달라질 수 있다.

지난 대선에서 보다시피, 갓 등장한 야권 후보에게 그렇게 많은 표가 나올 정도로 우리 사회는 변화를 갈망하고 있다. 이 변화의 열망을 누군가 제대로 조직화해낸다면 변화는 생각보다 빨리 나타날 수 있다. 지금 세상은 새로운 리더의 출현을 애타게 기다리고 있다. 그가 누구인지는 알 수 없지만 앞으로 나올 수밖에 없다. 누군가가 정치 프로세스를 통해서 우리 사회를 개혁하고 바꿀 것이다.

막스 베버 Max Weber가 말하는 '지도자 민주주의'를 나는 믿는다. 물론 지도자 한 사람의 영웅적 면모에 따라 사회 전체가 달라진다고 보진 않는다. 그러나 스웨덴만 보더라도 좋은 지도자가 나와 정치력을 발휘하여 변화의 물꼬가 틔었다. 어쨌든 다수를 끌고 갈 창조적인 소수creative minority가 필요하다면, 창조적 소수의 중핵인 좋은 리더가 나와야 세상이 달라질 것이라고 믿는 것이다.

물론 좋은 지도자는 어느 날 갑자기 등장하지 않을 것이다. 도돌이표 같은 표현일지 모르겠지만 좋은 지도자는 결국 좋은 유권자가 만들어낸다. 좋은 유권자란 정치에 관심을 가지고 자기 목소리를 내는 사람들이다. 이문열의 『우리들의 일그러진 영웅』이란 소설에 등장하는, 독재자 엄석대를 쫓아낼 담임선생님 같은 구세주는 세상에 없다. 자신의 힘으로 세상을 변화시키려 노력하는 사람들이 좋은 유권자다.

애매한 무결정이 아닌 스스로 판단을 해서 자기 판단을 자꾸 습관화해야 한다. 그런 것들이 쌓이다 보면 정치가 갖는 힘이 무엇인지 확인할 수 있다.

이들과 함께 이제 우리는 어디로 갈 것인가에 대해 고민해야 한다. 유럽 모델로 갈 것인가 미국 모델로 갈 것인가, 또 가난한 민주주의에 순응할지 아니면 행복한 민주주의로 갈 지를 말이다. 이를 담보해내는 것은 전적으로 정치의 역량에 달려 있다. 그러니 지금부터 그야말로 정치의 시대가 열려야 한다.

정치의 시대가 열려야 대중도 정치를 통해서 자기 삶을 바꾸고 싶어할 것이다. 개인적인 노력만으로 자기 삶을 바꾸는 방식은 한계가 와 있다. 노력해도 안 되고 로또로도 안 된다. 권위주의 시대처럼 출세한 지인에게 빌붙는 것도 별 소용이 없다. 이제는 사회적 해법밖에 없다. 사회적 해법의 핵심이 결국 정치다. 아니면 운동이다. 그러나 운동은 사회적 비용이 많이 들기 때문에 누구나 또 언제나 쓸 수 있는 해법이 아니다. 정치가 가장 효율적인 방법이다. 비용도 적게 든다. 이제 혁명도 정치와 선거를 통해서 해야 한다. 삶을 바꾸려면 정치밖에 없다는 각성이 생겨나야 한다. 그리고 실제로 그렇게 되고 있다. 이제 기폭제만 생긴다면 달라지지 않을까? 실제로는 희망적이지 않지만 말이다. 어쩌겠어. 그러나 절망 속에 내건 결단이 희망을 현실로 바꾸는 법 아니던가.

진보를 표방하는 사람들 사이에서 가장 빈번하게 표출되는, 그러나 너무 당연시하거나 익숙해져서 잘 보이지 않는 고정관념이 있다. 바로 선거주의electoralism이다. 흔히 선거주의는 자유선거를 민주주의를 가름하는 징표로 삼는다. 이는 민주주의에 대한 매우 협소한 이해다. 여기서 내가 말하고자 하는 선거주의는 정치를 선거로 좁히거나 가두는 한편, 선거에서 이기면 나머지는 저절로 풀린다는 지적 오류를 말한다. 무릇 민주주의 체제라면 선거를 통해 여야가 뒤바뀌는 정권교체는 언제든지 쉽게 일어날 수 있는 일이다. 여당이 잘못하면 그 책임을 물어 정권 담당자를 바꿀 수 있다. 하지만 정권이 교체된다고 해서 무조건 정책 레짐policy regime이 바뀌는 건 아니다. 집권당이 달라져도 국정의 기조나 정책의 기본틀이 그대로 유지되는 경우는 얼마든지 있다. 이는 인물교체일 뿐 정책교체는 아니다. 따라서 선거에서 승리한다고 해서 새로운 변화가 일어날 것으로 간주하는 생각은 선거주의가 낳는 위험한 착각이다.

　선거주의에 빠지면 세 가지 폐해가 생겨난다. 우선, 일상정치를 소홀히 하게 된다. 2014년 2월을 기준으로, 무소속까지 포함해 진영으로 나누면 야권의 의석은 140석이 넘는다. 의회가 갖는 힘을 감안할 때 이 정도의 의석이면 상당히 많은 일을 할 수 있다. 그럼에도 야권은 6월의 지방선거, 7월과 10월의 재보궐 선거 성패에 목을 매달고 있다. 그런 선거에서 지더라도 일상정치에서 더 소중한 성과를 만들어낼 수 있는데 말이다. 일상정치에서의 성과가 쌓여 선거정치의 결과가 만들어지는데도 일상정치를 소홀히 하는 건 무책임하다.

　둘째, 선거 승리가 모든 성과를 자동적으로 보장한다는 오산이다. 선거에서 승리했다고 해서 마음대로 할 수 있는 게 아니다. 여론을 고려해야 하고, 주고받는 타협이 불가피하다. 선거에서 이겼다고 무조건 밀어붙이는 건 '좀비민주주의'다. 따라서 선거에서 이기면 나머지는 다 해결된다는 생각은 버려야 한다. 어떤 주제로 어떻게 이기느냐 하는 문제도 중요하고, 이긴 다음의 리더십이나 게임플랜도 중요하다. 준비 없는 통일이 재앙이듯이 준비 없는 집권은 위험하다. 맡겨봤더니 별것 없더라는 생각을 낳으면 다시 집권하기 어렵기 때문이다.

셋째, 인물 중심의 계파주의가 등장한다. 정치과정 중에서 선거만큼 인물의 중요성이 부각되는 경우가 없다. 선거에서는 부득불 인물요인이 상당한 비중을 차지할 수밖에 없다. 따라서 선거 프레임에 입각해 정치를 하게 되면 잠재 후보 중 누가 적합한지 따지는 일이 중요하다. 그렇게 되면 유력한 후보별로 그룹이 형성되는데, 이것이 계파다. 이 계파가 후보직을 놓고 격돌하게 되고 자연스럽게 계파주의가 득세하게 된다. 선거는 사람을 뽑을 뿐만 아니라 어젠더, 노선 등을 뽑는 사회적 합의절차다.

　진보 진영, 나아가 모든 정치 세력은 중독성이 강한 선거주의에서 벗어나야 한다. 선거제도와 관행 등 이긴 사람이 전부를 차지하는 게임의 룰 때문에 강제되는 측면이 있더라도 선거가 곧 정치는 아니다. 선거는 정치의 일부분일 뿐이다. 선거주의에서 벗어나 차분하게 일상의 정치에서 어떤 성과를 만들어낼 것인지, 집권하면 뭘 어떻게 할 것인지를 준비하고 점검해야 한다. 그래야 정치의 질이 좋아지고, 정치인의 역량도 업그레이드된다. 일상정치에서 괜찮은 정치인이나 좋은 리더가 배출되고, 그들이 경쟁을 통해 강한 후보로 벼리어지는 게 정상적인 정치문법이다. 따라서 선거의 성패는 정치의 결과이고, 선거가 정치의 성패를 좌우하는 것도 아니다.

뭐
라
도

합
시
다

1판 1쇄 발행 2014년 2월 27일
1판 3쇄 발행 2015년 4월 23일

지은이 이철희

발행인 양원석
본부장 김순미
책임편집 엄영희
본문사진 연합뉴스
글 교정 송순진
해외저작권 황지현, 지소연
제작 문태일, 김수진
영업마케팅 김경만, 임충진, 최경민, 김민수, 장현기, 이영인, 정미진, 송기현, 이선미

펴낸 곳 ㈜알에이치코리아
주소 서울시 금천구 가산디지털2로 53, 20층 (가산동, 한라시그마밸리)
편집문의 02-6443-8841   **구입문의** 02-6443-8838
홈페이지 http://rhk.co.kr
등록 2004년 1월 15일 제2-3726호

ISBN 978-89-255-5232-3 (03340)